나의 연구 회상

나의 연구 회상

2022년 8월 15일 초판 1쇄 발행
지은이 이도학

펴낸이 권혁재

편 집 권이지
디자인 이정아

인 쇄 성광인쇄
펴낸곳 학연문화사
등 록 1988년 2월 26일 제2-501호
주 소 서울시 금천구 가산디지털1로 16 가산2차 SKV1AP타워 1415호

전 화 02-6223-2301
전 송 02-6223-2303
E-mail hak7891@chol.com

ISBN 978-89-5508-471-9 (03910)

나의 연구 회상

—고투苦鬪와 약진 45년

이도학 지음

학연문화사

머리말

1

내가 한국사 그것도 고대사를 공부 아니, 이제는 연구라는 단어를 사용한다면 햇수로 45년이다. 일반적으로 대학원 석사 학위 취득 후(지금은 학력 인플레로 박사과정 수료)부터를 전문 연구자로 인정하고 있다. 그러나 1980년대 중반까지는 석사 학위만으로도 교수가 되었고, 대학 강단에도 설 수 있었다. 그런데 본서 제목의 '45년'은 대학 때부터 기산起算한 것이다.

나는 대학 때부터 한국 고대사를 공부했고, 논문도 게재한 바 있다. 특히 최초의 원고료를 받은 「백제 위례문화의 사적 성격」은 백제와 고구려의 대결이 부여계 적통 경쟁임을 설파했다. 이와 관련해 부여 시조 동명왕을 제사지내는 동명묘는 불천위不遷位와 같은 위상을 지녔다고 보았다. 백제가 한성을 상실한 이후 더 이상의 동명묘 제사는 단절되었다. 그렇지만 국력을 회복한 성왕은 사비성으로 천도하면서 국호를 '부여'로 고쳤다. 그리고 부여 왕인 구태를 제사지내는 사당을 건립하고 사시四時 제사를 올렸다.

부여로부터 내려오는 역사적 법통 계승을 선포한 것이다. 실제 부여 왕을 시조로 여겨 제사를 올렸으니 백제가 부여가 된 것이다. 이것보다 분명한 근거가 어디에 있겠는가? 나는 대학 때부터 백제 건국자들이 고구려에서 내려왔다는 기록을 믿지 않았다. 그럼에도 허술한 온조 시조 기록에 매달려서 백제사의 첫 단추부터 잘못 꿰었다. 백제사 전반의 이미지마저 왜곡시켰다.

그 뿐 아니고 백제 제25대 무녕왕의 계보를 바로 잡아주었다. 교지에 게재되어 대학 재학 중 두 번째 원고료를 받았다. 대학 졸업 후 2년만에 제출한 석사 논문과 더불어 게재한 학술지의 논지는 연구자들이 모두 수용해 주었다.

내가 대학 때부터로 연구 역정을 기산한 데는 이런 이유가 있었다. 이와 유사한 사례가 있다. 후백제의 건국 시점에 대해 892년과 900년설을 놓고 설왕설래했다. 그러나 중요한 것은 후백제인들 스스로의 인식이었다. 후백제인들은 진훤이 순천만에서 거병한 889년부터를 개국 원년으로 잡았다. 이렇게 하면 후백제 존속 기간은 햇수로 48년이다. 나의 연구 연령 '45년'은 스스로의 규정이지만 제반 여러 사항을 고려한 결과였다. 일찍부터 연구자로 진입했다는 뜻이었다.

2

소제목 '고투苦鬪'에 한자를 병기한 것은 '고투孤鬪'로 판단할 것 같아서였다. 물론 후자의 '고투'는 독불장군 이미지가 강하다. 실제 본서에서 실명을 거론하지는 않았지만, 한동안 피곤하고 짜증나게 한 이가 있었다. 그는 나를 가리켜 "천상천하 유아독존"이라며 면전에서 조롱했었다. 졸지에 내가 '성불'한 부처가 된 것이다. 그는 내게 최대의 헌사를 올린 것이니, 늦게나마 감사드리지 않을 수 없다. 그와 나는 동질적인 요소도 많았지만 이질적인 요소가 너무 컸다. 그러나 학문 진척을 위한 고심이요 고투한 동지로서 함께 늙어가며 여기까지 온 것이다. 까맣게 잊고 지냈는데 '고투' 개념 설명하면서 불현듯 상기되었다. 그에게도 분명히 감사할 부분은 있다. 나를 한동안 분투하게 해 주었기 때문이다.

'발분'은 내가 가진 가장 큰 자산이었다. 꺾이지 않았다는 것이다. 나는 고교 역사 교사였고 도서관장을 겸직했던 선친의 도움으로 국민학교 4학년 여름방학 때 『삼국지』 10권을 읽을 수 있었다. 나는 그때 조조曹操라는 인물에 가치를 두었고, 이후 어른이 된 지금까지도 변함은 없다. 그런데 나이 들면서 조조보다 저급하게 여겼던 유비劉備를 다시 보게 되었다. 그는 동가식서가숙東家食西家宿하는 초반의 곤궁한 상황에서도 포부를 버리지 않았다. 또 꺾이지 않았다. 그랬기에 삼국시대를 열어 그 한 축을 지탱한 주역이 되었다. 물론 이러한 인식 변화는 내가 처한 상황을 표출하고 또 합리화하는 기제인 것은 분명하다.

3

나는 아주 부지런하게 살아왔다. 제일 싫은 게 게으르고 느린 모습이었다. 집사람은 더러 이런 말을 했다. "저 사람은 결혼을 하지 말았어야 할 사람이다. 어머니와 단둘이서 살았어야 할 사람이고, 또 그렇게 해야만 여자에게 피해가 돌아가지 않았을 것이다!" 혹은 "당신은 기계가 아니냐? 지칠 줄도 모르고, 또 싫증도 느끼지 못하니! 지겹지도 않아요?" 이런 말에 대한 반응을 보인 적은 없었다. 내 삶의 좌표와 목표가 있기 때문이다. 집사람을 설득시킬 필요는 없었다.

연구에는 의욕이 많았지만 사람에게는 시간과 능력의 한계는 어쩔 수 없는 듯하다. 고등학교 2학년 때 사범대학 국어교육과 교수가 찾아와 국어학에 대한 의문을 백지에 적어 제출하면 답신을 준다고 했다. 나는 삼국 언어의 이동異同을 질문했지만 졸업 때까지 답신은 받지 못하였다. 연구자가 되어서도 이 건은 결론을 내릴 수 없었다. 그리고 만주어 공부도 하지 못했고 '언어 역사학' 분야에도 진입하지 못한 게 영내 아쉽다.

4

역사를 공부하고 연구한 이래의 45년 역정을 간략하게 서술했다. 연구와 관련한 이야기라더라도 에피소드는 가급적 줄였다. 다른 지면을 빌어서 낱낱이 언급할 일이 올 것이다.

본서를 작성하게 된 동기가 있다. 이해 당사자들이 모두 '계급장'을 뗀 15년 후, 학문적 대차대조가 이루어져 누구의 학문이 옳았는지를 결산하고 평가하게 될 것이다. 본서와 자매격인 서적이 함께 출간한 『쉽고도 어려운 한국고대사』가 된다. 난이도가 아주 높은 책이지만 나의 45년 한국 고대사 연구가 응결되어 있다. 두 책은 상호 보완 관계이다.

사고의 구속은 진리는커녕 자유도 주지 않는 것 같다.
모두의 유연한 사고를 바라면서

스타벅스에서

2022년 7월 8일 오전 11시 30분

이도학

목차

II. 논저 목록

I

연구 역정

나의 연구 회상

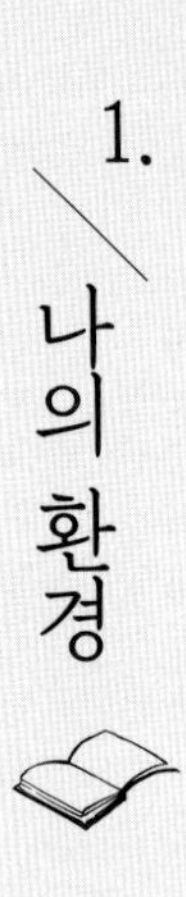

1. 나의 환경

나는 1957년 10월 17일 경북 문경시 가은읍에서 출생했다. 출생지는 본가인 하구산(하괴1리)에서 떨어진 도리실 마을이었다. 작은아들인 선친이 분가해 나왔기 때문이다. 나는 전주 이씨 효령대군 23세손이다. 항렬에 따라 '학學' 자를 얻었다. 당초 이름은 스님이 지어준 '도度'였는데 조부께서 '도道'로 고쳤다고 들었다. 실제 정유보丁酉譜에는 '도학度學'으로 적혀 있다.

고향에는 효령대군 사당이 있었다. 그런데 1930년대 어느 날 밤에 짐작할만한 이가 사당의 대군 신주를 훔쳐갔다. 훔쳐 간 신주는 상주 공검면 오태리 사당에 모셔졌다. 이 사실은 선친에게 자주 들었다. 한글학회에서 간행한 『한국지명총람』에도 관련한 내용이 적혀 있다. 물론 옮겨온 이유는 적혀 있지 않았다. 서울에서 한동네에 살았던 아지매 뻘인 오태리 출신 아주머니도 이 사실을 시인하였다.

나와 띠동갑인 선친(李榮揆)은 경북대학교 사범대학 역사과를 졸업했다. 동기생으로는 국민대학교 교수를 역임했던 고 조동걸 교수가 있다. 조 교수님은 선친보다 몇 살 위라는 말을 들었다. 선친의 사진 가운데 4학년 때 부여로 답사와서 정림사지 5층탑 앞에서 단체로 촬영한 모습이 있다. 모두 양복에 정장 차림이 많았다. 동급생으로 여학생도 있었다고 들었지만 그녀들은 사진에서는 보이지 않았다. 부여까지의 차편을 물어보지 못한 게 영내 아쉬울 뿐이다.

선친은 교사였기에 본의와는 상관없이 임지로 부임해 갔다. 전근 다니는 객지 생활을 오래하였다. 내 밑의 여동생 2명은 모두 객지에서 출생했다. 오랜 객지 생활은 선친의 중·고교 동기이자 대학 동기생으로 인해 청산되었다. 서울의 사립 고등학교로 옮기게 되었기에 서울 생활이 시작된 것이다. 나는 그 전까지는 지방에서 생활했었다. 마지막으로 시험을 치르고 입학한 중학생이었다. 공립 중학교에서 평준화된 서울의 공립 중학교로 전학하였다. 이후 서울에서 고교와 대학을 모두 입학하고 졸업해 서울 사람이 되었다. 이후 시점의 이야기는 훗날 회상기에서 상세하게 언급할 일이 있을지 모르겠다. 주제가 연구 회상기이기 때문에 더 이상의 신변잡기는 생략하기로 한다. 앞으로의 서술에서 내 자신을 미화할 이유는 없고 사실만 거론한 것이다.

2.

사학과 학생으로서

사학과 재학 중일 때부터 한국 고대사 공부에만 몰입했다. 너무 공부가 재미 있었다. 『사기』에 적힌 고조선의 계선界線 패수浿水의 위치를 구명하기 위해 『수경주水經注』 기록까지 살폈다. 대학교 2학년 때였다. 마침 그때 선친이 학교에 찾아온 책장사로부터 구입한 『역사학보』 합집 영인본도 큰 도움이 되었다. 이에 대해서는 "… 한번은 조정漕艇 경기장 근처의 하남시 미사동 유적을 발굴할 때였다. 현장에서 보니 고랑과 이랑이 뚜렷이 확인된 백제 때 밭 유적이 인상적이었다. 내가 사학과에 진학했을 때였다. 선친이 학교에 찾아온 책장사를 통해 『역사학보』 영인본 한 질을 구입해서 나에게 선물한 바 있었다. 그때 서울대학교의 고故 김원룡 교수가 1961년에 경기도 광주군 미사리 유적에 대해 스케치도 하고, 또 지표상에서 채집한 유물들을 소개한 글이 상기되었다. 까마득하게 여겨졌던 그 옛적에 확인된 유적을 이제라도 발굴한다고 생각하니 약간의 감회가 일기도 했었다. 그런데 미사리 유적은 부지가 넓었기에 여러 대학에서 합동 발굴하던 중이었다. …"[1]라는 언급이 있었다. 내가 『역사학보』 영인본을 충실하게 읽었던 증좌였다.

학교 도서관에서 매번 대출해 읽어 본 『일본서기』를 구입해야 겠다고 판단해 이와나미 서점으로 연락해 받아본 인보이스로 외환은행에서 송금했고, 얼마 후 튼튼하게 포장된 2권(상·하)을 받았을 때는 신기하기도 해 기쁨이 충일充溢했다.

이때 경주에 소재한 신라 왕릉의 소재지에 관심을 쏟았다. 대학교 때 친구들과 여름방학에 민박하면서 왕릉을 누볐던 기억이 새롭다. 그때 집필한 논문이 '김유신 장군묘'를 대상으로 한 것이다. 학계의 거벽巨擘은 사적 제21호를 김유신 장군묘로 받아들이지 않았다. 동일한 대학의 김상기 선생은 '모씨는'이라는 격한 표현을 구사하며 거벽을 비판한 『고고미술』 수록 논문도 읽었다. 결론은 현재의 김유신 장군묘가 맞다는 것을 입증해 보았다. 상식의 선에서 보더라도 후손이 제일 많고 "유신은 나라 사람들이 그를 칭송하는 것이 지금(고려)까지 이어지며, 사대부들이 아는 것은 물론이고 꼴베는 아이와 가축을 기르는 아이까지도 그를 알고 있으니(『삼국사기』 김유신전)"라고 했다. 후손도 많았고 명성도 높은 김유신의 무덤이 헷갈리기는 어렵다.

이 논문은 소론小論에 불과하지만 끊임없이 글을 많이 고친 경우이다. 본 논문에 각별한 애착을 느꼈기 때문이었다. 사실 거벽의 주장을 무너뜨렸다는 자부심이 배어 있었다. 훗날 이 논문은 내가 재직 중인 본교의 석좌교수로 계신 정기영 교수 고희기념 논총에 수록되었다. 갑자기 연

1) 이도학, 「한성백제 유적 답사에 대한 회상」『위례문화』 11·12합집, 하남문화원, 2009.12,121쪽.

락을 받았기에 준비해 둔 논문이 없었다. 존경하는 정 교수님을 위해 뭐라도 표시를 해야할 상황이었다. 본 논문이 수록된 경위이다. 본 논문의 말미에는 탈고 시점이 적혀 있다. 즉 "1978년부터 1979년에 걸쳐 완성한 논문이다"고 했다. 본 논문을 살핀 이는 믿지 못하겠다는 말을 슬쩍 비쳤다. 자신의 기준으로 남을 재단한 것이다. 이와 관련해 가끔 이런 생각이 났다. 내가 영남권에서 대학을 다녔거나 경주에서 재직했다면, 신라사 연구에서 괄목할만한 업적을 창출했을터인데라는 아쉬움이었다.

나는 대학 때부터 사료를 놓고 논문을 집필하는 성향이었다. 고구려 왕실 교체에 대해 파고 들어갔더니 기원전 37년은 건국이 아니라 계루부로의 왕실 교체였다는 사실을 밝혔다고 자부했다. 곧 이어 거벽의 저서를 읽었더니 이미 그분이 밝힌 내용이었다. 그렇지만 고증력에 대해서는 자부심을 갖는 계기가 되었다. 아마 이런 이야기를 한다면 과장이나 허풍, 심지어는 거짓말로 치부하는 자가 있을 것이다. 당시 육필 원고를 지니고 있으니 보여 줄 용의가 있다. 자신의 기준으로 타인을 함부로 재단하는 일은 금물 중의 금물인 것이다.

대학 때의 공부 관련 일화로서 빼놓을 수 없는 일이 백제 제25대 무녕왕의 계보 구명이었다. 이에 관해서는 이미 밝혀놓은 논고가 2꼭지가 있기에 그대로 각각 인용해 본다.

[대학교 3학년 봄에 '신라가요 강독'을 수강하려다가 시간이 맞지 않아서 지금은 대한항공에 근무하는 친구 노원욱과 함께 홍기삼 교수의 '현대소설강독'을 수강한 바 있다. 이때 과제로 소설을 짓는 과정에서 주인공으로 설정한 성왕의 아버지인 무녕왕의 나이를 확인하였다. 「무녕왕릉 매지권」에 무녕왕은 계묘년(523) 5월 7일에 62세로 사망한 것으로 적혀 있었다. 역산해 보니까 무녕왕은 462년에 출생한 것이 된다. 이 과정에서

무녕왕의 계보에 대한 기록이 3건이나 된다는 사실을 확인했다. 여기서 무녕왕이 동성왕의 둘째 아들이라는『삼국사기』기사는 천부당만부당하다는 사실을 발견했다. 무녕왕은 동성왕의 배다른 형인 것이다. 나는 그때 득의에 차서 역사 교사인 선친에게『삼국사기』백제 왕계의 잘못을 조목조목 적은 노트를 보여주며 세상을 다 얻은 기분을 누렸다. 이때 발견한 사실을 토대로 한 논문은 대학 졸업 논문이 되었다. 그리고 교지校誌에 게재된 관계로 대학 재학 중 두 번째 원고료를 받았다.

그런데 마침 계명대학교에서 전국 대학생 논문 현상공모를 하였다. 은사께서 제출하라고 권유하면서 지금은 고려대학교 교수로 재직하고 있는 조광 교수님께 한번 보이라고 하셨다. 이로 인해 나는 조광 교수님과의 고귀한 인연을 맺게 되었다. 혈기 넘치고 오만한 학생 시절 나의 모습을 기억하고 계시는 분 가운데 한 분이 된 것이다. 조광 교수님께서는 입가에 미소를 머금은 채 나지막한 소리로 '소탐대실' 말씀을 하셨다. '소탐'은 상금과 명예를 가리키는 것이었다. 선택의 공을 내게 넘기셨다. 반드시 입상하여 자랑하려고 했지만, 논문은 제출하지 않았다. 이때의 결정을 훗날 두고두고 잘한 처신이었다는 생각을 갖게 되었다. 이 논문은 석사 학위논문의 근간을 형성하였고, 지금부터 꼭 25년 전 봄날 공개발표된 후『한국사연구』45집에 수록되었다. 나는 한국사연구회 월례 발표에 나와달라고 아까 전에 언급했던 그 '원로'에게 전화까지 하였다. 실제 그 원로는 내가 발표하는 현장에 나왔지만 아쉬워하는 기색이 역력했다. 짐작컨대 '나는 왜 그 생각을 못했을까? 저 X에게 선수를 빼앗겼다!' 뭐 그런 것이 아니었을까 싶다. 그 논문이 나온 후부터 나의 독점적인 위상은 부인할 수 없었다. 백제사의 '권위'인 계명대학의 노중국 교수도 나의 그 논문을 열심히 인용해 주었기 때문이다. 대학 3학년인 내가 찾아서 복원해

준 무녕왕의 계보였다.][2)]

[대학 다닐 때였다. 학생회관 유리 문에 방이 붙어 있었다. 신문사로 원고료 찾으러 오라는 전갈이었다. 나는 원고료를 염두에 두고 광화문에 있는 일본 책방에 자주 들렀다. 마음 속으로 생각해 둔 책이 있었다. 도쿄 소우모노샤創元社에서 간행한 『도해圖解 고고학사전』이었다. 이 책 정도는 원고료로 구입이 가능할 것 같았다. 원고료가 나오기 전에 다른 이가 구입하지 않기를 바라며 조마조마하는 마음으로 책방에 들르고는 했다. 기다리던 원고료를 봉투채 거머쥐고 의기양양 문을 막 나설 때였다. 두 명의 남자가 회심의 미소를 지으며 서 있었다. 연길 형과 이중희 형이었다. 이들은 내가 원고료를 타러 들어갔다는 것을 알고는 기다리고 있었다. 손짓으로 앞장서라고 했다. "아! 변수가 생겼구나" 싶었다. 일순 당황하였다. 책 사는 일은 끝나는 것인가? 내 마음 속에는 그런 생각밖에 없었다. 후문을 나와 맥주집에 갔다. 머리 속으로는 빠르게 계산이 오갔다. 과연 책을 구입할 수 있을까? 맥주잔을 기울이면서도 그런 생각으로 꽉 차 있었다. 가능하니 안심하라는 산법이 나왔다. 원고료의 절반을 맥주집에 희사한 셈이다. 그 나머지 금액으로 원했던 책을 구입했다. 조마조마했던 순간으로 기억에 남아 있다.

이처럼 내 생애 첫 번째 원고료를 받은 글은 『동대신문』(1981.5.12)에 게재된 「백제 위례문화의 사적史的 성격」이었다. 이러한 문구도 있었다. 가령 "그러나 분명한 것은 위례시대는 문화적인 측면에서 보아 같은 조상의 후손으로서 고구려와 동북아시아에서의 패권 다툼의 시기였다는

---

2) 이도학, 『누구를 위한 역사인가』 서경문화사, 2010, 64~65쪽.

점이다. 즉 근초고왕 이후 개로왕대까지는 부여의 건국자인 동명왕東明王을 시조로 하는 같은 부여족으로서 정통 계승의식 속에서의 날카로운 각축전이 전개되었다. 『속일본기』·『신찬성씨록』에서는 백제의 시조를 도모都慕, 즉 동명으로 기록하고 있다. 또한 『삼국사기』 백제본기에서 위례시대의 백제왕들의 동명묘東明廟 배알 기사에서도 이 점을 분명히 알 수 있다"라고 한 바 있다. 즉 백제는 관념적이기는 했지만 부여 시조인 동명왕의 후예라는 인식 속에서 고구려와 팽팽하게 대립했다는 것이다. 백제가 한강유역을 상실한 475년 이후부터는 동명왕에 대한 정통성을 상실하여 동명묘 배알을 할 수 없다고 보았다. 연구자들이 이러한 논지에 대해 즐겨 인용하는 논문이 있다. 그러나 이 논지는 비록 논문은 아니지만 내가 처음으로 밝힌 것이다.

이 글과 관련해 상기되는 일이 있다. 우연히 정독도서관에서 만난 친구는 한국고대사 수업에 제출할 레포트가 필요하다며 원고가 있으면 한 꼭지 달라고 했다. 그 때 나는 별다른 생각 없이 앞에서 언급한 『동대신문』을 복사해 건네주었다. 그러고 얼마 후에 정독도서관에서 그 친구를 다시 만나게 되었다. 친구는 그때 비화를 말하였다. 그는 내가 참고하라고 건네 준 신문을 정서해서 그냥 제출했다고 한다. 얼마 후 그 교수가 친구를 부르면서 레포트의 원 필자를 밝히라고 다그쳤다는 것이다. 친구는 자신이 집필한 원고라고 딱 잡아 떼었다고 했다. 그렇지만 그 교수는 전문가 글이지 학생 글이 아니더라고 하였다. 그 교수는 급기야 레포트 내용을 질문하려고 했다. 그러자 친구는 겁이나서 실토했다고 한다. 그 교수는 신문 사본을 가지고 오게 한 후 자신이 가지고 간 사실을 내게는 비밀로 붙여 달라고 했다. 그러나 세상에 비밀은 없듯이 유수한 대학의 교수가 한 말은 시간이 짧게 흐른 후 내게 전달되었다. 본 원고를 집필하면서 바로 그 생각이 났다.

어제 아침부터 집에서 찾았던 책이 『동국』 18집이었다. 분명히 서가에 꽂혀 있었다. 그런데 찾을라치면 어딘가에 꼭꼭 숨어 있는 것이다. 결국 다음 날인 8월 26일 오전에 동국대학교 도서관을 찾아 갔다. 4호선 충무로역에서 하차하여 골목을 따라 걸어가면서 '하얀집'도 보았다. 그것도 '별관'이라니? 우습기도 했지만 더러 들른 적도 있어서 잠시 옛 생각이 났었다. 어쨌든 도서관에서 그 책을 찾았고, 논문 한 편을 복사했다. 「백제 왕계에 대한 이설(異說)의 검토—한성시대말·웅진시대 왕위계승을 중심으로」라는 제목의 대학 졸업 논문이었다. 그리고 두 번째 원고료를 받았던 논문이기도 했다. 이 논문을 당시 계명대학에서 주관했던 대학생 논문 현상 공모에 응모하라는 선생님들의 제의를 받았다. 단, 그 전에 국사교육과 교수로 재직하고 있던 조광 선생님께 보이라는 것이었다.

200자 원고지에 빡빡하게 적힌 논문을 들고 조광 선생님을 뵙게 되었다. 조광 선생님은 그때 연세가 30대 말의 젊은 시절이었다. 내 논문을 몇 장 넘기다가 머리를 드시고는 일성一聲이 "한자가 왜 이렇게 많아요? 이병도 문장을 보는 것 같아요?"였다. 그리고 "문장이 길어요, 짧게 단문으로 글을 써야 합니다"고 했다. 이에 질세라 나는 "서울대학교 김철준 선생의 글은 한 문장이 400자가 되기도 합니다"고 응수했다. 그러자 조광 선생님께서는 할 말을 잊고 어이 없다는 표정으로 나를 바라 보셨다. 지금 생각하면 얼굴이 화끈 거릴 정도로 낯 부끄러운 순간이었다. 그러나 이후 선생님의 가르침을 받아 논문을 단문으로 고치는 작업을 하였다. 마지막으로 들고 갔을 때 선생님께서 읽어 보시고는 "됐다!"는 신호를 보내셨다. 그러면서 소탐대실小貪大失을 말씀했다. 현상금에 집착하지 말고 기본에 충실하라는 취지로 받아들여졌다. 물론 나는 현상금에 관심을 두지는 않았다. 어쨌든 그 말씀을 수용하여 계명대학교 현상모집에는 응모하지 않았다.

이러한 결정은 두고두고 잘했다는 생각이 들었다. 이 논문은 석사논문으로까지 발전하였고, 『한국사연구』 45집(1984)에 수록되었다. 계명대학교의 노중국 교수는 즉시 나의 논문을 인용해주었다. 그럴수록 대학생 신분으로서 그 논문을 계명대학교에 보내지 않은 게 정말 천행이라는 생각이 들었다.

본 논문은 은사님의 권유로 학교 교지편집위원회에 넘겨졌다. 얼마 후 교지편집위원회에서 나를 찾았다. 『동국』 18집은 1982년 5월에 간행되는데, 그때는 당신은 졸업하고 없기 때문에 미리 원고료를 지급하겠다는 것이다. 이로써 두 번째 원고료를 받게 되었다. 첫 번째와 두 번째 원고료를 받게 해준 분이 조영록 선생님이었다. 『동국』 18집 판권에 보면 '지도교수'로 조영록 선생님과 송재갑 교수가 적혀 있다. 소리 없이 선생님께서 배려를 해 주신 것이다.][3]

앞에서 서술한 '유수한 대학의 교수'에 대해서는 실명을 거론한 적이 없다. 혹자는 아무개 교수 아니냐고 물었지만 묵묵부답했다. 앞으로도 그럴 것이다. 물론 촉이 빠른 지인이 물어 본 '아무개 교수'가 맞다.

1982년 2월 대학 졸업 때 논문 제목은 「한성말·웅진시대 백제 왕계에 대한 이설異說의 검토」였다.

---

3) 이도학, 「동악에서 맺은 인연들」 『동국대학교 사학과 창립 70주년 기념 기억모음집』 동국대학교 사학과 총동문회, 2016.11.11, 148~165쪽.

3. 대학원을 졸업하고

연세대 대학원 석사과정은 당시 30학점이었다. 4학기 2년만에 모두 마치고 1984년 2월에 졸업했다. 지도교수는 손보기 선생님이었다. 1984년 5월 19일에 한국사연구회 월례발표회(제111회)에서 당시 서울시립대 교수였던 손정목 선생과 함께 공개 발표를 했다. 장소는 한국연구원(서대문 로터리 국제대 건너편)이었다. 발표 제목은 「한성말·웅진시대 백제 왕계의 검토」였다. 석사 논문의 전반부였던 본 논문은 『한국사연구』 45집(1984)에 수록되었다. 석사 논문 후반부는 『한국사연구』 50·51합집(1985)에 게재될 수 있었다.

동국대학교 신라문화연구소에서 간행하는 논문집 『신라문화』 2호(1985)에 기고할 기회가 생겼다. 당나라 장군 소정방이 신라에서 피살되었을 가능성을 타진한 논문이었다. 『삼국유사』에 수록된 내용인데, 고려 이규보가 지은 「제소정방장군문」에 따르면 사당이 예산 땅 임존성 밑에 소재 배경으로 '객혼客魂'인 점을 언급했다. 소정방이 귀환하지 못하고 이국에서 숨졌음을 언명한 것이다. 이 논문은 『신·구당서』의 은폐 사실을 적출하고 당시 신라와 당의 동맹 성격에 비추어 피살 가능성을 조명했다. 이와는 달리 중국인 연구자들을 앞세워 소정방의 본국 사망 가능성을 만들고자 한 이들도 있었다.

소정방 피살설의 무대는 상주 함창과 문경 점촌을 잇는 당교唐橋였다. 뙤다리로 불리었던 목교는 일제 때 시멘트 다리로 바뀌었지만 한글로 '당교'가 새겨져 있었다. 이를 기념해 문경시에서 주관한 학술대회가 있었고, 고 정영호 교수와 내가 발표한 바 있다. 내친 김에 당교 사적 공원을 건립할 예정이었지만 더 이상의 진척은 없다. 문경시청 경내에 정영호 교수가 지은 당교사적비만 남아 있다. 현재 문경 도심에는 도로명 '당교로'가 있지만, 아쉽게도 현재 당교는 훼실되고 말았다. 통탄스런 일이 아닐 수 없었다. KBS 1TV에서 다루었던 소재요, 문화일보에서 한 면을 할애해 특집으로 보도한 역사 현장이었다. 전자는 나의 논문을 기초로, 후자 역시 매한 가지였다. 진주 출신의 기자와 현장을 함께 했었다. IMF를 겪은 이듬해인 1998년 봄에는 KBS 1TV '아빠와 함께' 프로에 초등생인 남매와 함께 임존성 그리고 소정방 사당터를 찾아가는 장면이 방영되었다.

백제 고토에 설치된 웅진도독부의 역할과 성격에 대해 주목했다. 그 발로가 「熊津都督府의 支配組織과 對日本政策」(『白山學報』 34, 白山學會, 1987) 논문이었다. 웅진도독부의 백제인 관료들이 국가 회복을 위해 일본을 왕래하며 역동적이고도 절박한 모습을 포착하였다. 그런데 웅진도독부의 성격을 당의 종속 기구로만 파악하는 이들이 있었다. 심지어는 의자왕의 왕자였던 부여융을 중국인으로 간주하는 연구자도 나왔다. 중국에서 간행한 역사지도집(潭其驤 主編)에 따르면 웅진도독부 기간의 한반도 서

남부 지역을 당의 영토로 표시했다. 동북공정의 그물에 고구려뿐 아니라 백제까지 걸려 든 것이다.

백제 멸망 직후 백제 고토에는 2개의 백제 정권이 존재하였다. 전통적인 왜와의 관계 속에서 국권을 회복하려는 풍왕 수반의 친왜 정권과 부여융을 수반으로 한 친당 정권이었다. 친왜 정권은 무력 항쟁을 통해 국권을 회복하려고 했다. 반면 663년 백강 전투 이후에 설치된 웅진도독부는 당과의 협력 속에서 국권을 회복하려고 하였다. 이러한 웅진도독부는 응당 백제사 속에 편제해야 한다. 그렇지 않으니 솔개가 병아리 채가듯이 중국사로 만들었다. 누구도 항의하지도 않았으니 더욱 개탄스런 일이 아닐 수 없다. 학회는 왜 존재하는가?

고구려가 영락 6년이 396년에 점령한 백제 58성 가운데 지금의 충주 지역이 포함되었고, 이후 부수도인 별도別都를 이곳에 설치했는데, 남한강과 낙동강을 잇는 교차점에 육상 교통의 요지였고, 유수한 철산지라는 점에서 배경을 찾았다. 즉 「永樂6年 廣開土王의 南征과 國原城」(『孫寶基博士停年紀念韓國史學論叢』 孫寶基博士停年記念論叢刊行委員會, 1988)라는 논문에서 종전에는 58성의 위치를 한강이나 임진강 이북에서 찾았던 것과는 달리 많은 지역이 남한강 상류 지역에 걸쳐 있음을 구명하였다. 충주를 가리키는 국원성國原城이라는 행정지명은 고구려 국내성國內城과 동일한 의미였고, '서울 지역'의 뜻임을 밝혔다. 고구려가 평양성에 도읍하던 기간에 별도 남평양성을 설치한 예에서 볼 때, 국내성 도읍기가 종료되는 427년 이전에 설치되었다고 보았다. 충주가 소경이 된 데는 고구려 때 별도였던데서 연원을 찾을 수 있다. 최근 「충주고구려비문」에서 종전에 판독하지 못했던 비문 모두冒頭에 횡으로 적힌 글자 중에서 '영락 7년' 즉 397년이라는 연대를 확보했다고 한다. 동북아역사재단 고광의 연구위원의 성과였다.

397년은 고구려가 백제로부터 58성을 빼앗은 이듬해인 관계로 광개토왕의 행차가 무망한 시점은 아니다. 나의 본 논문은 연구자들에게 깊은 영향을 끼친 업적으로 평가받고 있다.

위의 논문을 토대로 고구려군의 울산 지역 주둔설을 제기하였다(9). 고구려 초기 왕계상의 오류를 바로잡는 데 일조를 했다(10). 특히 고구려 왕위계승이 형제상속에서 부자상속으로 이행되었다는 주장은, 근거가 열악하였다. 태조왕→차대왕→신대왕은 『삼국사기』의 형제 기록과는 달리 부자 간이었다.

4. 정복국가론의 제기

1) NEO 백제 정복국가론의 성립 전야前夜—병상일기

나의 논문 가운데 요샛말로 해서 가장 핫한 논문이 「百濟의 起源과 國家形成에 관한 再檢討」(『韓國古代史硏究會會報』 7, 韓國古代史硏究會, 1988)이다. 이 발표문을 시발로 대우학술총서 속에 포함되었고, 이후 박사학위 논문으로까지 이어졌다.

[사람이 일생을 살아가면서 '결정적인 순간'들이 있게 마련이다. 나 역시 그러한 체험 몇 가지를 깊이 간직하고 있다. 그 가운데 하마터면 목숨을 잃을 뻔 하였던 체험과 관련하여 상기되는 일이 있다. 그것은 두말할나위 없이 나의 직업인 공부와 연관되어 생겨난 것이다. 이야기가 나왔으니까 말이지만, 나의 그것은 외형적으로는 강단에서 강의하는 것이지만, 강의를 맡은 시간이나 그로부터 얻은 수입보다는 글 써서 얻는 수입

이 그와 비등하거나 오히려 많기까지 하였다. 그러니까 강의와 집필이 나의 직업이라고 하겠지만 또 그 보다는 공부 자체가 직업이라고 하는 게 적절하다는 생각을 품고 있다.

나의 '공부'라는 직업을 좀 더 구체적으로 말한다면, 한국고대사이고 또 그것을 분류사적인 측면에서 이야기한다면 정치사가 된다. 한국 고대정치사가 필자의 전공인 셈인데, 학사·석사·박사학위 논문이 백제사를 주제로 하였기 때문에 백제사 전문가로 알려져 있기도 하다. 내가 백제사에 관심을 가지고 그 관계 논문을 집필하게 된 배경은 지극히 자연스러운 것으로서, 오래 전에 '그해 겨울의 일기'의 대상에게 보낸 편지에서 언급한 바 있지만, 지금도 신기하게 느껴지는 것은 대학 다닐 때 봄날 부여의 정림사지에 답사갔을 때 목격한 일이다. 그 때 태양이 갑자기 사라지고 탑 위의 창공에 접시만한 크기의 흰테가 둘러져 있던 모습이었다. 이 답사 직후 학교에서 '고분을 통해서 본 백제의 문화사적 성격'이라는 글을 발표한 적이 있었는데, 그후 백제사 논문을 여러 편 집필한 후 그 때 그것이 나의 백제사 연구와의 인연을 함축해주는 서광이 아니었을까라고 생각해 본 적이 있었다.

대학원을 졸업하고 강단에 선 후 여러 편의 논문을 발표하고 몇 해가 지나면서 나는 미궁에 싸여 있는 백제 초기사 문제에 골몰하게 매달렸다. 백제국가의 기원에 관한 문제를 생각하면서 신설新說의 형상이 갖추어져 가자 자신감과 더불어 야심을 품게 되었다. 즉 기존의 백제사 연구에 대한 세력재편까지 꿈꾸게 되었던 것이다. 그래서 '87년 4월 27일 새벽 4시 7분에 완성한 서신에서 "… 나아가 저의 학문적인 생명에도 좋지 않은 영향을 미칠 수도 있다고 판단되었기 때문입니다. 그렇지만 작년부터 준비해 왔던 이 문제는 많은 생각과 준비를 갖추고 있었기 때문에 자신을 다지고 있었습니다. 그런데 이 같은 자신을 확고하게 한 것은 며칠전입니다. … 아마 이 논문이 나오게 되면 백제 초기사百濟初期史에 관한 기존 논문의 대부분이 침수浸水되고 말 것입니다"라고 할 정도로 상당한 모험과 위험을 각오하면서도 득의에 차 있었다. 그러니까 나의 이른바 NEO 백제 정복국가론은 '86년 경에 준비되고 있음을 알게 된다.

그러던 중 나는 한국고대사연구회의 공동연구 주제 가운데 「백제의 국가형성」에 관한 발표를 맡게 되었다. 그것에 관한 공개발표는 이듬해 6월 25일 충북대학교에서 있었다. 다른 발표자와는 달리 내 혼자서 4시간 동안이나 발표와 토론을 거듭하게 되었던 것이다. 나는 그 때 내키지 않은 걸음으로 청주에 내려 왔었고 또 선친이 세상을 뜨지 불과 1달 밖에 안된 시점이었고 하여 홀가분하지 못한 상황에서 '격전'을 치르게 되었다. 나의 학설은 지난 번의 통신 '만주 지역의 백제와 정복국가의 출현'에서 소개된 바 있듯이 기존 견해와는 전혀 다른 것이었다. 때문에 엄청나고도 거센 반격을 받게 되었는데 여러 가지 악조건 속에서 발표 1시간에 토론만 3시간 동안 문자 그대로 고군분투하였다. 손에 칼만 안쥐었을 뿐이지 영락없는 '전투'였다. 전투의 결과는 참담한 패배였고 초토화되고 말았다.

중학교 다닐 때부터 일기당천一騎當千을 되뇌었지만 결코 말처럼 쉽지만 않은 상황임을 깨닫게 되었다. 고전하게 된 요인은 설 자체가 너무 센세이쇼날 해서 헛점이 노출 되었던 점도 있었지만 복안을 털어 놓을 수 없는 상태에서의 소극적인 방어전만 편 데 있었다. 평소 나의 호전성을 발휘하지 않았던 관계로 이날 사회를 보았던 차용걸 교수로부터 뒷날 받은 편지에서 "처음 뵌 이 선생님의 학자다운 풍모" 운운하는 인상을 남겼던 것 같다. 상경하기 위해 청주 고속터미널 대합실에서 고개를 떨구고 앉아 분루憤淚를 삼키고 있었다. 필자의 곁에는 어떤 교수와 대학원 여학생 등 두 사람이 있었다. 그 교수는 위로해주고 싶었던지 "나도 토론에서 많이 혼나고 하였는데"라고 말하였다. 그러나 나는 아무 말없이 들으면서 속으로 "내가 당신같은 사람하고는 같지 않아!"라고 읊조렸다.

그 해 12월 나는 학회의 공동연구 과제인 '한국고대 국가형성'의 백제사 연구비로 60만 원을 받았다. 일종의 착수금이었지만 학회 운영비로 절반을 떼게 된 결과 30만 원을 수령하였을 뿐이다. 논문을 완성하게 되면 또 30만 원을 받게 되는 것이었다. 비록 적은 액수였지만 나로서는 처음 받은 '연구비'고 하여 자랑을 하기도 하였다. 그리고 해가 바뀌었다.

나는 1월 16일에서 18일까지 2박 3일 동안 예천 지역 답사를 계획하였다. 대학 다닐 때부터 답사하려고 도상 훈련까지 해 놓았던 곳이었지만, 경제적인 여건이 여의치 못하여 남겨두고 있었다. 거의 10년 가까운 세월이 흐른 뒤 답사를 결행하게 된 것이다. 나의 답사 특징은 단기간 내에 많은 유적을 살피고 철수하는데 주로 성곽이 대상이었다. 지체하는 시간을 오래 끌수록 소요 비용이 많이 들기 때문에 일출 시점부터 일몰 때까지 부지런히 움직이고는 상경하는 형식이었다. 그래서 유유자적하는 답사는 별로 없었다. 그런데 답사 가기 얼마 전에 집사람이 꿈을 꾸었는데, 큰 개가 나타나 피하면 달려들고 하였다는 이야기를 하였다. 전 해에 선친과 장인이 모두 돌아가셨는데, 집사람은 이 분들이 돌아가시기 전에도 같은 꿈을 거푸 꾼 적이 있었다. 또 집사람의 꿈은 잘 맞기로 정평이 나 있었다. 그러나 꿈 이야기를 듣고 필자는 웃으면서 "이제는 내 차례인가"라고 하면서도 본시 그러한 데에는 개의치 않는 성격이라 대학원생과 함께 답사를 떠났다.

답사 기간 동안 나는 제천의 덕주산성부터 시작하여 하늘재 차단성·상을곡성·부노성·흑응산성과 같은 5개 성을 점령하였고, 덕주사·미륵대원·관음리절터·부노성 인근 절터와 고인돌·선돌 각각 2개 군과 석실고분까지 조사하였다. 답사 기간은 감격적인 순간의 연속이었다. 그때 적은 일기장에는 "외성外城만 4.8㎞였다. … 북동쪽 성벽에서 바라 본 운해雲海는 실로 장관壯觀이었다. 산줄기들이 마치 섬처럼 떠 있는 것 같았다. 장엄한 소백산맥 줄기를 응시하고 있던 감회는 마치 혁명가나 장군이 된 듯한 몰아지경에 빠지게 하였다"라고 적기도 하였다. 눈발이 날리는 이화령을 넘어 만족스러운 귀경을 하게 되었다. 그러나 뒷날 그 때 촬영한 사진들을 유심히 보면 하나같이 얼굴에 슬픔이 가득하였던 게 이상할 정도였다.

집에 올라오니 내가 강의 나가는 대구 모대학교의 학과장으로부터 전화가 왔었다고 한다. 아마 신학기 시간표 문제로 전화가 온 게 아닌가 생각하여 연락을 취해 보았다. 그러나 학과장은 '한국고대국가형성'에 관한 공동 발표를 충남대학교에서 다시금 갖고자 하여 2월 18일로 날짜를 잡았는데, 내가 참여할 수 있는가 확인하기 위해서 전화했다고 한다. 학과장은 학회 임원이 아닌데도 불구하고 매번 나에게 연락을 한 것은 그래야만 고분고분하리라고 판단한 듯 싶다. 그런데 그날은 막내 여동생의 혼인날이고 또 내가 동생을 데리고 입장을 해야 할 터이니 참여하기 어렵다고 말해 주었다. 그러자 그가 대전이니까 결혼식 끝나고 내려오면 되지 않느냐고 하길래, 고향에서 올라온 손님들도 접대해야 될 입장이고 해서 그 날짜에는 참석할 수 없다고 일러 주었다. 그러자 그는 상의한 후 다시 연락을 주겠다고 한다.

전화를 끊고나서 생각하니 이상하다는 느낌이 들었다. 지난해 개별적으로 발표한 주제를 가지고 충남대에서 합동으로 발표한다는 것인데, 나에게 날짜를 상의할 만큼 배려를 하는 사람이 아니거니와 설령 내한 사람이 빠진다고 해도 개의치 않을 터인데 참석 여부를 확인하는 것을 볼 때, 내가 표적인 게 분명한 것 같았다. 또 이러한 자리가 만들어진다는 것도 그러하였다. 그 뿐 아니라 개별 발표할 때에도 다른 발표자들에게는 자신이 소속된 지역에서 발표하게 하는 홈그라운드의 이점을 안겨 주었다. 그럼에도 불구하고 나의 백제사는 연고도 없는 청주에서 발표하게 하였던 것이다. 백제의 국가형성에 관한 발표는 그 발상지이거니와 나의 소속지인 서울에서 하는 게 당연하였다. 더욱이 다른 발표자는 두 명씩 발표하여 4시간이었지만, 나는 혼자서 4시간 동안 발표하였고 게다가 낱낱이 밝힐 수 없는 주최측이 깔아 놓은 핸디캡을 안고 임했던 것이다. 이러한 생각들을 떠올리게 되니 충남대학교에서의 발표는 크나큰 부담으로 엄습해 왔다. 그로부터의 나날은 다음과 같았다.

20일에는 집으로 부쳐온 석사학위 논문을 읽고 코멘트를 적은 후 우체국에 가서 부쳤다. 21일은 구역 반 모임에서 성경의 종말론에 관하여 이야기를 나누었다. 22일의 일기에는 "백제의 기원과 국가형성에 관한 글을 처음 손댔다. 너무 큰 주제인데도 무얼 믿고 지금까지 초고도 쓰지 않았는지 그저 내 자신이 놀랄 따름이다. 몸이 조금 피곤하였다. 긴장이 풀려서인지, 아니면 영양섭취를 고루 못하여서 인지, 몸이 자꾸만 나른해지는 것 같다"라는 구절이 있다. 23일은 "무덤덤하게 보낸 하루였다"라는 글귀가 보인다. 24일의 일기에는 "비 아니면 찌푸린 날씨가 계속되고 있다. 강원도 산간 지역에서는 또 큰 눈이 내렸다고 하지만…날씨는 영상을 웃도는 계속 포근한 기온을 유지하고 있다. … 오후에 답사 사진을 찾은 것을 보았더니 대체로 만족스럽게 잘 나온 편이다. 그러나 차제에 시정해야 될 것은 중복촬영과…저녁 때 백제의 국가형성 관계 글을 조금 끄적거려 보았다. 쉬지 말고 공부工夫하는 자세를 견지하여야 할텐데 자꾸만 게

을러 지는 것 같다. 집에만 있으니까 더한 것 같다.…"라고 적고 있다. 그리고 운명의 날이 밝아 왔다.

1월 25일의 사건과 관련하여 생각해 볼 만한 일이 있다. 정초에 신년 하례식을 마친 후 김병모 선생님 댁에 단체로 세배 갔다가 왔었다. 그런데 나는 집에 와서 바바리 코트가 바뀐 것을 알고는 잔류하고 있는 학생들에게 연락을 취하여 확인하였으나 찾지 못했고 끝내 외투는 바뀌고 말았다. 그 외투는 집에 와서야 바뀐 것을 알았을 정도로 색깔뿐 아니라 품이나 길이까지도 정확히 같았다. 누가 나의 옷을 입고 갔고, 또 내가 걸치고 온 것은 누구의 옷인지 지금도 궁금할 때가 있다. 1월 11일의 일기에는 "올해 들어 와서 바바리 코트 바뀌고 우산까지 바뀌다니 무슨 징조인지 모르겠다. 간간이 날리는 눈발을 보면서 귀가하였다. 바뀐 우산을 받쳐 들고…"라고 적혀 있을 정도로 '바뀜'이 있는 나날이었다.

장인이 돌아가시고 처음 맞는 생신이라서 아침에 처가집에서 제사가 있기에 참석하였다. 처가집은 나의 집에서 가까운 거리였으므로, 전 해의 연말 판공성사 때 손님 신부님으로부터 고백소에서 받은 스카플라를 착용하지 않고 갔었다. 신부님은 성사표를 받고 난 후 나에게 레지오 등에 관하여 물어보신 후 스카플라와 그 해설집을 선물로 주셨었다. 나는 제사를 지내고 처남들과 아침 식사를 한 후 빨리 집에 가서 대전에서의 토론을 준비해야겠다는 생각이 섰다. 이번에 망신 당하면 큰 일이라는 생각이 들었기에 벌떡 일어나 집을 향하여 뛰어 달렸다. 경사진 언덕을 넘어 뛰어 달렸고, 그리고 대문 앞에서 벨을 눌렀다. 당시 나는 분가하여 관악구청 맞은편 동네에서 생활하고 있었다. 이 후의 이야기는 들은 것이다.

내가 벨을 누르자 신원을 확인한 1층의 주인 할아버지가 문을 따 주었는데, 들어오는 기색이 없어 나가 보았더니, 대문 계단에 내가 쓰러져 있었다고 한다. 그와 동시에 처가집의 집사람도 연탄불 갈 생각이 퍼뜩 떠올라서 뛰어 왔더니 쓰러져 있는 나를 동시에 발견하게 되었다. 아랫층의 대학생이 나를 업고 들어가 눕혔는데, 외상은 없고 구토를 하기에 아침밥이 체하였는 줄 알았다고 한다. 그런데 내가 자꾸 "왕진! 왕진!"을 말하면서 의사를 찾았고 또 코피를 쏟았다고 한다. 그래서 연락받고 온 가운데 처남이 나를 업고 근처에 있는 관악성심병원 응급실로 달려갔다.

뇌출혈이었다. 긴 시간의 수술이었고 또 나는 오랫 동안 깨어나지 못하였다. 주변의 많은 사람들을 긴장시키고 불안하게 해주었다. 나의 일기장에 집사람이 적어 놓은 메모에 의하면 "27일, 잠시 의식이 있는 듯 했으나 거의 잠만 자다"라고 되어 있다. 또 집사람의 메모에는 "수술 후 의식이 가장 많이 든 것 같다. 하루 종일 어린 아이처럼 먹을 것만 찾다. 바나나, 쥬스, 사과, 바나나를 많이 먹었다. 일요일 1월 29일이라 가르쳐 주고 며칠 지난 뒤 오늘 며칠이냐고 했더니 29일이란다. 잠시 의식이 든 뒤 또 잠속으로 빠져든 것 같다"라고 한 상태였다. 소식을 듣고 은사이신 연세대의 이희덕李熙德 선생님이 문병 오셨다가 5만 원을 놓고 가셨는데, 어렴풋이 그 이야기를 들은 나는 "이희덕 선생님이 5백만 원을 주고 가셨다"고 하여 주변 사람들을 놀라게 해주었다. 정신에 이상이 있지 않나 하는 의구심을 심어주었던 것이다.

내가 일기를 쓰기 시작한 것은 중환자실에서 일반 병실로 올라온 이후였다. 2월 12일부터 일기를 썼는데, 또 계속 기고해 왔던 월간지의 원고, 정신문화연구원 사전 원고를 집필하였다. 내가 구술하고 집사람이 대필해 주었다. 2월 13일의 일기에는 "정문연백과사전 원고를 작성하려 했지만, 병상에 쌓아놓은 책의 수와 항목의 난해로 인하여 제대로 집필하지 못하였다. 집에서 보았다면 쉽게 작성할 수도 있었을 지 모르는데, 어쨌든 원고를 청탁한 김씨의 후의에 고마움을 느끼면서 조금 늦더라도 원고를 충실히 작성하도록 해야겠다"라고 적혀 있다. 또 묶여 있는 몸이 되니 답답하기도 하고 뒤처지는 불안감이 따르기도 하였다. 그래서 집사람으로 하여금 강봉룡姜鳳龍 씨에게 전화하여, 서울대 석사학위 논문 2편을 받아가지고 오게 하여, 받아 보기도 하였다. 성당의 레지오 단원들이 기도해 주고 가고는 하였다. 그런데 레지오의 이상인 단장님이 필자가 의식이 있을 때 와보니까 성경은 읽지 않고 공부만 하는 것을 보고 매우 속상해 하였다는 이야기를 뒷날 들었었다.

2차 수술을 남겨둔 채 약 한달만에 퇴원하였고 성당 같은 반의 형제·자매님들이 매일 필자의 집에 와서 54일 기도를 해주었다. 그리고 통원치료는 계속되었는데, 닝겔주사를 2~3시간에 걸쳐 맞고는 왔다. 강의도 맡을 수 없는 처지가 되어 서글픈 봄날 속에 잠겨 있게 되었다. 그러나 결코 한가하지는 못했다. Hurst 3세의 논문을 번역해야 될 급박한 상황에 놓이게 되었고—나의 병상 생활을 틈타 필자가 그 논문을 전해준 이가 번역하겠다고 운을 떼는 바람에—실제 그것을 완결지어 지면에 발표하였다.

5월 25일의 일기에는 "아침 9시에 노중국 씨에게서 전화가 왔다. 백제사 논문이 완료되었으면 빨리 제출해 달라는 것이다. 그래야만 대우재단에서 지불하는 후불금으로 영일군 냉수리 발견 심포지움을 7월에 열 수 있다는 것이다. 혼자 병원에 다녀 왔다. 낮에는 피곤하여 잠에 떨어졌다. 백제사 논문은 서문과 맺음말, 초고를 썼으며 주도 조금 달았다. 내일은 주註도 모두 달고 서문과 맺음말도 완성하여 1차 점검을 한 후 29일쯤 발송하도록 하여야겠다. 그런데 몸이 허虛한 것 같고 자꾸 피곤해진다. 내일은 꼭 논문의 1차 완성을 하도록 노력해 보자!"라고 적고 있다. 그리고 26일에는 "논문의 주 다는 작업이 너무도 힘들다. 익히 읽은 구절인데 출전出典을 몰라 찾느라고 무수히 시간을 허비하고 심력까지 낭비하고 있다. 빨리 탈고脫稿하고 싶은데 마음같지 않구나"라고 적고 있다. 6월 2일(금)의 일기에는 "오후에 원고를 탈고하였다. 원고 쓰는 중 상수도 공사를 위한 착암기 소리가 무척 신경을 날카롭게 하였다. 처妻가 우체국 가서 등기속달로 부쳤다.… 글 쓰고 나니 탈진脫盡된 기분이다"라고 하였는데, 집사람이 우체국 마감시간에 대기 위해 택시를 타고 가서 부쳤다. 또 이 논문은 본문만 340매에 이르는 방대한 분량이었던 관계로 당시의 나로서는 원고지를 메꾸는 게 보통 힘든 일이 아니었다. 그래서 항시 그러했던 것처럼 집사람이 정서를 해 주었던 것이다. 이렇게 하여 나의 '정복 국가론'은 세상에 태어날 꼴을 갖추었다.

나는 이 논문을 집필하면서 일본 동양사학계의 개척자이자 태두로 일컬어지는 시라도리 구라키치白鳥庫吉를 연상하였었다. 그는 비록 식민사학자로 지탄을 받기도 하지만 학문적으로는 괄목할 부분이 있거니와, 학자적인 태도는 인상적인 데가 있었기 때문이다. 그는 임종 전의 병상에서 "백제의 기원에 대하여"라는 논문을 두 명의 제자에게 구술하였고, 뒤에 유고로서 발표되었던 기억이 났다. 나 또한 '백제의 기원과 국가형성에 관한 재검토'라는 논문을 집필하면서, 머리가 터져 나갈 것처럼 고통스럽기도 하였다. 그래서 이 논문 쓰다가 죽는 것 아닌가 하는 생각이 솔직히 들기도 하였다. 실제로 은사님께서는 논문 집필을 포기하기를 권유하기도 하였다. 그러나 나는 적어도 시라도리에게 져서는 안된다는 강박 관념을 비롯한 투지가 발동하여 포기하지 않고 매달려서 탈고 하였던 것이다. 그리고 이 논문은 뒤에 보완되어 박사학위 논문으로까지 제출되었다.

이제 나는 홀가분한 마음으로 다시금 입원할 준비를 하였다. 병원과 집에서 읽기 위해 학교에서 5권의 책을 빌렸는데, 『관동군』『한국전쟁의 전개과정』『비극은 있다(상·하)』『홍사익 중장의 처형』이었다. 6월 12일에 인공뼈 이식수술을 위해 같은 병원에 입원하였고 다음날 수술을 받았다. 그날의 일기에 의하면 "오전에 일찍 수술을 받았으면 좋았겠건만 돌연한 응급 환자의 수술로 지연됨에 따라 고통을 수반하는 기다림이었다. 2시 20분 수술실로 갔다. 수술실 간호원이 내 얼굴을 알아 보았다. 원장의사가 "다 죽어가는 사람 살렸지, 아침에 응급실로 왔었지"라고 하였다. 손발이 모두 묶이고 입에는 플라스틱 물품이 넣어져 입으로 호흡할 수밖에 없었다. 그 직전 "마취제를 놓겠지요"하고 시술 의사에게 물어보니 농담조로 "그냥 한다"고 웃으면서 이야기하였다. 순간 마취주사가 놓아졌는데, TV 화면이 꺼지듯이 내 기억도 빨려져 사라지는 것 같았고 의식을 잃었다. 4시 20분에 수술을 마치고 병상으로 돌아왔다. … 탈진 상태에 빠졌다. 목이 너무 타서 물에 적신 손수건을 목 위에 올려 놓았다. … 속이 미식미식하고 목이 타서 엎치락 뒤치락 잠을 자지 못하였다…"라고 적고 있다. 병상에서의 일과는 주사 맞는 일이었다. 하도 주사를 많이 맞아 더 이상 주사 놓을 곳이 없을 정도로 양팔의 혈관이 거의 죽어 없어졌다. 그로 인해 간호원들이 쩔쩔매었고 원장 의사에게 혼나기도 하였다. 그러나 병실 생활은 나름대로의 낭만과 애환도 있었다. 또 병상 동료가 매일 틀어 놓는 '쌍쌍파티' 등은 나의 취향에 맞아 지루하지 않게 해주었다. 열흘만에 나는 무수한 바늘 자국을 안고 퇴원하였고, 의료보험이 전면 실시되는 7월 1일에 통원 치료도 끝나서 '병상일기'는 마무리 되었다.

또 나는 건재함을 나타내기 위하여 주위의 만류를 무릅쓰고 7월 6일과 7일 양일 간에 대구에서 개최되는 세미나에 참석하였다. 그날의 일기장에 의하면 다음과 같이 적혀 있다. "…어제도 그러하였듯이 노중국

씨가 무척 반겨주었다. 이 선생은 다시 태어난 셈이라고 하면서. 그런데 이XX 씨는 내가 모자를 쓰고 있길래 멋을 부리는줄 알았는데, 김xx에게 머리 다친 소식을 들었다고 하였다. 사고 경위를 이야기 하였는데, 무리한 논문 작성, 원고 독촉이 사망의 원인이 될 수 있는 경우를 들었지만, 60대도 아닌 내가 쓰러진 것에 대해서는 반신반의하는 표정이었다. 마치 내 행동에 문제가 있지나 않았나 하는 가령 좌경으로 보는 듯한 느낌을 받았다. 기분이 썩 좋지 못하였다. 그날 같은 식탁에서 점심을 했던 서울대의 노태돈 교수가 웃으면서 "공부를 너무 열심히 하여 사고를 당했다면서, 학문은 마라톤과 같은거야, 장기전에 대비해야 되며, 당장 머리에 이상이 없다고 하더라도 머리는 신체의 각 부분의 신경과 연결되기 때문에 욕심부리지 말고 먼 안목에서 휴식을 취하면서 공부하라"고 하였다. "1, 2년 늦는 게 중요한 게 아니라"고 하면서. 이 같은 노 교수盧敎授의 말과 이씨의 태도가 선명하게 대비되어 뇌리에 남는다.…"

나의 논문은 이듬해 초여름에 대우학술총서 공동연구『한국고대국가의 형성』이라는 책 속에 게재되었다. 66페이지에 달한 글이었는데, 감회가 적지 않아 스무권 정도를 구입하여 주변 분들에게 드리기도 하였다. 그런데 이 논문의 태동이 순탄하지 않았듯이, 그 출현 또한 험난한 고비고비를 예비하고 있었다. 논문은 논지의 파격성 외에 '학설사적 검토'로 인해, 무수한 학문적 '적'을 만들게 되었고, 그로 인한 엄청난 도전과 학문 외적으로 피해를 입게 되었다. 나는 '공격이 최상의 수비'라는 생각과 더불어 신설의 제기에는 반드시 기존 학설에 대한 검토가 선행되어야 한다는 판단에서, '검토'에 상당한 비중을 할애하였었다. 그러나 결과적으로 이것이 '세계와의 전쟁'이 되었던 바, 그로 인한 집단적인 음해 공작에 시달리게 되었다. 이러한 환경은 나를 혁명가 즉, '고대사 혁명가'로 만들게 되었고,

그럴수록 자설은 절대로 무너지지 않을 거라는 확신을 갖게끔 하였다. 그래서 생을 다하는 그날까지 "결단코 정복왕조의 낙일落日은 없을 거라"고 되뇌어 보기도 한다. 실제로 학계 일각에서는 나의 학설을 지지하고 있거니와 학문은 다수결로 하는 게 아닐 뿐 아니라 논지 또한 결코 호락 호락하지 않기 때문이다. 그러나 나의 학설에 대한 정당한 비판이 아닌 부당하게 모욕을 안겨다준 자들에 대해서는 결단코 좌시하지 않을 것이다. 그것은 '용서'의 차원이 아닌 어디까지나 학문의 영역이기 때문이다.

이 논문의 성립을 둘러싸고 내가 체험하였던 몇가지 일을 적어 본다.

첫째는 '말이 씨가 된다'는 거였다. 대전에서의 합동토론 이야기가 나왔을 때, 필자는 즉각 "나를 겨냥하고 있구나"라는 생각이 들어 곁에 있던 김태식 교수에게 "이런 식의 발표회에는 참여할 수 없어! 정 발표회가 개최된다면 칭병稱病하고 가지 않을거야"라고 하였는데, '칭병'이 아니라 실제 병상 신세를 지게 되었다.

둘째는 '연구비'라고 60만 원을 받게 되는 것을 자랑하였지만 병원 신세를 지는 바람에 가산을 탕진하게 되었다.

셋째는 성당의 레지오에서 두 차례나 입단을 권유하기 위하여 찾아 왔지만, 어머니의 '협조단원'이었던 필자는 공부 핑계를 대고 미루었으나, 단원들의 헌신적인 기도와 형제애를 체험하고 제발로 걸어가서 입단하게 되었다.

넷째는 내가 신체적으로 결함을 지니게 되어 공부를 그만 두기를 바랬던 사람들이 있었다는 점이다. 망설이다가 이 구절을 언급하게 되는데, 30대로서는 논문이 제일 많은 내가 재기불능의 상태가 되어 학문적으로가 아니라 취직에서의 경쟁자 반열에서 떨어져 나가기를 바랬던 것이다. 바로 내 주변에 있던 사람들인데, 심지어 건강상의 하자를 꼽아 취직시에 문제를 삼으려고 '정보'를 수집하느라고 분주했던 사람도 있었다. 그러나 이들의 바램과는 달리 유감스럽게도 나는 하느님의 은총에 힘입어 건재한 것이다. 그랬기에 단 한 학기 동안에 외국어시험과 종합시험에 거푸 합격하였고, 한 학기 뒤에는 박사학위까지 받을 수 있었다. 또 '90년 한 해 동안에 10편의 논문을 발표할 수 있었던 것이다. 대구의 이모님이 나를 보고 "사람 구실 못할 줄 알았는데, 박사가 되었으니 얼마나 좋으냐"고 하시던 말씀이 상기되기도 한다.

다섯째는 내가 몸을 다친지 꼭 일년되는 날 밤에 꿈을 꾸었는데, 거울에 비친 나의 모습이 얼굴은 젊은데, 머리카락은 하얗게 세어 있었다. 깨어나 책을 뒤져보니 장수할 조짐이라고 한다. 그러한지는 살아 보아야 알겠지만, 한 고비를 넘겼다는 안도감에 가슴을 쓸기도 하였다. 여섯째 나는 퇴원 후 끝없이 쓰고 지우고 하는 피를 말리는 수작업에서 벗어나고 싶어 어머니에게 소원을 이야기하여 당시로서는 최고가품이었던 삼보 '젬워드 GT'를 구입하게 되었다. 워드프로세서는 '90년 1월부터 '실전'에 투입되어 엄청난 위력을 발휘하였다. 지금 '통신'은 그것으로 작성되고 있는 것이다.

그러나 무엇보다도 이제는 원고도 컴퓨터 디스켓으로 받게 되어 컴퓨터가 필요하게 되었다. 사정이 여의치 않아 컴퓨터를 소유할 수 있는 묘방이 없을까 하고 백방으로 골똘히 생각하면서 하많은 나날을 보내기도 하였다. 답답하고 우울한 순간들이었다. 결국 묘방도 없고 하여 지난 6월에는 원시적인 방법으로써 '비상한 단안'을 내려 조립품 컴퓨터 386DX를 구입하였다. 여기에 '아래아 한글 2.01'과 한자 확장팩을 깔아 놓으니 천하무적 같았다. 여포가 방천화극이나 적토마를 얻은 기분에 비유할 수 있을까? 지난 7월 1일에는 컴퓨터로 완성한 논문을 제출하였고,

또 어떤 글도 이것으로 작성하여 모두 디스켓채로 제출하였다. 이 컴퓨터는 나의 학문을 보위하고 그 첨병 역할을 하여 적어도 금세기까지는 역사적 소임을 훌륭히 다하게 될 것이다.

사족蛇足을 덧붙이면서 글을 맺고자 한다. 나를 수술하였던 원장 의사는 당부하기를 "성질이 너무 급한 것 같다. 하마터면 큰일 날뻔 하였으니 마음을 느긋하게 먹고 살라"고 하였다. 필자가 성질이 급해진 것은 '혁명의 대열에의 참여' 즉 고대사 공부를 하면서부터였다. 걸음이 굉장히 빨랐다. 그래서 어머니가 꽁무니에 불을 붙여놓았느냐고 할 정도였다. 대학시절 산성에 올라갈 때는 날라다닌다는 말을 숱하게 들었다. 이러한 특징은 결코 우연한 것이 아니라 『삼국지』 고구려 조에 "고구려인들은 걸음걸이가 달음박질하는 거와 같았다"라고 한 '고대적'인 데서 비롯되었는지도 모른다.

나는 가끔 단국대학교 동양학연구소에를 가는데, 그곳에 있는 어떤 선생의 서가에서 국문학도의 유고집을 보게 되었다. 연세대에서 박사학위를 받고 38세의 총각으로 요절한 분의 '전집'이었다. 가슴을 찡하게 하였다. '후기'에는 다음과 같은 글이 적혀 있었다. "한번 간 인간은 다시 오지 못하건만 들판의 풀들이며 꽃들은 아무 일도 없었다는 듯이 살아 나오는 봄이 되자 우리는 슬픔을 추스리고 다음의 일을 생각하게 되었다. 하냥 느끼는 세상살이의 허망함을 그의 죽음은 우리에게 다시 일깨워 주었지만 또한 한 세상에 와서 아무 보람도 없이 그냥 가는 것만이 아님을 같이 가르쳐 주었기 때문이다. 우리는 그가 써 놓은 그 엄청난 글을 챙겨 세상에 알리고 후세에 전해야겠다고 생각했다. … 그러나 묘소 상석에 놓은 책 앞에 엎드려 인간으로서 어쩔 수 없는 회한의 눈물을 흘리시는 고인의 부친을 바라보며 우리 또한 한없는 눈물을 되씹어야 했다."][4]

다음은 내가 발표한 논문의 맺음말 부분이다. 본 논문은 어디에도 재수록한 바 없다. 다만 본서의 본 논지와 관련해 짚고 넘어가야할 사안인 관계로 맺음말 부분만 인용해서 전후 상황을 짐작하게 하고자 했다.

2) 신설이 걸어 온 '가시밭 길'

[내가 제기한 'Neo 백제 정복국가론'이라는 신설이 걸어 온 길은 결코 평탄하지 않았다. 갖은 우여곡절을 다 겪은 것이었다. 이 설의 타당성 여부를 떠나 신설의 제기에는 어떤 '고초'가 기다리고 있는 지를 상징하는 생생한 사례라고 하겠다. 이와 관련해 '백제 정복국가론'의 태동 과정과 첫 번째 도전에 대한 글을 인용해 본다.[5]

대학원을 졸업하고 강단에 선 후 여러 편의 논문을 발표하고 몇해가 지나면서 필자는 미궁에 싸여 있는 백제 초기사 문제에 골몰하게 매달렸다. 백제국가의 기원에 관한 문제를 생각하면서 신설(新說)의 형상이 갖추어져 가자 자신감과 더불어 야심을 품게 되었다. 즉 기존의 백제사 연구에 대한 세력재편까지 꿈꾸게 되었던 것이다. 그래서 '87년 4월 27일 새벽 4시 7분에 완성한 서신에서 "……나아가 저의 학문적인 생명에도 좋지 않은 영향을 미칠 수도 있다고 판단되었기 때문입니다. 그렇지만 작년부

---

4) 이도학, 『倉洞通信』 40號, 1993, 7. 20; 『한국고대문화산책』서문문화사, 1999, 357~371쪽.
5) 밑의 인용은 위에서 인용한 원문의 일부를 옮겨 온 것이므로 내용이 중복된다. 그러나 원문의 인용이기에 삭제하지 않았다.

터 준비해 왔던 이 문제는 많은 생각과 준비를 갖추고 있었기 때문에 자신을 다지고 있었습니다. 그런데 이같은 자신을 확고하게 한 것은 며칠 전입니다. … 아마 이 논문이 나오게 되면 백제 초기사百濟初期史에 관한 기존 논문의 대부분이 침수浸水되고 말 것입니다"라고 할 정도로 상당한 모험과 위험을 각오하면서도 득의에 차 있었다. 그러니까 필자의 이른바 NEO 백제 정복국가론은 '86년 경에 준비되고 있음을 알게 된다.

그러던 중 필자는 한국 고대사연구회의 공동연구 주제 가운데「백제의 국가형성」에 관한 발표를 맡게 되었다. 그것에 관한 공개발표는 이듬해 6월 25일 충북대학교에서 있었다. 다른 발표자와는 달리 필자 혼자서 4시간 동안이나 발표와 토론을 거듭하게 되었던 것이다. 필자는 그 때 내키지 않은 걸음으로 청주에 내려 왔었고 또 선친이 세상을 뜬지 불과 1달 밖에 안된 시점이었고 하여 홀가분하지 못한 상황에서 '격전'을 치르게 되었다. 필자의 학설은 지난 번의 통신 '만주 지역의 백제와 정복국가의 출현'에서 소개된 바 있듯이 기존 견해와는 전혀 다른 것이었다. 때문에 엄청나고도 거센 반격을 받게 되었는데 여러 가지 악조건 속에서 발표 1시간에 토론만 3시간 동안 문자 그대로 고군분투하였다. 손에 칼만 안쥐었을 뿐이지 영락없는 '전투'였다.[6]

위의 인용에서 보이는 내용은 그래도 학술적인 공방이었으니까 정말 바람직한 현상이라고 할 수 있다. 문제는 그 이후에 가해진 모든 행위는 '학문'의 영역이라고 할 수 없는 성질의 것들이었다. 이에 대한 관련 내

---

6) 李道學,「Neo 백제 정복국가론의 성립 前夜—病床日記」『고대문화산책』서문문화사, 1999, 358~359쪽.

용의 일부는 「Neo 백제 정복국가론의 성립 前夜—病床日記」『고대문화산책』(1999)을 참고하기 바란다.

[최근 어떤 이는 정년 퇴임사에서 "하지만 이내 그런 열정은 사라지고 아주 편하게 살기 위해 쓰기 쉬운 글만 골라 썼다"고 했다. 이어서 그는 "'앞에서 내 연구업적을 나열하면서 논문이 104편이라고 했지만, 진짜 논문은 60편 정도라고 할 수 있으며, 그 중에서도 내가 정열을 기울인 진정한 논문은 2~3편에 지나지 않는다'고 고백하기도 했다"[7]고 한다. 혹자는 솔직한 고백이라고 칭송하지만, 정말 '솔직한 고백'이라면 후학들의 귀감이 되기는 어렵지 않을까 싶다.

내가 우리나이로 31세에 구상하여 1988년에 백제의 기원과 관련한 '백제정복국가론'을 처음 제출한 이래로 고난의 길을 걸었다. "아주 편하게 살기 위해 쓰기 쉬운 글만 골라 썼다"는 이와는 전혀 딴판의 세계를 겪었다. 숱한 고뇌의 밤을 지샜고, 음해를 받았던 것이다. 내가 제기한 '백제 정복국가론'에 대해 강종원은 "그의 설은 우리 학계의 논의 가운데서는 가장 파격적임을 미리 말하지 않을 수 없다"고 했다. '백제 정복국가론'이 지닌 태생적인 문제점(?)은 기실 '가장 파격적'인 논지가 지닌 가공할 폭발력에 있었던 것이다. 그로 인해 나의 학설은 태동부터 험난한 고비고비를 무수히 넘겼다. 이로 인해 나는 숨질 뻔 했고, 또 병상 신세를 지기까지 하였다. '파격적'인 신설의 제기에 따른 대가가 어떤 것인지를 나는 톡톡히 경험한 것이다.

그런데 타인의 논문을 비평하는 일은 결코 간단하지가 않다. 대상 논문의 요체를 숙지한 후에 논지상의 허점이나 논리상의 무리한 부분을

7) 「연합뉴스」 2009. 5.24.

적출해서 지적해 주는 일은 고마운 일이기도 하다. 또 이는 학문 발전에 기여하는 바 적지 않을 것으로 본다. 그러나 패거리를 지어서 특정인을 폄훼시키며 부추기자 이것을 믿는 구석으로 여겨 하수인 역을 자임하는 경우도 있을 것이다. 설령 그렇더라도 이성적인 판단에 따라 건전한 비판이 제기된다면 당사자로서는 역시 고맙게 여기게 마련이다.

그러나 기본적으로 갖추어야할 자세가 없는 지적은 사실에 대한 왜곡을 가져오게 한다. 또 그로 인한 폐해는 심각하기 이를 데 없는 것이다. 우선 학설을 비판하기 위해서는 그 학설의 가장 최근 것을 상대로 거론해야 한다. 이는 학계의 상식에 속하는 일로서 연구자들이 기본적으로 견지하고 있는 자세인 것이다. 그러나 무려 20년에 가까운 최초의 논지를 검토 대상으로 삼으면서 내용까지 왜곡시킨 행위는 현대판 지록위마指鹿爲馬가 아니겠는가? 그 패거리들에게는 갈채를 받을 지 모르겠지만 "인생은 짧고 학문은 영원하다!"는 말을 하고 싶다. 지금까지는 하수인에 불과한 가엾은 존재들이기에 그냥 넘어 갔었다. 그러나 이제는 한국 사학의 발전을 위해 소아小我가 아닌 대승적인 차원에서 처신했으면 하는 바람이다.

강종원은 상기한 부류에는 속하지 않을 것이다. 다만 그는 자신의 논문에 대해 "잘못 이해한 부분과 지나친 추론에 대해서는 기탄없는 질정이 있기를 바란다"[8]고 했다. 그러나 나는 씨의 논고를 검토하기 이전에 타인의 논고에 대한 왜곡이 심각함을 발견하였다. 따라서 그것부터 '기탄없는 질정'을 하고자 했다. 누가 보더라도 이것이 순서인 것 같아서였다. 끝으로 진리 추구를 위해 끊임없이 자신을 채근하는 모습을 기대하면서

8) 강종원, 앞의 논문, 219쪽.

이만 글을 맺는다.」[9)]

나의 논지는 한국고대사학회 공동연구로서 대우학술총서로 간행되었다. 즉 「백제의 기원과 국가형성에 관한 재검토」(『한국고대국가의 형성』 민음사, 1990)인데 66쪽의 방대한 분량이었다. 그러나 본서는 얼마 후 무슨 이유인지 단종시켰다. 짐작이 가지 않은 바는 아니었다. 그 결과 대우재단으로부터 본서 50권을 저자 몫으로 기증받았다. 단종시킨 이유는 다른 게 아니라 내 논문의 연구사 정리 때문이었을 것이다. 지금까지 백제 국가 기원 연구 성과를 분류하여 학설의 한계를 하나하나 짚어나갔다. 언급된 해당 논문 집필자들로서는 뜨끔할 내용도 적지 않았을 것이다. 그러나 이 논문 발표 후 학문 외적으로 잃어버린 게 참 많았다.

9) 이에 대한 상세한 논의는 이도학,「說林—'Neo 백제정복국가론'이 걸어 온 길」『전통문화논총』 7, 한국전통문화학교, 2009. 8. 28, 378~396쪽을 참조하기 바란다.

5. 연보식 논문 소개

나는「사비시대 백제의 사방계산과 호국사찰의 성립」(『백제연구』 20, 충남대학교 백제연구소, 1989) 논문에서, 백제가 국토 사방에 보호령 산악을 설정했고, 이와 짝하여 호국 사찰을 조성했고, 사비도성에는 3산을 설정했다는 논지였다. 본 논지는 보령의 오서산과 성주사의 전신인 백제 오합사가 '북악 오합사'로 등장한데서 실마리를 찾았다.

나는 대학 때부터 산성 답사를 즐겨하였다. 그랬기에 교수로 재직하면서도 오래 간만에 만난 이로부터 "지금도 산성에 올라다니냐?"는 인사말을 듣고는 했다. 혼자 산성에 오르는 일이 많았는데 온달성과 삼년산성은 가장 많이 올랐던 산성에 속한다. 우리나라는 산성의 나라인데 삼국시대 성들이 제일 많다. 산성은 통치거점으로서의 행정성과 순전히 전략적 요지에 축조된 군사용성 2종류로 분류되었다. 행정성 주변에서 반드시 동일 시기에 조성된 고분군이 산재했다. 하나의 법칙이었다. 이것을 대학 때 터득한데다가 발굴 조사없이 혼자만의 노력으로도 1개 행정 단위의 입지 환경을 살필 수 있었기 때문이다. 1980년대 어느날 출강한 대학에서 만난 어느 고고학자는 내 이야기를 듣더니, 누구에게 이런 가르침을 받았냐고 물었다. 누구에게 가르침을 받은 게 아니라 공부하면서 자연 터득한 이치였다.

대학 때 징병검사받으로 고향에 갔었다. 점촌의 호서남국민학교에서였는데, 그때는 검사 기간이 이틀간이었다. 첫날 오후에는 시간이 남아서 진남교의 고모산성에 올랐다. 수풀이 우거진 여름에, 그것도 구두 신은 채 벼랑을 타고 오르면서 제발 뱀을 만나지 않기를 기원했었다. 대학원 첫학기 여름방학 때도 올랐었는데, 그때마다 산성 실측 도면만 있으면 논문을 여러 편 집필할 수 있겠다 싶었다. 당시 목측으로 노트에 산성 도면을 그려 보았다. 몇 년 전 문경의 근암서원에서 특강할 때 목측으로 그린 산성 도면과 실측도면을 함께 보여준 적이 있었다. 감탄하는 소리가 나왔다. 지금 고모산성은 발굴과 복원까지 이루어졌다. 학생들을 인솔하고 고모산성에 오를 때마다 대학 때 무모하게 올랐던 순간이 떠 오르고는 했다. 폐성으로서 성안은 경작되었던 진남교의 고모산성이 발굴은 물론이고, 복원까지 된 모습을 보면서 격세지감을 느끼고는 한다. 그리고 학생들과 함께 영남대로의 간선도로인 토끼비리 벼랑길을 반드시 밟아 보게 했다.

「醴泉의 上乙谷城考」『慶州史學』8(東國大學校 國史學會, 1989)

위의 논문은, 대학 때부터 두꺼운 『문화유적총람』 책을 펼치고 도상훈련을 했던 예천 상을곡성을 답사하고 집필한 논고였다. 산성 안에는 하늘목장이라는 이름의 목장이 소재하였다. 상을곡성(어림성)은 성 2개가 붙어있는 구조였다. 이러한 성들은 고구려 성 뿐 아니라 남한의 다른 지역에서도 더러 확인되고 있다. 그리고 예천 읍내의 흑응산성은 체계적인 조사가 필요한 중요 유적이었다. 흑응산성 인근에는 석실분이 산재하였다.

「山淸의 傳仇衡王陵에 관한 一考察」

(『鄕土文化』 5, 嶺南大學校 鄕土文化硏究會, 1990)

위의 논문은 대학 때로 연원을 소급할 수 있다. 당시 남산에 소재했던 국립중앙도서관을 즐겨 찾았고, 고서실에서 구형왕릉 관련 문헌을 접하였다. 금관가야의 마지막 왕인 구형왕의 유품이 산청군 금서면에 소재한 왕산사에 소장되었다는 글이었다. 그리고 경내의 적석 유구는 구형왕릉으로 전해온다는 것이다. 경성제국대학 교수였던 이마니시 류今西龍도 언급한 유구였다. 관련한 모든 자료와 문헌을 확보했지만 현장 답사할 경비가 없었다.

대학시절 나는 한달 용돈이 5천 원이었다. '품위 유지'하기는 어렵고 그냥 생활할 수 있는 적은 액수였다. 이 금액으로 나는 광화문에 소재한 일본책 판매서점인 한국출판판매(주)에서 이와나미 문고를 비롯한 문고본을 많이 구입하였다. 그때는 환율이 1:3이었다. 관련한 기억을 하나 더 소개해 본다.

대학 강단에 섰을 때 1학기 마치고 대구 모 대학에 성적표를 제출한 후 함양을 경유해 산청의 전구형왕릉에 이르렀다. 상당한 세월이 흐른 후 사진으로만 접했던 유구를 실견한 것이다. 이 유구의 정체가 분묘냐 탑이냐가 관건이었다. 숲이 무성한 산속에서 구형왕의 수정궁 터라는 곳도 밟아 보았다. 답사를 많이 다녔던 나는 그때 처음으로 독사를 목격했다. 구형왕과 왕비 계화왕비의 영정이 봉안된 덕양전에 올랐다. 검은 제복을 입고 사배를 하였다. 5천 원을 올렸다. 왕과 왕비의 영정을 접했지만 후레쉬가 없었다. 함양으로 들어가 사진관에서 후레쉬를 간신히 빌렸다. 남원의 고교에서 수학 여행 때문에 이곳까지 와서 카메라와 후레쉬를 빌려 가는통에 동이 났다고 했다. 용캐 후레쉬를 빌려 하룻 밤 투숙한 후 다음 날 산청에 들어가서 촬영한 후 상경하였다. 1987년 여름이었다. 내가 대학 때 읽었던 문헌에 따르면 왕산사 목함 속에 영정 뿐 아니라 구형왕이 사용하던 활과 칼이 있었다고 한다. 영정만 남았는데, 세기가 바뀌어 내가 아는 프리랜서 작가가 연재물 관련해 들렀다가 도난당한 사실을 알려줬다. 이후 구형왕 부부 영정 사진은 고 강윤석의 지인인 함양군청 문화관광 과장에게 선물한 바 있다. 영정 실물은 지금 어디에 있는지? 내가 아는 문화재 도난 사례로는 부여군 임천면 가림성의 유검필 장군 옛 사당에 봉안된 목각상도 있다. 5구의 목각상은 2006년 4월에 모두 도난당했다.

「신라 화랑도의 기원과 전개과정」『정신문화연구』 38

(한국정신문화연구원, 1990)

신라 화랑 연구의 비조인 미시나 아키히데三品彰英는 화랑의 기원을 삼한 시기 촌락 공동체 내부에서 발생한 청소년 조직에서 찾았다. 그러나 이 설의 근거인 『삼국지』 동이전 한 조에서의 청소년들의 시련 행위는, 축성築城 관련 제의였다. 그 자체 독립된 의식인 성년식으로 간주하기는 어려웠다. 게다가 이와 동일한 조목에 보이는 "성곽을 쌓았다"라는 기사가. 『후한서』에는 "실室을 만들었다"로 기재되었다. 미시나 아키히데는 이 '실'을 청소년 집회소로 간주하였다. 그러나 성곽 유무에 관한 『삼국지』 기사의 모순을 해결하기 위한 『후한서』 찬자의 탁상안출에 불과했다. 따라서 독자적인 사료 가치는 없었다.

신라 화랑은 제의 집단에서 출발하였고, 왕녀 중심의 여성 수령이었다. 그 후 6세기 중엽 전사단으로 개편되었고, 수령도 남성으로 바뀌었지만 여성 수령 시절의 체취는 남아 있었다. 바로 '분을 바르고 곱게 꾸민' 전분장식傳粉粧飾이었다.

화랑 논문 가운데 호이징하의 호모 루덴스 즉 '놀이하는 인간'으로 번역된 저서를 원용한 업적이 있다. 재미 역사학자 김종선이 지은 「新羅花郎の性格について－特にその遊びに関して－」(『朝鮮学報』 82, 1977)이다. 본 「신라 화랑의 성격에 대하여」 논문은 『동아시아고대학』 46집(2017)에 수록된 번역논문으로 게재되었다. 40년만에 번역 논문이 출간된 것이다.

[1980년대 중반에 내가 대구의 모 대학에 출강했을 때 미국 로드아일랜드대학 김종선 교수를 만났다. 김 교수는 일어로 적힌 자신의 논문이 두루 읽히지 못하는 현실을 아쉬워하면서 "이 아무개 좋은 일만 하고 말았다!"고 개탄했다. 누가 번역을 해 주었으면 좋겠다고 덧붙였다. 듣고 있던 나는 약속한 바는 없었지만 마음 속으로 간직하였다. 나는 김 교수의 논문을 몇 번 인용한 바 있었지만, 번역에 대한 김 교수의 갈망을 잊은 적은 없었다. 금년 초부터 번역을 맡겼지만, 역자譯者 후보가 5~6명이나 바뀌었다. 읽고 나서는 여러 핑계를 대면서 못하겠다고 했다. 한국어가 한국인보다 더 유창한 일본인 교수도 포기하였다. 결국 지인에게 맡겼고, 그 이름으로 번역이 되었지만, 초역初譯된 문장을 단 한 구절만 빼고는 모두 고쳤다. 한 문장, 한 문장을 원문과 대조하여 모두 새롭게 번역했다.

도저히 해석되지 않은 글귀가 한 구절 있었다. 이는 도쿄대학에서 박사학위를 취득한 일문학 전공 이부용 선생에게 물어서 풀 수 있었다. 본 논문 안에는 영문이 상당히 길게 인용되어 있었지만, 순전히 영문 번역은 내가 하였다. 주석註釋도 내가 붙여놓았다. 김종선 교수는 현재 미국에 거주하는 90쯤의 고령인데, 학부형이기도 한 김 교수의 제자에게 이 사실을 고지해 주었다. 역자로 적혀 있는 지인은 내게 감사를 표했다. 오랜 숙원을 푼 기분이었다(2017년 12월 14일).]

[미국에 거주하는 김종선 교수로부터 연락이 왔다. 소식이 두절된 지 20여 년이 흐른 후였다. 목소리가 쩌렁쩌렁하였다. 로드아일랜드 대학 교수였었고, 93세이다. 저술 작업에 필요한 저서 2권을 요청했다. 1권은 내 책이었다. 즉시 3권의 책을 보내드렸는데, 그 중 한 권에는 내가 회장으로 있으면서 『조선학보』에 게재한 김 교수님 논문 번역이 수록된 학회지였다. 전화로도 그 이야기를 했었더니, "이 아무개가 자신의 논지를 왜곡했다"며 분개하였다. 처음 대구에 강의나갈 때 김 교수님을 만났는데, "『조선학보』에 게재한 자신의 화랑 논문을 누가 번역해 주었으면 하면서, 이 아무개 좋은 일만하고 말았다"고 했다. 호이징하의 호모 루덴스 이야기를 화랑의 놀이 문화에 적용한 것인데, 이 아무개가 왜곡했고, 열매만 가로 챘다는 취지였다. 마음 속으로 이 논문을 번역해 드려야겠다고 생각하다가 1세대가 흐른 후 회원에게 부탁해 게재한 것이다. 그러나 명의와는 달리 실제는 내가 번역한 것이나 진배 없었다. 상당한 세월이 흘렀지만 결국은 김 교수님의 여망을 들어드린 것이다. 물론 그때 번역해 드리겠다고 약속한 바는 없었지만, 마음 속으로만 품고 있었다.

그 이후 책값으로 상당한 금액을 보내왔고, 또 논문 1편을 부탁하면서 생각지도 않았던 타이레놀과 같은 진통제를 비롯한 영양제 등 7통의 약병을 보내주셨다. 처음 통화할 때 김 교수님께 받은 허스트 3세 논문을 번역한 일도 알려드렸다. 이 논문 제목은 미국의 서부 활극 영화 제목에서 취한 것인데, 원본 구경도 못한 친구들이 번역본을 읽고 아는체 하는 진풍경을 많이 목격했었다(2021년 12월).]

「百濟 七支刀 銘文의 再解釋」『韓國學報』60(一志社, 1990)

칠지도 명문 연구는 연구사가 상당히 오래되었지만 여전히 해결해야할 부분이 적지 않다. 칠지도의 형상은 우주목宇宙木인 세계수世界樹를 도검으로 재현했음을 최초로 피력하여 성구聖具임을 입증했다. 그리고 명문의 '후왕侯王'은 길상구에 불과하는 견해에 근거를 보탬으로써 한국에서만 통용되는 자의적인 해석에 쐐기를 박았다. 그럼에도 백제 대왕이 후국의 왕인 왜왕에게 칠지도를 하사했다는 주장이 여전히 횡행하고 있다. 칠지도 명문의 '先世以來'와 '百濟王世'는 대구를 이루고 있음을 밝혔다. 그리고 기존의 자의적 판독의 문제점을 조목조목 지적했다.

「百濟 關彌城에 관한 一考察」『伽倻通信』19·20합집
(釜山大學校 博物館 가야통신편찬위원회, 1990)

소재지가 명확하지 않아 논쟁의 중심에 놓인 유적 가운데 한 곳이 백제와 고구려의 대결장이었던 관미성이다. 관미성의 위치를 강화도로 지목한 견해가 오랜 동안 주목을 받아왔다. 그러나 말갈의 백제 침공로에 관미령이 보인다. 이후 어느 때 관미령에 성을 축조했기에 관미성으로 일컬었을 것이다. 따라서 관미성은 해도海島에 소재할 수는 없다. 관미성의 위치를 예성강유역에서 찾았다.

「百濟 蛇城의 位置에 대한 再檢討」『韓國學論集』17
(漢陽大學校 韓國學研究所, 1990)

현재의 서울 송파구 풍납동토성을 사성으로 비정하는 견해가 오랜 동안 한국에서는 득세했다. 한 사람의 견해를 맹종하여 전문가라는 이들이 풍납동토성=사성설을 추종해 왔었다. 그러나 풍납동토성은 현재 백제 왕성으로 밝혀졌다.

풍납동토성이 사성이 아니라면, 사성은 어디에 소재하였을까? 백제 개로왕대에 사성의 동쪽에서부터 숭산의 북쪽에 이르기까지 제방을 축조한 기록이 실마리가 된다. 제방의 기점과 종점이 명기된 것이다. 종점인 숭산은 하남시 검단산으로 지목하는데 이견이 없다. 그런데 풍납동토성을 사성으로 비정한다면 한강 범람을 막기 위한 목적의 취지에 맞지 않게 된다. 석촌동 고분군이나 몽촌토성을 비롯한 백제 핵심 지역이 정작 무방비 상태에 놓이기 때문이다. 제방을 축조해 우선적으로 보호받아야 할 대상들이 정작 보호받지 못하고 있다. 어렵게 설명할 것도 없이 간단하게 밝혀지는 것이다.

석촌동 고분군 왕릉 구역과 몽촌토성과 같은 왕성 구간을 제방이 보호한다고 할 때, 거슬러 통과해 보면 한강변의 강남구 삼성동토성에 이르게 된다. 삼성동토성 동쪽부터 제방을 축조하면 도성 구간이 한강 범람으로부터 안전할 수 있다. 게다가 풍납동토성 서쪽 한강변에는 토벽이 드믄드믄 나타나고 있다. 제방의 흔적으로 판단할 수 있게 되는 것이다. 따라서 제방의 기점인 사성은 삼성동토성일 수밖에 없다. 달리 대안이 있는 것도 아니다.

나의 이 견해는 대학 때 동아리 후배였고 졸업 후 EBS 피디가 된 조휘진으로 인해 태동했다. 대학 때 일이었다. 조휘진이 청계천에 갔다가 일제 때 경성전기주식회사에서 간행한 팜플릿 형의 소책자『하이킹 코스—풍납리토성』이 눈에 잡히자 순간 내가 떠올라 구입했다며 찾아 왔다. "자신에게는 필요 없지만, 형님에게는 필요한 책인 것 같아 드릴려고 산 것입니다!" 접혀진 책자 속표지를 펼치니 풍납동토성을 중심한 한강 일대 유적이 적시된 도면이 나타났다. 뱀처럼 구부러진 모습이기에 사성 이름에 걸맞는 삼성동토성이 그려져있었다. 한강 남쪽 연변에는 군데군데 토루가 표시되었는데 제방 유구가 분명했다. 도면을 트레이싱페이퍼를 대고 그렸지만 치졸했다. 복사하면 될 것을 공연한 수고를 한 것이다. 논문에 첨부된 도면을 보고 내가 조작했다고 떠든 저질들이 있었다. 풍납동토성을 사성으로 믿고 있던 자들에게는 불편한 진실이 아닐 수 없었다.

그러니 생각나는 불쾌한 일이 하나 있다. 대구에 출강했을 때였다. 찾는 일본 논문이 경북대학교 사학과 학과 사무실에 비치된 것을 알았다. 시간을 할애해 복사할 수 있었다. 그런데 읽어 보니 주목할 내용은 없었다. 한번 소개조로 인용하고 말았다. 시간이 흘러 금세기에 인접한 곳의 연구자가 그 논문을 빌려달라고 했다. 그때 정직하게 말하였다. 박스에 담긴 이 논문을 찾으려면 시간이 많이 소요되므로 어렵다고 했다. 그 직후 소문이 퍼져나갔다. 소장하지도 않은 논문을 읽은 것처럼 했다고 패거리들 사이에서는 말이 돌았다. "모기도 많이 모여 날면 천둥 소리를 낸다"는 속담이 실감났다. 수가 많으니 거짓이 진실 행세를 하는 것이다.

「平壤 九梯宮의 性格과 그 認識」『國學硏究』3(國學硏究所, 1990)

고려 말 목은 이색의 시 '부벽루'에도 등장하는 인마麟馬 즉 동명왕(추모왕)이 상제上帝를 알현할 때 탔다는 기린마와 기린굴麒麟窟, 그리고 동명왕 거처로 알려진 구제궁에 대한 고찰이었다. 대동강에 접한 기린굴은 국내성 시기의 동명제 때 제의처인 국동대혈國東大穴 역할로 추정했다.

「百濟의 交易網과 그 體系의 變遷」『韓國學報』63(一志社, 1991)

백제와 동남 아시아 지역과의 교류에 대해 처음 언급하였고, 이후 쏟아진 관련 논문들에 대한 효시였다. '대항해의 시대'를 열었던 백제와 신라의 공간적 범위를 재조명할 수 있는 전기를 마련했다. 해상 실크로드의 출발점이 백제 사비성임을 주지시켰다. 그리고 『삼국사기』 사다함전에서 대가야의 왕성 문을 가리키는 전단량의 '전단'이 인도 계통 언어의 유입임을 밝혔다. 『일본서기』에서 백제와 부남국(캄보디아)을 비롯해 곤륜 등 동남 아시아 세계와 교류한 사실을 적극적으로 해석했다.

「百濟 黑齒常之墓誌銘의 檢討」『鄕土文化』6(嶺南大學校 鄕土文化硏究會, 1991)

흑치상지 가문의 내력에 보이는 부여씨 → 흑치씨로의 분지分枝와 관련한 분봉지를 필리핀으로 지목했다. 량지아빈梁嘉彬이 흑치를 필리핀으로 비정한 견해를 따랐다. 흑치=예산설의 허구는 이후의 논문에서 밝혔다. 그럼에도 흑치=필리핀설은 너무 나간 게 아니냐는 편견을 품은 이들이 많았다. 선입견과 고정관념의 폐해를 읽게 된다. 이와 관련해 오랜 동안 수업 시간이나 특강 때 필리핀 박물관에 전시한 신라·가야토기 사진을 보여주었지만 그 누구도 놀라지 않았다. 이 사실에 나도 놀랐다. 작년부터는 해당 사진을 더 이상 공개하지 않고 있다. 감동과 감흥이 없는 세상을 실감한다는 자체가 비애였다.

부여씨 왕족인 흑치상지 조선의 흑치 분봉을 담로제와 결부 지었다. 그리고 4대에 걸쳐 제2관등 달솔에 머문 것에 비쳐 신라 골품제와 같은 신분 규제가 작동한 것으로 추정했다.

「方位名 夫餘國의 성립에 관한 檢討」『白山學報』 38(白山學會, 1991)

역사상 부여는 동부여·북부여·남부여·부여 등 모두 4개가 보인다. 이러한 방위명 부여의 기준을 고구려로 지목해 왔었다. 그러나 「광개토왕릉비문」만 보더라도 북부여와 동부여, 그리고 부여가 등장한다. 어렵게 볼 것도 없이 부여를 기준해 북부여와 동부여를 상정할 수 있다. 동부여의 등장 시기를 부여가 전연의 공격을 받아 파국을 맞은 285년 이후로 간주해 왔다. 그러나 이듬해 서진 정권의 지원을 받아 부여는 재건되었다. 285년 이후 동부여 성립설에 따른다면 추모왕의 속민이었다는 「광개토왕릉비문」 기사를 비롯해 『삼국사기』에서 추모왕의 출원지로 적힌 기록도 부정해야 한다. 동부여가 존재하지도 않았던 시점이라면 추모왕의 출원은 물론이고 정벌 기사도 부정되어진다. 그럼에도 285년 이후 동부여 등장설은 너무 쉽게 착상한 것이고, 문제는 이러한 견해를 맹종하는 이들이 많았다는 것이다.

방위명 부여는 원래의 부여를 기준으로 한 국호들이었다. 백제의 남부여도 이를 의식한 국호였다.

「百濟의 起源과 國家發展過程에 관한 檢討」『韓國學論集』19
(漢陽大學校 韓國學硏究所, 1991)

그간 무기단식 적석총으로 알려진 백제 분묘의 정체를 즙석봉토분으로 규정했다. 점토 바깥에 강돌로 띠를 입혀 놓은 것인데, 현상적으로는 무기단식 적석총처럼 비치지만 기실은 봉토분의 발전된 양식에 불과했다. 문헌사를 하는 나의 논문을 간과하였고, 뒤에 고고학자가 이 주장을 하자 열심히 인용하는 상황이다. 언젠가 세미나 후 최몽룡 교수와 저녁 식사를 하면서 마주 보고 앉아 있었다. 그때 최 교수님께서는 "아무개가 이 선생님 논문 많이 베꼈지요?"라고 했다. 내심 "모두가 알고 있구나"라고 생각했다.

「百濟 漢城時期의 都城制에 관한 檢討」『韓國上古史學報』9
(韓國上古史學會, 1992)

백제가 한성에 도읍하던 시기의 왕성으로 풍납동토성과 몽촌토성, 그리고 북한산성 안의 중흥동고성(북한성)을 지목했다. 근초고왕대 도읍을 옮긴 한산을 한강 남쪽에서 찾았다. 그러나 사서에 적혀 있듯이 관련한 한산은, 한강 이북의 북한산이었다. 근초고왕은 고구려와의 전쟁에서 승전함에 따라 북진의 거점으로 왕성을 북한성으로 옮긴 것이다. 그럼에도 고구려의 반격을 두려워해 한강 남쪽으로 왕성을 옮겼다는 자의적인 해석이 지배했다. 남창 손진태는 북한성으로 분명히 적시하였다. 그러면 이 무렵의 유적과 관련한 몇 가지 소회를 인용해 본다.

백제가 한성에 도읍하던 시기는 문헌상으로는 자그마치 500년에 가깝다. 그 기간의 장구함에 놀라기도 한다. 또 한편으로는 그럼에도 불구하고 한성백제를 내세울 수 있는 유적이 많지 않다는 것이다. 일제 때 조사한 자료에 따르면 서울의 송파구 일대에는 적석총과 봉토분이 상당수 보존되어 있었다. 1916년 당시 적석총만 66기를 헤아렸다. 송파구의 석촌동에는 적석총이 깔려 있었다. 또 그러한 석재를 이용해서 구들장도 놓고 담장도 쌓는 가운데 '돌마을' 곧 '석촌'이라는 이름이 생겨난 것이다. 돌마을의 유래는 파괴되어 가는 적석총에서 비롯되었다. 그런데 그 많던 적석총들은 석촌동 고분 공원 안에 단 4기만 보존되어 있을 뿐이다.

내가 대학시절에 이곳을 답사했을 때였다. 허름한 한옥 한 채가 높게 자리잡고 있었는데, 뒤에 발굴하면서 모두 철거시켰다. 발굴할 때 보니까 적석총 위에 그 한옥이 아슬아슬하게 버티고 있었던 것이다. 그 때까지 집주인은 적석총이라는 무덤 위에서 자신이 살고 있었던 사실을 몰랐다고 한다. 당시 나는 케논 하프 사이즈 소형 카메라로 이러한 장면을 담았던 터였다. 그런데 지금도 아쉽게 여기는 것은 좀더 좋은 카메라에 슬라이드 필름을 담지 못한 게 속상한 일이었다. 하프 사이즈 카메라는 24장 필름을 담게 되면 그 배인 48장으로 활용되지만 그 만큼 해상도는 떨어지는 것이다. 경제성은 있지만 작품성은 반감되었다. 그것도 선친이 친구에게 구입한 중고품이었다. 지금도 그 사진기로 촬영한 백제 유적 사진들을 볼 때면 아쉬움이 교차하고는 한다. …

돈은 있을 때도 있고 없을 때도 있지만 기회는 항시 대기하는 것은 아니라는 지론을 학생들에게 말하고는 한다. 지금은 저렴하면서도 성능이 좋은 디지털 카메라들이 많지 않은가? 아니 각자 소지한 스마트폰 자체가 해상도 높은 카메라인 것이다. 열정만 있다면 못 담을 장면이 없는 세상이 되었다. 그때 소형 카메라로 촬영한 사진 가운데 독보적인 장면이 한 장 있다. 나는 서울 송파구의 몽촌토성을 자주 답사하였는데, 문터 오른쪽 성벽 밑에 비스듬하게 숙여진 무문비였다. 글씨가 전혀 남아 있지 않은 비석이었다. 한글학회에서 간행한 지명총람을 열어 보았더니 무문비에 관한 전설이 적혀 있었다. 그런데 88올림픽 직전에 발굴을 거친 후 무문비는 사라져버리고 말았다. 송파구 문화재위원인 홍광준 선생도 예전에 이 비석 이야기를 했지만, 사진은 가지고 있지 않았기에 제공한 적이 있다. 학생시절에 촬영한 사진 한 장이 무문비의 존재를 말 없이 증언하였다. 무문비는 지금 어디에 가 있는 것일까? 왜? 아무도 그 비석을 찾으려고 하지 않을까?

나는 대학원 졸업하던 때 제대로 된 캐논 카메라(AE-1)를 큰맘 먹고 구입하였다. 그때 슬라이드 필름을 담아 촬영한 장면 가운데는 풍납동토성이 잡혀 있다. 1984년 5월인데, 토성은 알뜰하게 계단으로 경작되어 호박밭이 되었다. 명색이 사적 제11호이건만 농지로 알뜰하게 개간되고 있었다. 성벽 근처에는 훼손하거나 쓰레기를 버리면 안된다는 (강동)경찰서장 명의의 경고판이 세워져 있었건만 보란 듯이 망가져 갔다. 풍납동토성 안에는 집들이 가득차 있었다. 성벽만 사적이라고 볼멘소리를 하였지만 정작 성벽도 훼손되기는 매한가지였다. 상 받은 이는 있어도 책임 지는 이는 아무도 없었다.

대학생이던 가을 어느 날에는 워커힐 호텔 뒷산인 아차산에 오른 후 이동하여 상계동 일대를 누볐다. 하북위례성과 관련한 유구를 찾기 위해서였다. 일본인들이 만든 책자에는 상계동에 분명히 토성이 소재하였다고 했다. 그런데 30년 전 상계동 일대는 허허 벌판에 비닐하우스와 양계장이 드문드문 있었을 뿐이었다. 그리고 불암산에 올라 갔다. 그곳에는 보堡가 있다고 대정大正 연간에 간행된 『조선고적조사보고』에 적혀 있었기 때문이다. 바위산에 올라가 보았지만 성의 흔적은 없었다. 하산한 후 그냥 집에 가려니까 분한 생각이 들었다. 그때 하산하는 등산객들을 보면서 길이 또 하나 있다는 것을 알았다. 그 길을 따라 올라갔더니 석축으로 된 작은 산성인 보가 나타난 것이다. 왕숙천이 보이는 등 전망이 몹시 좋았다. 그때 촬영한 사진을 지금도 보관하고 있다.[10]

국가사적 제11호의 명칭은 '서울 풍납동토성'이다. 속칭 '풍납토성'은 그릇된 표기이니 폐기해야 한다. 그럼에도 대다수가 '풍납토성'으로 입을 맞추었다. 그러니 항시 제대로 읽고 표기한 나만 별난 사람이 되었다. 모기도 많이 모여 날면 천둥 소리를 낸다는 속담이 있다. 수가 많고 또 뭉쳐서 함께 외치면 바른 소리처럼 들린다.

「고대·중세의 역사」『일산 새도시 개발지역 학술조사보고』2

(한국선사문화연구소. 단국대학교 한국민족학연구소, 1992)

고구려는 현재 고양시 관내의 행정 구역으로서 달을성현達乙省縣과 계백현皆伯縣이라는 2개 현을 설치하였다. 달을성현은 지금의 일산구 일대, 그리고 개백현은 지금의 덕양구 일대였다. 여기서 '달을성'의 '달을'에 대한 뜻 새김은 '고高'이고, '성'에 대한 뜻 새김은 '烽=峰' 즉, '수루(봉우리의 뜻)'에 해당된다고 한다. '수루'는, '봉우리'에서 신호를 위해 피우는 '봉화烽火'를 뜻하고 있다. 그러므로 '달을성(고봉)'은 봉화체계의 확립과 결부지어 살필 수 있는 지명이다. 『신증동국여지승람』에 의하면 '고봉성산 봉화高峰城山烽燧'가 확인되고 있다. '고봉'의 지명 유래를 기록한 『삼국사기』 지리지

---

10) 이도학. 「위례문화」11·12합집, 2009. 12.30.

에 의하면 "한씨미녀가 높은 산마루에서 봉화를 피우고 안장왕을 맞이한 곳이라하여 뒤에 '고봉'이라 하였다"는 기록이 있다. 따라서 이곳 지명과 관련된 봉화의 연원은 삼국시대까지 소급된다.

반면 충주의 백제 때 지명인 '미을성未乙省: 『삼국사기』 권37, 지리 4)'은 달을성과 대응되는 면을 보인다. 즉 '달을'이 '고高'의 뜻을 지녔다면, '미을'은 '밑' 즉 '저底'의 뜻으로 풀이된다. 미을성은 '저봉底烽'의 뜻이었다. 이는 봉화체계 선상에서 달을성은 그 수점首點에, 미을성은 그 종점에 자리잡은 데서 비롯된 듯하다. 달을성 지역에 남아있는 봉화 이름인 '고봉산高峰山'의 '고高'에서도 엿볼 수 있다. 고구려가 한강유역에 설정한 거대한 봉화체계를 살필 수 있는 지명이 달을성이었다.

「伯濟國의 성장과 소금 交易網의 확보」『百濟研究』 23

(忠南大學校 百濟研究所, 1992)

백제는 3세기 중엽 경에 한반도 중부 내륙 지역을 통합하였다. 그러한 비결은 무력이 아닌 생필품의 장악과 독점 공급망에서 찾을 수 있다. 미추홀인 인천에서 출발한 백제는 소금을 경제적 교환 수단으로 활용했다. 그런데 소금은 단순한 교역품이 아니었다. 생필품이었기에 매매물에서 벗어나 정치적 성격을 지닌 선택적 하사품으로 발전했다. 이 무렵 백제는 위례성인 지금의 서울 지역으로 거점을 이동한 것 같다. 이와 관련해 백제는 한반도 전체 수계의 약 ¼을 차지하는 한강(남한강·북한강) 내륙 수로를 장악하였다. 한강과 연계된 임진강과 예성강 수계까지 아우르는 일은 어렵지 않았다. 백제는 생필품인 소금에 대한 독점 생산과 독점 공급망을 기반으로 한반도 중부 지역을 장악했다. 소금 가격은 내륙 오지

일수록 상승하였다. 그럴수록 소금을 매개로 지역 통제는 한층 수월했다.

서울 석촌동 즙석봉토분과 동일한 분묘가 북한강은 물론이고 남한강과 임진강유역에 조성되었다. 이러한 분묘 공동체는, 소금 공급망을 기축으로 한 정치적 연합체의 결성을 뜻한다.

「百濟 初期史에 관한 文獻資料의 檢討」『韓國學論集』23

(漢陽大學校 韓國學硏究所, 1993)

『삼국사기』 시조왕기는 근초고왕기와 대응 관계였음을 밝혔다. 『삼국사기』 시조왕기에 보이는 현상은 4세기 전반경의 사실이며, 영역은 4세기 후반 근초고왕대의 사실이 시조왕기에 투영되어 있음을 밝혔다. 시조왕기는 단일한 정치체의 탄생과 정치 권력의 확립 과정을 서술하고 있었다.

「日本書紀의 百濟 義慈王代 政變 記事의 檢討」

『한국고대사학회 제38회 정기발표회』(경북대학교, 1996.6.8.)

의자왕의 정변 단행 시점에 대한 재검토였다. 의자왕은 즉위 초에 정변을 통해 왕권 강화를 도모하였다는 주장이 통설이다. 그러나 이러한 입론의 근거가 되었던 황극皇極 원년(642) 조의 정변 기사는 제명齊明 원년(655) 조에 배치되어야 마땅했다. 착란錯亂의 원인은 황극과 제명은 동일 인물인 관계로 복벽復辟에 따른 혼동으로 기사가 잘못 배치되었음을 밝혔다. 이 같은 착란은 『일본서기』의 7세기대 기사에서 많이 확인되고 있다. 사택지적은 적어도 사택지적비의 건립 연대인 654년(甲寅年) 정월正月까지는 생존하였다. 그러므로 황극 원년 조에서 "작년(641) 11월에 대좌평 지적智積이 사망하였다(去年十一月 大佐平智積卒)"고 한 사택지적의 사망 기사는 오류로 밝혀진다. 오히려 황극 원년(642) 조의 정변 기사는 제명 원년(655) 조에 배치되어야만 맞다. 제명 원년에서 '작년 11월'은 654년 11월인 것이다. 그러므로 사택지적은 654년 11월에 사망한 게 된다. 아울러 정변 시점인 655년은, 의자왕이 재위 15년(655)부터 강력한 왕권을 구축한 후 변질되는 모습과도 부합한다.

「古代 國家의 成長과 交通路」『국사관논총』74(국사편찬위원회, 1997)

국가의 성장과 발전에 있어 도로망의 구축이 지닌 의미를 비롯해 부여의 사출도四出道 노선도 설정해 보았다. 삼국 공용의 관직인 도사道使가 말하고 있다.

「定林寺址 五層塔 碑銘과 그 작성 배경」『선사와 고대』8
(한국고대학회, 1997)

가칭 정림사지 오층탑 비명이 부여현 서쪽 2리에 소재했던 소정방비의 복각 가능성을 타진했다. 이 논문은 부여문화재연구소에서 최종 발굴 조사 결과 오층탑의 층위가 고려시대 층위라고 한 사실과 결부지어 볼 때 간과할 수 없다. 더욱이 '정림사'의 조성 시기가 7세기 초로 밝혀진데다가 석탑에 선행해 목탑이 소재했다고 한다. 여러 정황에 비추어 볼 때 현재의 오층석탑은 백제계 탑일 가능성을 배제하기 어렵다. 열어 본 적이 없는 탑신을 열어 사리 봉안기가 드러난다면 명확해질 것이다.

「강화도 문화유산의 현실과 대책」『강화도의 문화유산과 자연환경』
(인천가톨릭대학, 1997)

강화도에 소재한 문화 유산의 관리상 문제점과 더불어, 팔만대장경을 조판했던 선원사의 위치가 현재 알려진 곳이 아님을 논증했다. 『강도지』에 적힌 연개소문 집터로 전하는 유구도 답사해 수록하였다.

「새로운 모색을 위한 점검, 목지국 연구의 현단계」
『마한사의 새로운 인식』(충남대학교 백제연구소, 1997)

삼한의 맹주인 마한 목지국의 위치를 충청남도 아산으로 지목했다. 본 논문이 최초의 비정임을 염두에 두어야 한다.

「古新羅期 靈護寺刹의 機能擴大 過程」『白山學報』 52(백산학회, 1999)

산성 안에 조성된 사찰의 기능에 대한 접근이었다. 신라 북한산성 안의 안양사와 만홍사산성의 만홍사의 존재를 살피면서 우리나라 승병의 기원도 탐색했다. 조선조에 이르러서 산성 안에 많은 사찰을 창건하여 산성을 관리하게 하였다. 현존하는 산성에 사찰이 소재한 경우를 보게 된다. 광주 남한산성이나 공주 공산성 안의 사찰들이 저례가 된다. 그 연원을 삼국시대의 산성과 연계된 진호사찰鎭護寺刹에서 찾았다.

「加耶系 山城의 한 類型에 관한 檢討」『韓國古代史와 考古學』
(金廷鶴博士 頌壽紀念論 叢刊行委員會, 2000)

가야계 산성 가운데는 함안의 봉산성을 비롯해 2개의 성이 붙어 있는 형식이 등장한다. 고령의 주산성은 내성과 외성으로 짜여져 있다. 특이한 구조의 가야계 산성에 대한 접근이었다. 삼국의 산성뿐 아니라 가야계 산성에 대한 본격적인 관심을 환기하고자 했다.

「중원고구려비의 건립 목적」『중원고구려비 신조명』

(고구려연구회, 2000.10 ;『고구려연구』10, 고구려연구회, 2000. 12)

고구려연구회에서 새롭게 판독한 판독문에 따라 '祖王令'을 할아버지 왕인 소수림왕대에 반포한 율령으로 해석했고, 비문에서 여러 번 등장하는 '太子共'의 '共'이 인명이 될 수 없음을 밝혔다. 비석의 건립 연대를 449년으로 확정하여 시대 상황을 살폈다.

「진훤의 출신지와 그 초기 세력 기반」『후백제 견훤정권과 전주』

(주류성, 2001.5)

진훤의 출신지인 상주 가은현이 지금의 문경시 가은읍임을 증명했고, 순천만인 승평항이 통일신라의 국제항구였다는 사실을 밝혔고, 동시에 그의 거병擧兵 지역이었을 다시 한번 확인시켰다. 진훤의 거병 지역 순천만은 내가 1998년에 출간한 『진훤이라 불러다오』(푸른역사)에서 이미 언급하였다. 진훤의 최측근으로 인가별감이었던 김총과 사위인 박영규 장군도 순천 출신이었다.

「後百濟의 加耶故地 進出에 관한 檢討」『白山學報』58
(백산학회, 2001.3)

후백제와 고려 간에는 전쟁이 없는 기간이 7~8년 존속했었고, 이 기간은 후삼국 정립기로서 맹약을 통해 자신들의 목표인 국가 재건에만 매진하기로 한 것이다. 이 서맹을 통해 진훤은 지금의 홍성인 운주성과 주변을 비롯해 공주 일대도 할양받았다. 정변으로 즉위한 왕건은 반란 사건을 비롯한 내부 정비를 위해 시간을 벌어야 했다. 그 일환으로 궁예 때 점령한 옛 백제 지역을 후백제에 할양하였다. 그럼으로써 외침을 막고 내부 정비에 몰입하고자 한 것이다. 왕건이 제의한 화평 제의였다. 이후 체제 정비가 이루어졌지만 그러나 맹약을 파기할 명분은 없었다. 그랬기에 양국은 옛 가야 지역으로 진출해 영역을 잠식하는 상황에서 신라 지역 조물성에서 첫 격돌하였다. 이러한 이유로 제3의 장소인 가야 고지나 신라 영역에서 양국 간 경쟁의 서막이 올랐음을 밝혔다.

「廣開土王陵碑文의 思想的 背景」『韓國學報』106(一志社, 2002)

「광개토왕릉비문」에는 백제와 왜만 백잔百殘과 왜적倭賊이나 왜구倭寇라는 멸칭으로 일컬어졌다. 그 이유를『맹자孟子』에는 "인仁을 해치는 것을 적賊이라 하고, 의義를 해치는 것을 잔殘이라고 한다"는 구절에서 포착했다. 인仁과 의義의 화신 광개토왕이 백제와 왜를 정토해야 하는 명분이었다. 이와 관련하여 광개토왕은 항시 은혜와 자비를 발휘하여 용서하고 구원해 주는 따뜻한 덕화군주德化君主의 모습으로 설정되었다. 광개토왕의 이름도 이와 무관하지 않은 '담덕談德'이었다. 게다가 광개토왕의 은택

恩澤은 광대하기 이를 데 없었기에 '귀복歸服'과 '귀왕歸王'이 가능했음을 도출했다. 이러한 덕화주의德化主義의 본질은 『맹자』에 근거한 것이다. 진작부터 알고 있던 사실을 득의에 차서 논문으로 구성하였다. 그런데 「광개토왕릉비문」의 문구 중 중국 경전經典에서 유래한 구절을 정리한 일본인 연구자의 업적을 들었다. 해당 논문은 서영대 교수에게 부탁해 얻었다.

그렇지만 나의 본 논문은 이후 「광개토왕릉비문」 연구에 심대한 영향을 미쳤다. 「광개토왕릉비문」 바탕에 깔린 사상을 통해 그들의 외적 명분과 지향점을 포착했기 때문이다.

「後百濟 甄萱의 農民 施策에 관한 再檢討」『白山學報』 62
(백산학회, 2002.4)

후백제 진훤 왕에 대한 부정적인 인식을 차단하는 데 기여한 논문으로 자평하고 싶다. 그는 둔전과 관개를 통해 부강한 나라를 건설했고, 농민들의 세稅 부담을 줄여 주었다. 그에 대한 "진구렁이나 숯불에 떨어진 것과 같은 고통을 쓸어버리니, 백성들이 평안하고 화목하게 되어 북을 치고 춤을 추었고"라는 평가에서 읽을 수 있다.

「古朝鮮史의 몇 가지 問題에 관한 再檢討」『東國史學』 37
(동국사학회, 2002.6)

기자조선 부정론의 부실한 논거를 환기시켜준다는 의미가 있었다. 그리고 한의 위만조선 침공 배경 가운데 재정난 타개를 위한 금광과 철광 장악 의도를 제시했다. 위만조선 우거왕右渠王 이름을 '오른쪽 거수 왕渠帥

王'의 뜻인 보통명사로 풀이하였다. 좌거왕 즉 '왼쪽 거수 왕'은 28만 명을 거느렸던 예군 남여南閭로 추정했다.

「'百濟復興運動'에 관한 몇 가지 검토」『東國史學』 38 (동국사학회, 2002.9)

'백제부흥운동'이라는 용어의 적합성에 관한 문제 제기가 있다. 475년 한성 함락 후 백제가 재건되는 내용을 『일본서기』에서는, 한번 망했지만 천황에 의해 재건되었다는 메시지를 전하고 있다. 소위 천황에 의한 백제 재건과 관련해 '구흥救興'이나 "천황에게 의지하여 그 나라를 다시 만들었다[更造]"의 '갱조' 용어를 사용했다. '백제부흥운동' 역시 '임나부흥任那復興'의 '부흥'과 동일한 개념으로 사용된 것이다.

따라서 '백제부흥'이라는 용어를 더 이상 사용해서는 안 될 것 같다. 백제는 멸망한 게 아니라 잠시 쇠약해진 상황일 뿐이므로, 다시 부흥시키는 노력이 필요하다는 메시지였다. 게다가 일본의 신속국인 신라가 감히 백제를 멸망시킬 수 없다는 황국사관 논리를 깔고 있었다. 백제인들이 잃어버린 국가를 회복하기 위한 항쟁을 가리키는 용어로는, 중흥 개념과 황국사관 산물인 '부흥'은 맞지 않다. 오히려 '복국復國'·'흥복興復'·'조국회복운동(남창 손진태)' 용어를 사용하는 것이 적합하다. 이처럼 현실을 호도하는 '백제부흥운동'이라는 용어는 황국사관의 대표적 잔재였다.

「백제 사비 천도의 재조명」『사비시대의 백제와 문화』(부여군 선양회, 2002.10) ; 「百濟 泗沘 遷都의 再檢討」『東國史學』 39(동국사학회, 2003.9)

웅진성에서 사비성으로의 천도 배경에 대해 많은 논의가 있었다. 백제 도성의 공통점은 강변 입지였다. 그리고 웅진성에서 사비성으로 천도한 주된 동기는 물길의 온전한 이용이었다. 웅진성인 공산성이나 사비성의 부소산성은 모두 금강을 끼고 있었다. 그럼에도 웅진성에서 사비성으로 천도한 배경은 금강의 수심이었다. 『택리지』에 적혀 있듯이 공주쪽 금강은 수심이 얕아 바닷배가 들어올 수 없었다. 웅진성에서 중국이나 일본열도에 나갈 때는 부여 쪽 금강에서 큰배로 바꿔 타야하는 불편이 따랐다. 백마강으로 일컫는 금강의 부여쪽 구간은 백제대교 곁의 수북정과 부소산 일원까지는 바닷물이 들어왔었다. 조수가 빠져나갈 때를 이용하여 수월하게 서해로 항진할 수 있었다. 바로 이러한 점을 놓치지 않았기에 부소산을 끼고 도성을 설정했을 것이다.

「서평 : 노중국 저著. 백제부흥운동사」『동아일보』(2003.12.27)

「서평 : 노중국 저. 백제부흥운동사」『한국사연구』 124

(한국사연구회, 2004.3)

위 2건의 서평은 요청받은 글들이다. 그런데 후자의 경우 한국연구재단 포털 서비스에서 사라진 것을 뒤늦게 알았다. 왜? 누가? 누구 마음대로 삭제했는지는 짐작만 할 뿐이다. 나에게 일언반구 말도 없이 삭제했음을 우연히 알았다. 삭제된 서평을 2010년에 간행한 『백제 사비성시대 연구』(일지사)에 수록하였다. 무슨 연구 윤리에 위배되지도 않았는데, 누가 감히 소리 소문도 없이 슬쩍 삭제했는지? 무서운 세상이요 안하무인이 판치는 모습에 아연할 수밖에 없다. 학문 권력을 거머쥐고 좌지우지할 수 있다는 자들의 행패를 다시금 목도한 것이다.

후자에 수록된 서평 목차는, '내용에 관한 검토(용어상의 문제, 모순과 비약 그리고 왜곡 문제, 웅진도독부의 성격 문제, 재검토되어야 할 사안들), 좀더 성숙한 연구 성과를 기대하며'로 구성되었다.

「加羅聯盟과 高句麗」『광개토대왕, 제9회 가야사 국제학술회의』

김해시(2003.4.18)

「광개토왕릉비문」 영락 10년 조에서는 고구려군의 왜군 격퇴와 관련해 '安羅人戍兵'이라는 문구가 3번이나 나온다. 즉 "至任那加羅從拔城 城卽歸服 安羅人戍兵" 등이다. 이 구절의 안라인安羅人을 함안 안라국인으로 조직된 수비병으로 해석하는 견해가 통설이었다. 그런데 '安羅人戍兵'에 관한 기왕의 통념을 일거에 뒤엎은 견해는 '羅人'을 신라인으로 간주하여 "신라인을 안치하여 수병戍兵케 하였다"는 왕건군의 해석이었다. 즉 고구려가 왜군을 토벌하고 빼앗은 성을 신라에게 돌려주어 수비하게 했다는 것이다. 여기서 '羅人戍兵'을 배치했다는 견해 자체는 탁견이었다. 그런데 나인羅人에 대한 해석과 관련해 능비문에는 '羅'로 끝나는 국명이 신라 외에 임나가라任那加羅도 보인다. '羅人'만 놓고서는 신라인과 임나가라인 여부가 식별이 되지 않는다.

「광개토왕릉비문」에는 '夫餘城'을 '餘城'(영락 20년 조)으로 약칭하였다. 국호를 끝 글자로 줄여 기재하는 경우가 있다. 그리고 앞에서 한 번 사용한 명사를 약기하는 경우가 많다. 그러면 "至任那加羅從拔城 城卽歸服 安羅人戍兵"라는 구절에서, 羅人의 '羅'는, 그 앞에 적혀 있는 '任那加羅'를 생략하여 끝 자로 표기했다고 보아야 한다. 그러면 "任那加羅人 戍兵을 배치했다"는 뜻이다. 그렇지 않다면 제삼자가 분별할 수도 없는 약칭을 사용할 이유가 없다. 더욱이 영락 10년 조에는 고구려군이 임나가라군과 교전한 내용이 일체 보이지 않는다. 이 자체는 고구려군이 임나가라를 격파하지 않았음을 반증한다.

고구려군은 임나가라로 퇴각한 왜군을 추격해서 격파했을 뿐이다. 「광개토왕릉비문」에서는 임나가라에 대한 멸칭이나 적대적인 표현이 일체 보이지 않는다. 임나가라가 고구려의 타멸 대상이 아님을 뜻한다. 따라서 영락 10년 조는 고구려군이 신라와 임나가라 영토 내의 왜군을 격파하고, 임나가나인 수병戍兵을 배치해 왜군으로 인해 전화戰禍를 입은 임나가라를 복구한 내용으로 해석된다. 따라서 「광개토왕릉비문」은 고구려가 신라뿐 아니라 임나가라까지 구했다는 메시지를 전하고 있다. 그런데 「광개토왕릉비문」은 정치 선전문이므로 사실 여부는 의미가 없다.

「廣開土王陵碑의 建立 背景」『白山學報』 65(백산학회, 2003.4)

광개토왕릉비가 건립된 414년은 평양성 천도 시점인 427년에서 불과 13년 전이었다. 그리고 「광개토왕릉비문」의 주제인 전쟁 기사는 고구려의 진출 방향이 남방으로 밝혀졌다. 그러므로 평양성 천도와 관련한 배경 내지는 메시지가 「광개토왕릉비문」에 담겨 있을 가능성이다. 광개토왕이 신라 구원을 결정한 현장이요, 그리고 광개토왕의 군대가 출항해 왜군 선단을 격파하는 등 승전의 진앙震央이 평양이었다. 「광개토왕릉비문」의 성격과 광개토왕릉비의 건립 배경을 이 점에 주안을 두고 검토하였다.

「백제 무왕대 익산 천도설의 검토」『익산 문화권 연구의 성과와 과제』

(마한백제문화연구소 설립 30주년 기념 제16회 국제학술회의, 2003. 5.23)

내가 처음 제기한 '2곳의 왕도' 즉 복도설複都說은 전통적으로 백제의 왕성은 양성兩城체제라는 데서 출발했다. 한성 도읍기에는 남·북성체제였고, 사비성 도읍기에는 "그 왕은 동·서 2성에 거처한다 其王所居有東西兩城"라고 했듯이 동·서 양성체제였다. 사비성 도읍기에 백제는 동성인 금마저와 서성인 사비성 2개의 도성이었음을 밝혔다.

원광대학교 총장을 역임했고 당시 마한백제문화연구소 소장이었던 김삼룡 소장의 초청으로 국제학술대회에서 발표했고, 이때 신설을 제기한 것이다. 그런데 느닷없이 일본인 연구자의 창론으로 인용되었다. 천부당만부당한 일이었기에 그 일본인에게 서면으로도 알렸고, 면전에서도 그 사실을 말했지만 못 들은 채 가타부타 묵묵부답이었다. 그는 학계의 속성을 간파하고 있는 듯했다. "너는 질시를 받고 있기에 내가 이런 짓을 해도 네편을 들어줄 사람은 없다"는 투였다. 실제 그의 뻔뻔함은 지금까지도 통용되고 있다. 알면서도 이 자를 부추기는 자들이 있었다.

「太王陵과 將軍塚의 被葬者 問題 再論」

『집안·환인 지역 고구려 유적 발굴 성과의 검토』(고구려연구회, 2004.11.27)

중국 지안박물관에서 출간한 보고서『고구려 왕릉』에 대한 검증이었다. 특히 '제대'에 대한 검증을 통해 정형성이 없다는 사실을 포착했다. 앞뒤에 소재한 것, 뒤편에 2줄로 있는 것, 배총과 붙어 있는 사례를 제시하였다. 태왕릉 주변에서 출토되었다는 '好大王' 명 청동 방울에 대한 문제점, 천도한 왕은 새 수도에 묻히는 사례를 통해 장군총이 장수왕릉이 될 수 없는 이유를 제시했다. 그리고 중요한 요지는 고구려 고국원왕을 '국강상왕國罡上王'으로 일컬은 사실이다. 광개토왕도 '국강상왕'이었다. 고

국원왕의 사망은 371년, 광개토왕은 412년이다. 두 왕의 사망 시기는 40년에 불과하다. 묘제상으로 현저한 변화가 없는 두 왕의 능묘는 '국강상'에 소재했기에 서로 크게 떨어져 있지 않아야 한다. 광개토왕릉비를 축으로 하여, 이러한 조건에 부합하는 태왕릉과 장군총 가운데 태왕릉이 선행 왕릉이므로 고국원왕릉이다.

「신라사의 시대구분과 '中代'—중세로의 전환 시점에 대한 접근」
『신라문화』 25(동국대학교 신라문화연구소, 2005.2)

중대 초기 김흠돌 난의 배경에 관해서는 여러 견해가 제기되었다. 그런데 신문왕의 김흠돌 세력 제거는 이른바 전제왕권의 구축이라는 전제 하에서 단행되었다기 보다는, 장기간에 걸친 통일전쟁으로 인한 사회적 피로감의 표출로 간주할 수 있는 측면을 살폈다. 통일전쟁에 참여했던 신문왕을 비롯한 김흠돌과 같은 진골 세력이 공유하고 있었을 사회적 전쟁피로 현상의 폭발 가능성을 짚었다. 그리고 고대에서 중세로의 전환 지표를 고대 사회를 구성했던 지연과 혈연을 청산한 과거제로 설정했다.

시대구분론과 관련해 노예제 사회의 특징을 효과적으로 보여주는 자료가 영상물이라고 판단했다. 내가 국민학교 1학년인 1964년에 관람했던 '스팔타커스' 영화를 학생 강승호 군(LH 근무)의 도움으로 다시금 시청할 수 있었다. 노예들이 쇠사슬에 팔이 묶인채로 채찍을 맞는 첫 장면과, 황혼 무렵에 애기를 안고 십자가에 높이 매달린 스팔타커스(커크 더글러스 扮)를 바라보는 애인(진 시몬즈 扮)의 모습을 또렷하게 기억하고 있었다. 역시 그 장면이 나왔다. 그런데 상영 시간이 장장 3시간에 이른다는 것은 수업 시간에 처음 알았다. 관람 당시는 몰랐었다. 유럽에서 그리스-로마의 노예제 사회와 한국의 고대 사회를 견주어 보고자 한 취지였다. 본 논문은 시대구분에 대해 고심했던 문제 제기였고, 첫 발자국이었다.

「漢城 陷落 以後 高句麗와 百濟의 關係—耽羅와의 關係를 中心으로」
『전통문화논총』 3(한국전통문화학교, 2005.6)

한성 함락 이후 백제가 고구려와의 전쟁 없이 아산만 이북을 뺏긴 이유를, 할양 가능성에서 찾았다. 아울러 고구려의 탐라 즉 제주 경영에 대해 살폈다. 현존하는 제주 지역의 풍속 가운데 고구려와 관련 지을 수 있는 요소를 적출했다. 그리고 제주마의 연원을 고구려 과하마果下馬에서 찾았다. 고구려 과하마는 체구가 작아서 산에 오르는데 익숙하다고 했다. 경주 월성 출토 신라 말은 몸통이 크고 다리가 짧은 형태의 제주마와 유사하다고 한다. 이러한 제주마와 신라마의 원형이 제주도의 고구려 과하마로 보인다.

「고구려와 백제의 대립과 동아시아 세계」
『제11회 고구려연구회 국제학술대회』(단국대학교, 2005.11.4)

400년 고구려군의 낙동강유역 출병은, 고구려와 한통속인 신라에 대응한 백제·왜 그리고 후연까지 가세한 5개국이 가담한 국제전이었음을 밝혔다. 광개토왕이 백제가 깔아놓은 덫에 걸렸음을 논증했다.

「고구려와 부여 관계의 재검토」(한국학중앙연구원, 2006.1.25) ;
『고구려의 역사와 대외관계』(서경문화사, 2006.1)

『삼국지』와 『삼국사기』에 등장하는 부여는 서로 다른 국가임을 입증했다. 모두가 수긍할 수 있는 합리적인 근거를 제시해 확인하였다. 그 결과 『삼국지』의 부여는 원 부여이고 『삼국사기』에서는 동부여임을 밝혔다. 원 부여에서 동부여와 북부여가 파생한 것으로 살폈다. 중차대한 새로운 사실을 발견한 것이다.

「고구려에서의 내분과 내전」
『2006년 하계 학술세미나—동아시아의 전쟁과 고구려』
(고구려연구회, 2006.6.9)

고구려사 전 기간에 걸친 내분과 내전을 고찰하였다. 이 가운데 비중이 큰 내분이 『주서』에 적힌 기록이었고, 이를 통해 한수유역 상실 원인으로 규정하였다. 그러나 『주서』 해당 구절은 후대에 결락이 발생해 『구당서』 등에서 보입補入했음을 밝혔다. 현존 『주서』는 북주가 존속하던 557~581년 시점의 역사를 반영하는 사료가 될 수 없었다. 그럼에 따라 내분에 의한 고구려 한수유역 상실설은 재고되어졌다.

「新羅末 甄萱의 勢力 基盤과 交易」『新羅文化』28
(신라문화연구소, 2006.8)

통일신라 말 신라 군인 진훤은 승평항 즉 지금의 순천만의 해룡산성을 거점으로 광양 마로산성을 장악하고 있었다. 마로산성 발굴 결과 드러나 당의 백자와 동경銅鏡 등은 마로산성이 당과 일본열도를 잇는 삼각교역의 거점이었음을 뜻했다. 진훤은 해적 소탕을 배경으로 장보고 이후

50년만에 서남해를 석권하고 경제적 부富를 축적하였다. 이것이 후백제 건국의 경제적 토대였음을 밝혔다.

「三國史記』道琳 記事 檢討를 통해 본 百濟 蓋鹵王代의 政治」
『한성백제의 역사와 문화』(한국고대학회 추계학술회의, 2007.10.26)

『삼국사기』에 수록된 고구려 간첩승 도림에 의한 백제를 피폐할 목적의 토목 공사 이야기 등은 허구임을 밝혔다. 손에 피를 묻히고 집권한 개로왕은 왕권 강화를 위해 궁실을 화려하게 치장하는 등 토목공사를 단행하였다. 어리석은 위인의 전형이 된 개로왕 이야기는 김대문이 지은 『한산기』가 원전일 것으로 추정했다. 그 씨앗은 1985년에 간행된 『한국사연구』 50·51합집 수록 논문 각주에 뿌려졌다.

「궁예와 왕건의 행적과 원주」『신라말 고려 초기 원주의 역사와 문화』
(연세대학교 근대한국학연구소 제18회 심포지엄, 원주 운곡회관, 2007.11.23)

강원도 원주 문막에는 진훤과 왕건이 격돌했던 유적과 관련 전승이 남아 있다. 그것도 임진왜란 이전인 조선 전기 문헌에 수록된 글이기에 사료 가치가 존재하였다. 이를 토대로 궁예의 부장인 왕건과 후백제왕 진훤이 원주에서 격돌한 배경과, 왕건의 승전이 지닌 의미를 추출했다. 궁예의 북원경(원주) 장악은, 진훤의 5소경 장악을 통한 신라로부터의 수선受禪 전략에 중대한 차질을 초래했다.

「집안 지역 고구려 왕릉에 관한 신고찰」『고구려발해연구』 30
(고구려발해학회, 2008.3)
「고구려 王陵에 관한 몇 가지 검토」『전통문화논총』 6
(한국전통문화학교, 2008.8)
「高句麗 王陵研究의 現段階와 問題點」『高句麗渤海研究』 34
(고구려발해학회, 2009.7.30.)
「高句麗 王號와 葬地에 관한 檢證 」『慶州史學』 34(2011.12)
「고구려 왕릉 연구의 어제와 오늘」『한국고대사 연구의 시각과 방법』
(사계절, 2014.9.)
「將軍塚과 周邊 高句麗 王陵 比定 問題」『역사문화연구』58
(외국어대학교 역사문화연 구소, 2016.5)

미천왕릉 도굴로 인한 개장설이 제기되었지만 미천왕비가 생존하였기에 합장릉인 미천왕릉은 봉쇄되지 않았다. 그러므로 무덤을 파괴할 것도 없이 무령왕릉처럼 연도를 열고 들어가 시신을 납치한 것이다. 실제 관련 기록에는 '발發'이라고 적혀 있는데 '개開'의 뜻이 담겼다. 미천왕릉을 열고 재궁梓宮 즉 시신을 탈취한 것이다. 능묘가 파괴되지 않았을뿐더러 시신을 돌려받았기에 이장할 이유도 없었다. 조선의 중종릉도 임란 때 도굴되었지만 새로 이장하지는 않았다. 착각과 선입견에 기인한 엉뚱한 주장들이었음을 입증했다.

금강이나 한강의 사례를 원용해 압록강도 구간별로 동천·중천·서천이 존재했다고 전제하였다. 이에 따라 압록강 연변 지역의 왕릉 호칭이 동천왕릉·중천왕릉·서천왕릉이었음을 피력했다. 그때까지는 압록강을 국천國川으로 단정한 후 왕릉 비정이 제기되었지만, 고구려 당시에도 압록강은 지금과 동일한 이름이었다. 국천은 국내성 서편을 흐르는 마선구하였다. 이에 따라 기존의 고구려 왕릉 비정은 전면적인 재고가 필요해졌다.

2014년 8월에 정년한 서울대학교 노태돈 선생 정년기념논총에 게재한 논문이다. 기존 고구려 왕릉 연구의 문제점을 지적하고 대안을 제시한 논고이다. 민족주의 사학자인 단재 신채호 선생이 조선총독부에서 간행한 『조선고적조사보고』를 지인을 통해 받아 보았고, 세키노 타다시의 견해를 수용하여 장군총을 광개토왕릉으로 지목한 사실을 처음으로 소개했다. 나는 고구려 왕릉에 관한 논문을 많이 발표하였는데, 본 논문은 관련 연구의 완결판 직전의 논문이 된다. 새로운 자료를, 우연한 장소에서 우연히 확인하였기에 2016년 논문은 고구려 왕릉 연구의 거의 종결판인 셈이다.

「〈왕흥사지 사리기 명문〉 분석을 통해 본 백제 위덕왕대」
『부여 왕흥사지 출토 사리기의 의미』
(국립부여문화재연구소, 왕흥사지 국제학술대회, 부여박물관, 2008.1.29)

위덕왕은 578년 석가 열반일(2월 15일)에 맞춰 왕홍사 목탑에 불사리를 공양하고, 고인이 된 왕자들을 추복했다. 그런데 사리 그릇 겉면에 새겨진 명문을 '亡王子'로 판독한 경우가 많았다. 근거는, '三' 자의 둘째 획 밑에 파여진 홈을 '亡'으로 판독한 데 따랐다. 그러나 동일한 재질인 정지원명 금동불상 명문과 비교하면 '亡' 자가 아니라 '三'이 맞다. 특히 'ㅣ' 획이 조금 내려오다가 끊어진데다가, 이는 겉면에서 자주 눈에 띄는 부식 흔적으로 보였기 때문이다. 위덕왕은 45년 간 재위했지만 왕자들이 모두 죽었기에 동생인 혜왕이 즉위하였다. 위덕왕 소생 3 왕자의 전몰에 따른 결과로 볼 때 자연스럽다.

「堤川 점말동굴 花郞 刻字에 대한 考察」
『화랑의 장 점말동굴 그 새로운 탄생』(충청북도문화재연구원, 2009.4.28)

연세대학교 박물관에서 제천 점말의 용굴을 발굴하면서 동굴 바깥 주변에서 각자刻字를 확인하였다. 이러한 각자를 분석한 결과 화랑과 낭도들이 다녀 간 흔적으로 밝혀졌다. 동굴은 예로부터 신성처였다. 그랬기에 화랑들이 동굴에서 신령을 만난다거나 고행 수도할 수 있는 장소였다. 이 점은 김유신의 사례에서 역연하게 확인되었다. 점말동굴에 화랑 관련 각자는 성지순례와 같은 의미를 지녔음을 밝혔다. 특히 바위에 새겨진 '오랑도烏郎徒'의 '오랑'은, 경주 월성 해자 출토 목간에서도 보인다. 본 논문은 당시 충북문화재연구원 장호수 원장의 제의와 자료 제공에 힘입었다.

「미륵사지 서탑 사리 봉안기의 분석」『백산학보』 83(백산학회, 2009.4)

세간을 놀라게 한 금석문의 등장이었고, 기대했던 선화 왕후 대신 사탁씨 왕후가 등장하였다. 미륵사지 서탑 1기에서 확인된「사리 봉안기」를 놓고 미륵사 창건 전체의 성격을 규정할 수는 없었다. 무왕의 여러 왕후 가운데 한 명이 사탁씨 왕후였음을 논증했다. 선화 왕후의 실체를 인정하는 논고였다. 숱한 방송 인터뷰와 지면을 통해 역설했던 견해를 학술지에서 가장 먼저 게재했다. 그런데 '사탁沙乇'을 '사택沙宅'으로 변개한 경우가 너무 많다. 다시금 놀랄 일이었다. '乇'과 '宅'은 엄연히 다른 글자요, 음과 의미도 달랐다. 특히「사리 봉안기」의 '乇' 자는 ','이 붙어 있는 이체

자였다. 그럼에도 사택지적砂宅智積을 연상해 '사택'으로 읽는 것은 명백한 역사 왜곡이었다.

내가 문화재청의 '고도보존육성 중앙심의위원회 위원'으로 재직하던 중 미륵사 현장을 방문했을 때였다. 그때 설명을 하는 학예사가 '사택적덕'이라고 읽기에 '사탁'으로 읽어야 하지 않냐고 묻자, "이 교수님 말씀이 맞기는 하지만 …"하고는 뒷말을 잇지 못했다. 가만히 생각해 보니 많은 사람들이 '사택'으로 읽으니 따라야 하지 않냐는 정서였다. 이런 경우는 "거품도 많이 모이면 산을 떠내려 가게 한다"는 속담을 연상시킨다.

「說林—'Neo 백제정복국가론'이 걸어 온 길」『전통문화논총』 7

(한국전통문화학교, 2009.8)

'Neo 백제정복국가론'은 만주 지역에 소재했던 백제가 한반도로 남하해 마한을 제패하고 고구려와 쟁패했다는 논지였다. 이 논지의 전개 과정에서 겪은 사실 왜곡과 거짓에 대해 반박하면서 소회를 기술했다. 자료 준비 없이 신설을 간단하게 무너뜨리는 방법이 있다는 것을 알았다. 부끄러운 줄을 알아야 할 위인들이 많다.

「唐에서 재건된 백제」『整合·解體·通涉의 人文學』

(경성대학교 인문과학연구소, 2009년 추계국제학술대회, 11.6)

『삼국사기』에도 전재되었지만 『신·구당서』의 백제 조 말미에 "그 땅은 신라 및 발해말갈이 나누어 차지하게 되었으며, 백제의 종족이 마침내 끊기고 말았다"는 기사가 있다. 여기서 백제 영역을 신라가 차지한 것은 주지의 사실이지만, 발해말갈이 나누어 차지했다는 것은 의외였다. 오랜 동안 고심했던 것인데, 경성대학교에서 발표를 요청해 왔을 때 섬광처럼 이 주제를 거론하고 싶었다. 당 제국에서 볼 때 한반도의 백제가 '외번外藩'이라면, 건안고성에서 재건된 백제는 '내번內藩'이었다.

내번 백제는 8세기 중엽이나 9세기 초엽 어느 때 요동 지역으로 세력을 뻗친 발해에 병합되었다. 그럼에 따라 당역唐域에서 여맥을 이어 간 백제는 역사의 전면에서 종언을 고하고 말았다. 이 사실을 일컬어 『삼국사기』는 "그 땅은 이미 신라·발해말갈에게 분할되어 국계가 드디어 끊기고 말았다"고 평가했다.

본 논문의 심사와 관련해 "2010년 1월 15일 : △△△이가 경성대 인문학연구소 논문을 심사했다면서, 내 논문이 언제 실리게 되냐고 묻기에 2월에 나온다고 말했는데, 내 논문을 대학원생들에게 회람해서 평가를 시켰다는 것이다. 비밀의 원칙을 지키지 않고 있는 것인데, 후배들에게 망신 주려고 작정한 것인데, 가설이라면서 따르기 어렵다고 했다면서, 내가 알고 있는 것으로 전제하고 실토하고 있는 것이다. 한심한 자식인 것이다"라는 일기 내용이 상기된다. 그는 별다른 지적도 하지 못했다. 부족한 부분이나 허실을 지적해 주었더라면 논문의 완성도를 높이는 데 기여했을 것이다. 시기심 외에는 남는 게 없는 심사평이었다.

「記錄으로 본 古都 益山의 眞正性」

『익산역사유적지구의 세계유산적 가치』(전라북도·익산시, 2010.12.9) ;

「古都 益山의 眞正性에 관한 多角的 分析」

『馬韓百濟文化』 19(원광대학교 마한백제문화연구소, 2010.12)

익산 왕도설에 대한 논거를 크게 보강하였다. 새롭게 확보한 익산 왕도설의 근거가 가장 많이 집중된 논문이었다. 백제인들이 이상향으로 여겼기에 금마金馬를 가리키는 지모밀지枳慕蜜地에는 '그리워하는 낙토'의 뜻이 담겨 있음을 밝혀냈다. 게다가 사비도성과 익산 도성은 2개의 왕도로서 대등하게 기능하였음을 구명하였다.

한때 문화재청의 '고도보존육성 중앙심의위원회 위원'이었기에 회의에 빠짐 없이 출석하고는 했다. 한번은 학교에서 택시를 대절하여 대전역에 도착해 경주행 KTX에 승차하였는데 꼭 1시간 동안 출발하지 않았다. 문화재청의 담당 과장을 비롯한 직원들도 만났었다. 그런데 울산 노선이 단전斷電되었다고 한다. 그 직후 방송으로 3시간 이후에 출발한다고 했다. 경주에서 회의를 할 수가 없는 상황이었다.

회의 가운데 익산益山 건은 1년을 끌다가 결국 통과되었다. 그 과정에서는 나는 위원장인 정년한 모 교수와 격렬하게 논쟁을 하였다. 모 교수는 내게는 형님 같은 분이고, 또 나를 예뻐하는 이였다. 그러나 나는 공적으로는 엄정한 사람이기에 사친私親을 멸滅하고 내 의견을 개진하였다. 그 장면을 지켜본 어떤 위원은 내가 무섭더라고 했다. 사실 나는 그 부분에 대해서는 무섭고 집요한 데가 있다. 그런데 모 교수와의 친밀한 또 다른 내 모습을 발견하고는 애증이 교차하는 사이냐고 묻기도 했었다. 이해를 못했던 것이다. 내가 추천하여 위원장이 된 모 교수는 만장일치 통과를 고집하는 분이었다. 그러나 동일한 건으로 여러 차례 회의를 거듭하자, 지친 위원들이 표결로 처리하자고 했다. 결국 표결을 했는데, 모 교수의 완패로 종결되었다. 그 교수는 이후로는 나타나지 않았고 사퇴하였다. 얼마나 미안했는지 모른다. 이후 다른 자문회의에서 그 교수를 만났다. 다시금 예전의 형님 동생의 관계로 회복되었다. 내가 사심 없는 사람이라는 것을 상대가 알았기에 가능하였다. 그분은 사실 곧은 성정의 반듯한 분이었다.

「百濟 始祖 溫祚說話에 대한 檢證」『한국사상사학』 36
(한국사상사학회, 2010.12)

나의 연구에 따르면 단군을 정점으로한 국조관國祖觀은 『구삼국사』 편찬 때 마련되었다. 그리고 백제 시조는 온조가 아니라 비류로 밝혔다. 추모의 아들로 설정된 온조의 경우는 '만들어진 역사'의 산물임을 밝혔다.

「百濟 熊津城研究에 대한 檢討」『東아시아古代學』 23
(동아시아고대학회, 2010.12)

웅진도성의 왕궁지 비정의 단서였던 임류각臨流閣은 더 이상 궁성 안에 소재했다는 근거가 될 수 없었다. 따라서 가칭 임류각지에 근거한 적심석 건물지 2동棟으로 구성된 쌍수정 광장설은 근거를 잃어버렸다. 이름 그대로 '임류臨流'와 부합될 수 있는 곳은 공산성 동쪽 바깥의 금강변이었다. 임류각지는 금강이 바라 보이는 이곳의 풍광 수려한 대지臺地에 입지했을 것이며, 왕궁지는 공산성 동남쪽 대지로 비정할 수밖에 없다. 제민천 동서東西를 연결하는 교량은 왕성에서 송산리로의 운구運柩를 위해서라도 일찍이 조성되었다. 498년에 세워진 웅진교는 곰나루에서 금강을 남북으로 관통하는 교량이었다. 그리고 사실을 오도하고 있는 쌍수정 광장의 '추정 왕궁지' 표석과 안내판은 제거해야 마땅하다.

「谷那鐵山과 百濟」『東아시아古代學』 25(동아시아고대학회, 2011.8)

谷那의 '谷'에는 '욕' 음이 있다. 욕나는 백제 때 욕내欲乃였던 전라남도 곡성으로 구명된다. 백제 아화왕의 무례를 빌미로 왜倭가 빼앗아갔다는 '동한의 땅東韓之地'와 더불어 침미다례(전라남도 해남) 및 욕나가 함께 보이기 때문이다. 여기서 침미다례의 해남 비정은 내가 처음하였다(李道學, 「海南地域 馬韓勢力의 成長과 百濟로의 服屬過程」『韓國學論集』 25, 漢陽大學校 韓國學研究所, 1995, 361~404쪽). 이로 미루어 욕나의 소재 권역은 황해도 방면이 아니라 전라남도 지역이 타당해졌다. 동시에 이 곳은 백제가 서남해안 일대를 장악하는 상황에서 개척한 철광鐵鑛 산지로 밝혔다. 곡성에서는 철점鐵店을 비롯한 철광 존재를 암시하는 정황 증거들이 많다. 게다가 곡성 석곡리와 방송리에서 각각 출토된 한성 도읍기 4개의 금제 이식耳飾도 새롭게 의미 부여를 할 수 있었다.

「한국사 교과서는 문화유산을 어떻게 다루고 있나—역사편」
『한국사 교육과 문화유산』
(한국전통문화대학교 전통문화연구소, 제3회 학술심포지엄, 2011.9.29)

과거의 국정이나 현행 검인정 한국사 교과서에는 사실 자체의 오류가 부지기수였다. 오류가 많은 국사 교과서의 해독과 안이한 서술과 감수 과정이 초래한 그 폐해를 생각하면 모골이 송연해진다. 일례로 칠지도의 세부 사진을 원형으로 확대해 명문을 수록한 모 검인정 교과서의 관련 항목 사진은, 칠지도가 아니라 일본 사이타마 현 이나리야마 고분에서 출토된 명문 철검 세부細部였다. 그리고 "신성 지역으로 소도가 있었는데,

이 곳에서 천군은 농경과 종교에 대한 의례를 주관하였다. 천군이 주관하는 소도는…"에서의 국읍에 거처하는 천군은 천신에 대한 제사를 집전했을 뿐 별읍에 소재한 소도에는 간여하지 않았다. 명백한 오류였다. 그 밖에 국정 교과서에 수록되었다가 퇴출된 나제통문 사진을 재수록한 검인정 교과서를 비롯해 놀랄 내용이 많았다. 당시 공개 발표할 때 청중석에서는 놀라는 정서였다.

「東城王의 卽位 過程에 대한 再檢證」『白山學報』 91(2011.12)

위 논문은 하룻밤만에 작성한 것이다. 학술 세미나 때는 조용하던 이가 직후 화장실에서 만났을 때 내게 눈을 부라리며 소리를 질렀다. "당신만 옳은 게 아냐!" 얌전하던 그가 오버한 데는 이유가 있었다. 곁에 그의 '상전'이 있었기 때문이다. 당신을 힘들게 하는 아무개를 내가 적대시하고 호통쳤다는 것을 알리려는 신호였다. 나는 받아쳤다. "그러면 아까 세미나 때 말씀하시지?" 멍석 깔아 놓았을 때는 입도 벙긋 못하던 게 단하에서는 요란했다. 나 보다 여러 살 어린 사람이 '상전'을 의식해 안하무인이었다. 물론 본인은 그러지 않았다고 말하겠지만 사람이 바보는 아닌 것이다. 이에 대한 반응이 본 논문이었다.

「'『삼국사기』 온조왕본기'의 主體에 대한 再解釋」
『21세기의 한국고고학 V』(주류성, 2012.2)

2011년 10월에 하남문화원에서 학술 세미나 후 회식 자리에서 최몽룡 교수의 제의로 자신의 정년논총에 기고해 달라는 부탁에 따른 것이다. 어떤 주제로 집필할까 고심하였는데 착상이 떠 올라 『삼국사기』 시조왕 본기인 온조왕본기는 비류왕본기임을 입증했다. 누구도 꼼짝 못할 실증적 근거를 7~8개 제시했다. 이는 영감으로 집필한 것인데 지금 생각해도 신기할 정도이다. 내가 아니면 감히 이런 발상을 할 수 있을까 싶기도 하다. 옹졸한 인간들의 머리에서는 감히 나올 수 없는 발상이요 고증이었다. 문제는 본 논문은 최몽룡 교수의 논지와는 정반대였기에 기고 후에 메일과 전화로 "선생님 견해와 다르기 때문에 게재하지 않더라도 섭섭하게 생각하지 않겠습니다"고 했지만 흔쾌히 게재해 주었다. 논총 봉정식 때 최 교수께서는 나와 악수하면서 "이도학 선생 논문 읽어 보았다"면서 의미 있는 한 마디를 하였다. 내심 미안하기도 하였다. 그렇지만 최 교수님의 제의가 없었다면 감히 세상에 나오지도 못했을 법했다. 누구 말마따나 운명인가 싶었다.

「廣開土王代 南方 政策과 韓半島 諸國 및 倭의 動向」
『고구려 광개토왕과 동아시아』(한국고대사학회, 국제학술회의, 2012.2.16)

광개토왕 서거 1,600주년 기념국제학술대회에서 발표한 논문이다. 막연히 운위되었던 천하관 개념을 탈피하고 '관적질서官的秩序'라는 용어를 처음으로 사용하였다. 「광개토왕릉비문」 영락 14년 조의 "왜불궤倭不軌"라는 구절을 통해 고구려가 설정한 관적질서 속에 왜倭까지도 포함된 사실을 처음으로 구명했다. 본 논문은 한국고대사학회에서 부여받은 기획 주제인 관계로 분량이 많았다. 당초의 논문을 상당히 줄였지만 41쪽에 이르렀다. 초과분 비용 22만 원을 부담했기에 게재료 총액은 32만 원에 이르렀지만, 잘한 일이었다.

「公山城 出土 漆甲의 性格에 대한 再檢討」『인문학논총』 28
(경성대학교 인문과학연구소, 2012.2)

2011년 공주대학교 박물관에서 발굴한 칠갑漆甲 명문 해석을 비롯해 그 성격을 검토했다. 발굴자의 소견과는 달리 당장唐將이 착용한 갑옷이었다. 본 논문에서는 발굴자가 한 숱한 말들을 순간에서 영원으로 남겼다.

「제1편 마한에서 후삼국시대까지」『강진군지 1』
(강진군·강진문화원, 2012.2)

39쪽에 달하는 『강진군지』 고대편인데, 전라남도 강진 지역의 역사적 전개 과정과 문화를 집필했다. 비록 군지郡誌이지만 터무니 없는 고증을 한 국립대 모 교수의 논지 비판에 상당한 분량을 할애하였다.

「檀君 國祖 意識과 境域 認識의 變遷 —『舊三國史』와 관련하여—」
『한국사상사학보』 40(2012.4)

단군 국조 의식의 생성 시점을 몽골 침입기 이후로 간주하는 견해가 통설처럼 되었다. 그것을 비판하고 고려가 후삼국을 통일한 후 편찬한 『구삼국사』를 통해 의제적 대가족주의 관점에서 '만들어진 역사'가 생성되었고, 그 의도는 대통합의 소산이었음을 입증했다.

「泗沘城 遷都와 都城 企劃, 그리고 '定林寺'」
『정림사복원 국제학술심포지엄』(부여군문화재보존센터, 2012. 6.13);

「百濟 泗沘都城과 '定林寺'」『白山學報』 94(2012.12)

2012년 6월의 국제학술심포지엄에서 발표한 논고를 보완하여 게재한 것이다. 사비성 천도의 주체를 사씨沙氏로 지목해 왔던 통설을 비판하고 목씨木氏임을 입증하였다. 그리고 사비 나성 가운데 서나성西羅城 부존설不存說을 비판하고 존재했음을 증명했다. 사비도성의 복판에 소재한 가칭 정림사의 경우 고고지자기 측정 결과에 따라 과거에 인식했던 6세기 중엽이 아니라 7세기대 조성을 제시하였다. 아울러 '定林寺'라는 사명寺名은 백제는 물론이고 고려시대 이곳 절터와도 무관함을 입증했다. 이러한 파격적인 내용은 이해 당사자가 심사자가 되었을 때 복면 쓰고 거짓으로 휘젓는 행태를 보여준 사례가 되기도 한다. 심사자의 공정성과 양심을 체크해 볼 수 있는 좋은 기회인 동시에, 한국 고고학계의 수준을 가늠해 주는 지표가 되기도 했다. 이는 나만이 정확히 아는 바였다.

「中國 吉林省 集安 소재 東臺子 遺蹟 再檢證」『慶州史學』 35(2012.6)

중국 지안集安 지역 고구려 유적인 동대자東臺子에 대한 기존 논문을 비판하는 내용이 주종을 이루었다. 고구려 고고학을 한다는 특정인의 관련 논문을 낱낱이 검토하여 모순으로 점철된 부당한 논지임을 입증하였다. '봐 주기' 식으로 논문 심사를 어떻게 하였는지를 보여주는 부끄러운 사례가 된다.

「韓國史의 擴大過程과 女眞史의 歸屬 問題」
『한국고대사의 시공간적 문헌적 범위』

(한민족공동체연구소 학술회의 발표 논문집, 2012.7.20)

여진사女眞史의 귀속 문제를 다룬 논문이다. 중국의 동북공정에 대한 방어 논리에만 급급하여 수세에 놓인 상황을 일거에 반전시킬 수 있는 정책 대안으로서 제기한 것이다. 6.25를 분기점으로 해 남한 사학에서는 특정 1인 중심의 유일 체제가 확립되었다. 그런 관계로 역사 인식의 폭이 좁아지는 비극을 자초하였다. 이 점 분명히 동북공정의 원인遠因이었다.

「馬韓 殘餘故地 前方後圓墳의 造成 背景」『東아시아古代學』 28

(동아시아고대학회, 2012. 8)

한반도 서남부 지역에 지금까지 13기의 왜계倭系 분묘인 전방후원분이 확인되었다. 이들 고분의 성격에 대해서는 한일 학계에서 상당한 연구성과가 축적이 된 바 있다. 그것을 뚫고서 새로운 논지를 제기한 것이다. 심사자들이 이 점에 대해서 경이롭게 생각하였다. 수업 시간에도 어떤 주제에 대해서 설명하면서 기존 견해가 잘못된 이유를 일종의 '대차대조표' 식으로 명확한 근거를 제시해 밝혀준다. 그러면서 가끔 "이런 돌머리들이 교수니 박사로 행세하고 있어요!"라고 개탄성 막말을 하기도 했다. 인문학에도 기초가 필요하다는 생각을 할 때가 많다.

百濟 泗沘都城의 編制와 海外 交流」『동아시아의 고대 도시와 문화』

(동아시아고대학회, 2012.11.16)

국립 한국교통대학교에서 발표한 논문이다. 내가 동아시아고대학회 편집위원인 관계로 '동아시아의 고대 도시와 문화'라는 주제 속에서 사비도성 발표를 맡게 되었다. 기존의 논문을 더욱 정교하게 보완하여 백제와 동남 아시아와의 교류 사실을 입증해 놓았다. 가령 『일본서기』에 따르면 백제 사신이 곤륜崑崙 사신을 바다에 던진 '해척海擲' 사건이 있다. 나는 해난海難 때 이방인에 대한 행위였음을 두루 찾아냈다. 백제와 곤륜 즉 동남아시아 지역과의 교류를 밝혔다.

「'定林寺址' 五層石搭의 建立 時期에 대한 論議」『부여학』 2(2012.12)

국립 부여문화재연구소에서 '정림사지'에 대한 마지막 발굴을 마쳤고 보고서가 간행되었다. 그런데 지층상 '정림사지' 5층탑은 고려시대 지층에 속한다. 5층탑을 백제 탑으로 간주하는 분명한 이유는 1층 탑신에 660년 8월 15일에 소정방의 전공이 새겨진 '대당평백제국비명大唐平百濟國碑銘' 때문이었다. '대당평백제국비명'은 5층 탑 외에 부여 관아에 소재한 석조石槽(현재 부여박물관 전시)에도 새겨져 있다. 게다가 『신증동국여지승람』에도 부여현 서쪽 2리에 소정방비가 소재하였다고 했지만 현재는 남아 있지 않다. 결국 5층탑이나 석조의 '대당평백제국비명'은 당초 소정방비의 문장을 복각復刻했다는 견해가 일찍이 일본 학자들이 제기한 바 있었다. 이와 관련해 5층탑의 지층이 고려시대층이라고 한다면 '정림사지' 5층탑은 백제탑이 아니라 후백제가 들어선 후 백제 고지故地에 세워진 백제계 탑일 수 있는 것이다. 그럴 가능성도 제기해 본 글이다.

「'광개토왕릉비문'의 역사적 성격과 특징」
『광개토태왕릉비 원석정탑본 공개와 박물관학적 활용 방안』

(제27회 박물관학 학술대회, 2012.12.18)

경희대학교 혜정박물관에 소장된 원석 광개토왕릉비문 탑본을 토대로 작성하였다. 처음으로 공개되는 탑본을 접하게되는 행운을 얻었다. 쟁점이 되는 소위 신묘년 조辛卯年條의 '海' 字는 '是'로 석문釋文해야된다는 입장에서 관련 구절을 새롭게 해석하고 논지를 전개하였다. 그렇게 하니까 문장이 훨씬 자연스러워졌다.

「漢城百濟 佛教史 研究의 問題點」『한국의 고대신앙과 백제불교』

(하남문화원 제4회 학술대회, 2012.12.20)

하남시 객산폭포 마애불의 명문에 보이는 '右石佛'을 '古石佛'로 오독誤讀했음을 적시하였다. 그리고 명문에 보이는 '중수重脩'의 개념에 대한 해석이 분분했었다. 그런데 선암사 도선국사 진영眞影에 적힌 화기畵記를 통해 퇴락한 진본眞本을 본本으로 하여 새로 그렸을 때도 '重脩'라고 한 사실을 밝혔다. 결국 퇴락한 '우석불右石佛'을 본으로 그 좌편 암벽에 새로 새겼다는 의미로 구명했다.

「백제 건국세력의 계통과 한성기 묘제」

『한성지역 백제 고분의 새로운 인식과 해석』

(제13회 백제학회 정기발표회, 2013.3.2)

백제 건국 세력이 고구려가 아니라 부여에서 남하했음을 새로운 문헌 검증과 더불어 미추홀 세력권인 김포 지역에서 확인된 부여계 금제 이식耳飾을 비롯한 석촌동 토광묘의 순장 현상 등 다수의 새로운 고고물증으로 확정 지었다. 온조 설화는 『구삼국사』에서 '만들어진 역사'에 불과한 반면, 부여계 비류 설화가 진실을 담보하고 있음을 밝혔다. 백제 건국 세력은 인천 방면에서 서울 지역으로 진출한 것으로 재해석되어야할 것이다. 차후 백제 건국 세력의 기원과 이동로를 비롯하여 초기사初期史의 전면적인 재편이 불가피해졌다.

「百濟 泗沘都城의 編制와 海外交流」『東아시아古代學』 30(2013.4)

백제 사비도성의 모델이 북위 낙양성임을 새로운 시각에서 밝혔다. 박한제 교수의 낙양성 논문이 크게 참고가 되었다. 도성제상 백제와 북위 간의 유사성을 구체적으로 확인하였다.

「高句麗 守墓發令碑에 대한 接近」『韓國思想史學』 43
(한국사상사학회, 2013.4)

2013년 초에 소개되어 지상에 회자되었던 소위 '지안 고구려비'에 관한 분석이다. 2013년 2월 22일에 고구려발해학회 정기발표회 토론자로 나왔다가 차라리 내가 집필하는 게 낫겠다고 싶어 급히 작성해 발표한 논고이다.

「百濟의 海上실크로드 探究」『東亞海洋文化國際學術會議 論文集』
(浙江大學, 2013.8.20)

중국 항저우杭州에 소재한 저장대학浙江大學에서 발표한 논고이다. 발표할 때 백제의 중국 지역 진출을 부각시켜서 강조하였다. 원고는 물론이고 백화문으로 작성한 PPT 자료도 전송했다. 잘 받았다는 회신을 얻었다. 그러나 USB에 담아서 출국했다. 발표할 때 PPT가 깔려 있지 않았다. 즉시 호주머니에서 USB를 꺼내 화면을 띄운 후 발표했다. 그날 저녁 식사할 때 해당 대학의 잘 아는 교수가 불쾌하게 여겼다. "고구려도 그러더니, 이제는 한국에서 백제까지 거론합니까?" 백제의 중국 동부 연안 지역 진출에 대한 불쾌감을 노골적으로 드러냈다. 이후 나는 해당 대학으로부터 더 이상 초청받지 못했다.

「榮山江流域 馬韓諸國의 推移와 百濟」『百濟文化』 49(2013.8)

영산강유역 나주 세력의 독자성을 문헌과 고고물증을 통해 입증하였다. 관련 논고는 과거에도 내가 많이 발표한 바 있지만, 새롭게 해석하거나 그간의 적폐적 사고를 적출하였기에 일정한 기여를 한 논고로 자평한다.

「백제 왕궁과 풍납동토성—사료를 통해 본 한성백제 왕성」
『한성백제의 왕궁은 어디에 있었나?』 한성백제박물관 백제학연구소
(2013.9.27)

한성기 백제 왕성 인식의 오류와 타성에 대한 질타가 들어 있다. 몽촌토성 성문 곁의 무문비 행방에 대해 말했지만 발굴했던 이들은 말이 없었다. 그리고 백제 사성蛇城의 위치가 서울 강남구 삼성동토성이라는

나의 견해가 맞았다는 게 입증되었다고 그날 발표장에서 말해졌다. 두계 이병도 선생이 제기한 사성=풍납동토성설이 사망 선고받은 셈이지만, 한심하다는 생각만 들었다. 20여 년 전에 내가 발표한 견해가 이제야 어쩔 수 없이 수용된 것이다.

이 글을 작성하면서 상기되는 일화가 있다. 내가 저술한 책자의 풍납동토성 사진을 접한 동학이 심각한 표정을 지으며 저작권 위반에 관한 훈시를 했다. 내가 "직접 촬영한 것입니다!"고 답하자 그녀는 머쓱해 했다. 지금처럼 드론이 없던 시절이었다. 여러 해 전, 출연 요청을 받고 여의도 KBS 본사로 갔다. 국장은 종이 한 장을 내밀었다. 헬기 사고가 나더라도 책임을 묻지 않겠다는 각서였다. 그러면서 공군에서 20년 이상 근무한 베테랑이므로 걱정하지 않아도 된다고 했다. 속으로 "누가 사고 내고 싶어서 사고내나? 추락하면 함께 가는 것인데!"라고 생각하였다. 나는 스스로 운이 강하다고 여기기 때문에 좌고우면 없이 사인을 했다. 그 이야기를 언젠가 은사님께 했더니 곁에서 듣고 있던 사모님이 "이 교수님! 다시는 헬기 타지 마십시요!"라고 당부하였다. 나는 그때 KBS 본사에 헬기가 1대 밖에 없다는 회사 기밀을 알게 되었다. 뉴스에서 항시 'KBS 1호기에서~~'라고 멘트하지만, 1호기가 전부였다.

「한국사 교과서는 문화유산을 어떻게 다루고 있나?—역사 부분」

『한국사교육과 문화유산』(전통문화연구소, 2013.11)

2011년에 문화재청 50주년 기념으로 고궁박물관에서 발표한 논고이다. 발표자에게 일언반구 상의도 없이 출간한 것이다. 사전에 연락을 주었다면 관련 사진을 모두 첨부할 수 있었을 터인데, 대단히 유감스럽게 생각한다.

「李丙燾 韓國古代史 硏究의 '實證性' 檢證」

『두계 이병도의 한국사연구와 역사 인식』(백산학회, 2013.12.6) ;

「李丙燾 韓國古代史 硏究의 '實證性' 檢證」『白山學報』 98(2014.4)

백산학회가 주최한 '두계 이병도의 한국사연구와 역사인식'라는 학술 세미나에서 발표한 논고이다. 고증한 게 대부분 틀렸다는 사실을 입증했다. 종합토론 때 내 곁에 앉았던 건국대학의 김기덕 교수는 내 논고의 많은 부분에 밑줄을 쳤다. 그는 나를 쿡쿡 찌르면서 맺음말의 맨 끝 구절 "결국 고심 끝에 필자가 내린 결론은 두계 사학에서 '실증'은 없다는 것이다"는 문구가 너무 멋 있다고 했다. 나는 지금까지 두계에 대해서 학문적으로만 접했을 뿐이었는데, 그날 나도 몰랐던 새로운 사실을 발견했다.

학술지에 수록할 때는 분량이 무려 64쪽이나 되어서 분재分載 주장이 나올까 긴장했지만 특집 기획논문이어서인지 전재하게 해 주었다. 본 논문 발표 요청은 백산학회 박희현 회장님으로부터 전화를 받고 수락한 것이다. 마침 저녁 식사 중이었기에 곁에 있던 어머니가 알고는 반대를 하였다. 이병도 선생은 존경받고 있는 분인데, 왜 니가 그런 분을 평가하는 세미나에 나가냐는 거였다. 후일담이기에 한 자 적어 보았다.

「「廣開土王陵碑文」에 보이는 '南方'」

『광개토왕과 고구려사에 대한 새로운 이해』

(경북대학교 영남문화연구원, 2013.11.23)

마르지 않은 샘처럼 또 쟁점이 되는 새로운 사실을 찾아냈다. 타자는 새로운 쟁점을 내가 찾아냈다고 말하겠지만, 그간 해석 못한 구절을 명쾌하게 구명하였다는 게 맞을 것 같다. 말미에 사족처럼 붙여 놓은 고구려 천리장성 축조 배경은 대단한 신설로서 그 누구도 상상도 못할 내용이었다. 응당 수용할 수밖에 없을 정도로 탄탄한 논거를 제시했다고 자평한다.

「說林—'三國志' 東夷傳 夫餘 條의 分析」『부여학』 3(2013.12)

부여군에서 간행하는 책자이기에 부여 관련 논고를 게재해야 했다. 뭘 쓸까 고심하다가 대학원 2학기 때인 1982년 이희덕 선생님 수업 중에 발표했던 '삼국지 동이전 부여 조'의 주석註釋을 활용한 것이다. 그때 발표문이 대학 노트 30쪽 분량이었다. 이것을 수업 시간에 복사해 배포하였는데, 분량이 많았던 관계로 복사비를 줘야되지 않는가라는 이야기가 나왔었다. 그로부터 30여 년의 세월이 흘렀기에 내가 그간 쓴 글에 있는 관련 논지를 '추보追補' 형식으로 보입補入한 글이다.

「嶺西 地域 樂浪」『東아시아 문화와 지역 원형의 재인식』

(東아시아 고대학회 冬季(第5回)全國學術大會, 2014.2.20)

기원전 108년에 지금의 평양 일대에 설치되었던 낙랑군이 적어도 1세기 후반경에는 압록강을 넘어 요동으로 이동했음을 논증하였다. 313년에야 낙랑군이 요동으로 이동했다는 기존 정설에 대한 결정타였다. 획기적인 논문인데, 강원대학에서 발표할 상황이어서 지역과 관련한 영서

嶺西 지역의 낙랑을 준비하면서 그 본체가 되는 평양 지역의 낙랑을 언급하지 않을 수 없었다. 실로 상당히 많은 근거를 제시하였기에 심사위원 3명이 모두 정설에 정면으로 배치되는 견해이지만 제시한 근거가 탄탄하므로 '게재 가'로 결정하겠다는 취지로 소견서를 작성했었다. 이 논문을 집필하면서 나도 생각지 못했던 좋은 근거들이 샘 솟듯이 솟아났기에 영적인 힘이 나를 도와주고 있다는 느낌이 들었다. 이 논문 발표 후 금년에는 낙랑 논문 1편만 발표하고 다른 논문 단 1편도 발표하지 않아도 의미가 크다고 호언했을 정도로 뿌듯한 논문이다. 기존의 낙랑 연구 성과를 엎은 획기적인 신설로서 학설사적인 의미도 지대할 뿐 아니라 결국 정설의 교체로 이어질 것으로 확신하는 당년 최고의 논문으로 자평하고 싶다.

「後百濟의 全州 立都와 彌勒寺 開塔」

『東아시아 고대학회 春季(第53回)全國學術大會』(2014.5.17);

「後百濟의 全州 遷都와 彌勒寺 開塔」『韓國史硏究』165(2014.6)

군산대학에서 5월에 공개 발표했던 후백제사 논문인데, 마침 한국사연구회에서 원고 청탁 메일이 들어왔기에 갑자기 마음이 당겨서 기고했다. 기고한 후 생각해 보니까 2014년은 한국사연구회를 통해 학계에 데뷔한(1984.5.) 지 꼭 30주년이 되는 해였다. 더구나 1984년 6월호『한국사연구』45집에 게재한 지 정확하게 30주년인 2014년 6월호인『한국사연구』165집에 게재되었다.

본 논문과 관련해『삼국사기』진훤전에 보면 진훤이 전주에서 한 말 가운데 "吾原三國之始 馬韓先起 後赫世勃興 故辰卞從之而興"라고 한 구절을, 지금까지는 "내가 삼국의 시작을 살펴 보니까 마한이 먼저 일어나고 그 후에 혁거세가 일어났다. 그런 까닭으로 진한과 변한이 뒤따라 일어났던 것이다"라고 해석하였다. 그러나 나는 이러한 종전 해석의 문제점을 지적하면서 "마한이 먼저 일어나 누대로 발흥한 까닭에, 진한과 변한이 (마한을) 좇아 홍기했다"고 재해석하였다. 혁세공경赫世公卿의 '혁세'라는 용어도 모르는 아주 무식한 해석이었다. 그랬기에 심사자 가운데 한 사람은 굳이 이 부분은 논문에 넣지 않아도 되지 않냐고 했다. 본인이 생각해도 얼굴이 뜨거울 정도로 창피하니까 그랬을 것이다.

본 논문에서 중요한 내용은 '개탑開塔'이었다. 922년에 진훤이 미륵사 탑을 연 것이다. 개탑은 탑 안에 봉안된 불사리를 보셔오는 '영불골迎佛骨' 의례였다. 개탑이 가능한 탑은 목탑과 전탑이었다. 문제는 3탑으로 구성된 미륵사 탑 가운데 중앙의 목탑은 유구가 전혀 남아 있지 않고, 석탑만 남아 있는 것이다. 더욱이 미륵사 목탑이 벼락에 맞았을 가능성을 제기한 기록도 보였다. 719년 금마군 미륵사에 벼락이 쳤다는 기록이다. 그러나 석탑은 구조적으로 탑을 열 수가 없었다. 결국 탑을 열었던 대상은 목탑일 수밖에 없다. 미륵사 목탑이 922년까지 건재했음을 알 수 있다. 논자들은 벼락 한방에 소실되었다고 믿고 있지만 그렇지 않았다. 80m가 넘는 황룡사 목조9층탑의 경우 십여 차례의 벼락을 맞았지만 그때그때 보수되었다. 이와 마찬 가지로 미륵사 목탑도 벼락 한방에 끝난 것은 아니었다.

황룡사 목탑의 경우는 신라 경문왕이 심주心柱를 들어올리고 불사리를 확인한 기록이 보인다. 백제 장인 아비지가 건축한 황룡사 목탑에 영향을 미친 구조물이 미륵사 목탑이었다. 미륵사 목탑의 구조를 알려면 황룡사 목탑의 내부 구조를 알아야 하는 것이다. 이 문제로 나는 고심하고 있었다. 2014년 5월 24일(土)에 학생들과 국립 대구박물관에 막 입장했을 때였다. 로비 왼편에 20% 할인이라고 적힌 서가가 눈에 띄었는데 그 많은 책 가운데 권종남權鍾湳(1964~2003), 『황룡사구층탑皇龍寺九層塔』(미술문화, 2006)이 눈에 잡혔다. 얼른 집어서 일별하니 의문을 해소해 주는 책이었다. 본 책의 갈피를 빠르게 넘겼는데 내가 찾던 해답이 모두 적혀 있었다. 그런데 공학도인 저자는 젊은 나이에 교수로 재직 중 지병으로 숨졌다. 그의 박사학위 논문을 저서로 출간한 유저에 대한 사연이 적혀 있었다. 마음이 찡했다. 어쨌든 이 책으로 인해 미륵사 목탑에서 불사리를 모셔오는 구조물의 이치를 터득하게 되었다. 나는 영감이 당긴다거나 이런 행운이 닥치는 일이 적지 않았다. 하늘이 나를 돕는다는 생각을 가질 때가 많았다.

진훤 왕의 개탑 의례를 본 논문에 자신 있게 삽입할 수 있었다. 그럼에도 미륵사 목탑은 벼락으로 붕괴되었으니 '개탑'은 탑을 연 게 아니라 불교 퍼포먼스라는 억지 강변이 나왔다. 고집도 정도를 넘으면 씁쓸해지는 것이다. 당에서의 유명한 법문사 전탑 영불골 사례가 있지 않은가? 저명한 실화 소설 『법문사의 비밀』이라도 읽어 보았으면 좋았겠다. 나는 법문사의 불지사리를 친견한 바 있다. 본 논문의 별쇄를 전통건축학과 교수에게 주었더니 읽은 후 연락이 왔다. 이런 논문 집필하면 자신에게 계속 보내달라는 거였다. 도움을 받으려다가 내가 도움을 준 격이 되고 말았다.

나는 1998년에 출간한 저서에서 진훤의 거병지를 승평항이 소재했던 순천만으로 비정한 바 있다. 이후 출간한 논문에서도 이 견해가 반복해서 소개되었다. 그럼에도 무단으로 베끼고 패거리들끼리 인용하는 그야 말로 가관인 모습을 그간 목격했었다. 본 논문에서 관련 '대차대조표'를 작성하여 제시했다. 심사위원들도 고무적으로 평가를 해 주었다.

「說林 : 韓國史에서 中世의 起点으로서 科擧制 施行」『東國史學』 56(2014.6)

항시 의식했던 한국사 시대구분에 관한 논의였다. 지배층의 교체에 따른 시대구분의 획기劃期를 고려 광종대 과거제에서 찾았다. 그럼으로써 그 이전 시대를 지배했던 혈연과 지연적 요소를 거르는 큰 틀로써 과거제가 지닌 의미를 조명하였다. 비록 크게 활용하지는 않았지만 중국에 갈 때마다 책방에서 과거제 관련 도서圖書를 구입한 데는 이러한 의도가 깔려 있어서였다. 그런데 본 논문집이 간행되었다기에 부여에서 상경하여 책 3권을 얻은 후 1권은 학교 우체국에서 이희덕 선생님께 부쳤다. 그리고 사학과 정병준 교수 방에 가서 차를 마시면서 담소를 나누었다. 그때 내가 앉은 벽쪽에 조영록 선생님이 번역한 과거제 책이 눈에 들어왔다. 순간 아찔하였다. 은사님이 번역한 책이 있다는 사실을 그때 처음 알고는 속으로 '아이쿠' 소리를 내 질렀다. 다음에 연구서를 출간할 때 원용해야겠다는 생각을 하였다. 그러나 실행에 옮기지는 못했음을 부끄럽게 고백한다.

「益山 遷都 物證 '首府' 銘瓦에 대한 反論 檢證」『東아시아 古代學』 35(2014.9)

부여와 익산에서만 출토된 '首府' 명와銘瓦는 익산 왕도설의 유력한 물증이기도 했다. 그런데 아무개 교수는 본 명문와가 당과 관련한 것으로 지목했다. 이에 대한 아무개 교수의 논문이 허구임을 입증한 논고이다. 논문 한 편에 대한 검증으로서 완전히 해체시키고 말았다. 내 논문을 대단히 호의적으로 평가한 심사위원 2명과 어떻게든 모 교수를 보호하려던 심사 위원 1명의 심사평이 재미 있었다. 관련 전공도 아닌 이에게 '저격 심사'를 맡긴 것 같지만 무위로 돌아갔다.

「倭의 佛教 受容과 백제계 사찰의 건립배경 및 성격」
『백제와 고대 동아시아』(충청남도역사문화연구원, 2014.10.1)

국제학술대회에서 발표한 논문이다. 당시 함께 발표했던 모 교수가 백제와 동남아시아와의 교류에 대해 언급하자 최초의 논의라며 반색하는 이가 있었다. 모 교수는 내가 1991년에 발표한 『한국학보』 1편만 인용하였다. 나는 백제와 동남아시아 교류 관련 논문을 이력이 나게 발표했었다. '반색'했던 이는 2년 전에 내가 한국교통대학에서 관련 논문을 발표할 때 내 토론자였기에 그 사실을 환기시키자, "맞다"고 시인했다. 그럼에도 사실과 틀린 발언을 하는 이들을 보면 알 수 없는 게 인간이구나 싶었다. 모 교수의 논문은 부처님 손바닥 안의 손오공 꼴이 되었다. 내가 이미 20여년 전부터 발표한 논문 속에 고스란히 들어 있는 내용을 말했기 때문이다.

「孫晉泰의 韓國古代史 敍述과 認識」
『근대 한국 사상가들의 고조선 인식』
(고조선단군학회 제61회 학술발표회, 2014.10.2)

의미를 크게 부여하고 싶은 논문이다. 내용이 길어질 것 같아 논문평 2건으로 대신하고자 한다. "심사1: 필자께서는 남창 손진태의 『조선민족사개론(상)』에서 그의 한국 고대사에 관한 인식이 반영된 중요한 부분들을 하나하나 분석을 통해 그의 독창성은 물론 그러한 인식이 나오게 된 근원, 더 나아가 현 역사학계의 문제점 등에 걸쳐 흥미 있는 분석을 하셨습니다. 여기에서 다만 두 가지 점을 지적하는 것으로 심사를 가름하고자 합니다.…"

"심사2: 본 논문은 신민족주의 사학자인 남창의 한국고대사의 서술과 역사인식을 검토하고 있다. 이를 위해 민족에 대한 이해, 국가발전단계론의 시도, 남창의 고조선사 인식 그리고 삼국사에 대한 남창의 역사인식을 세밀하게 정리하고 있다. 그동안 남창에 대한 연구는 비교적 소홀했다고 볼 수 있는데 본 논문에 있어 문제 의식의 제기와 연구방법은 독창적이고 핵심을 잘 파악하고 있다고 생각된다. 논술구조와 인용된 사료 또한 적절해 보이는 논문으로 생각된다."

「『舊三國史』의 體裁와 編纂 時期에 對한 再檢討」
『第十五屆中國韓國學國際硏討會 歷史文化2 論文集』
(浙江大學韓國硏究所, 2014.10.20.;『第十五屆中國韓國學國際硏討會論文集』歷史卷
(한국연구총서 58), 민족출판사, 2016)

대학원 석사과정 2학기 때 하현강 교수께 제출한 레포트를 타이핑해서 논문으로 제출하여 절강대학 한국학연구소 주관 국제학술대회 때 발표한 논고이다. 32년 전에 과제물로 제출한 글이지만 의미를 남기려는 차원에서 발표집에 수록하게 했다.

「恩山別神祭 主神의 變化 過程」『扶餘學』4(부여고도육성포럼, 2014.12)

청탁받은 글인데, 은산별신제의 기원은 악질惡疾로부터 주민들을 보호하려는 차원에서 기라성과 같은 중국 맹장猛將들의 위패를 대거 모심으로써 악귀를 축출하려는 데서 비롯되었다. 그후 지역 정서에 맞게 이들 위패를 거두고 백제 복국운동復國運動의 영웅인 복신이나 도침을 모시게 되었음을 증명하였다.

「三國統一期 新羅의 北界 確定 問題」『東國史學』57
(동국사학회, 2014.12)

김춘추와 당 태종이 맺은 밀약에서 삼국통일 후 신라의 븍계北界인 대동강~원산만선이 나오게 된 배경을 역사전쟁 차원에서 접근하여 분석했다. 당唐은 한사군 고토 수복론을 명분으로 고구려 침공을 개시하였고, 신라는 삼한통합론이라는 명분으로써 唐과 제휴하였는데, 결국 신라가 제기한 백제의 대방고지帶方故地 기원설에 근거하여 북계가 설정되었음을 논증했다.

「夫餘系 國家들의 國號 起源」『한국사 속의 나라 이름과 겨레이름2』
(한국학중앙연구원 현대한국학연구센터, 2014.12.23)

당초 2014년 10월 1일 한국학중앙연구원 부설기관에서의 세미나였는데, 부여에서의 국제학술대회 날짜와 겹쳐서 사양한 바 있다. 나중에 생각하니까 부여 국제학술대회 발표 날짜가 오후인 것을 보니까 연구원 것을 오전으로 하면 하루에 2회 발표할 수 있는데 아깝다는 생각이 들었다. 그런데 12월 5일 밤 속초로 가는데, 연구원의 정영훈 교수로부터 전화가 왔다. 예산이 1천 만원이 남게 돼서 동일한 주제로 세미나를 12월 23일에 개최하게 되니 발표해 달라고 했다. 그리고 2사람에 대한 발표자 선정도 부탁을 받았다. 상경한 후 2일만에 200자 원고지 130매에 이르는 본 논문을 완성했는데, 여기서 중요한 사실을 발견했다. 고구려 국호의 기원과 해씨解氏 왕실의 대두에 대해, 전자에 대해서는 신설을 후자에 대해서는 해씨 왕실 자체가 존재하지 않는다는 명쾌한 논증을 통해 입을 다물게 만들었다. 발해 국호의 기원에 대해서는 과거에 내가 출간한 대중서에 적혀 있는 내용을 소개했다. 그리고 내가 처음 주창한 내용인데, 엉뚱한 사람을 인용한 것들을 바로잡아 주었다. 역시 인연이 있으면 발표 기회가 다시 오는 구나 싶었다. 공개 발표할 때 사람들은 그 짧은 기간에 논문을 작성한 것을 알고서는 내공이 대단하다고 감탄했다.

「阿旦城 所在地와 溫達城 初築國에 관한 論議」『한국고대사탐구』 18(한국고대사탐구학회, 2014.12.30)

2014년 10월 2일 단양에서 논문을 발표하고 상경하는 버스 안에서였다. 온달의 전사처로 아차산성설과 온달성설이 양립하여 지역적인 소모전을 벌이고 있는데, 이번에 새로 논문을 집필하여 반드시 결판을 내야겠다고 다짐했다. 상경한 다음 날 정독도서관에 가서 『한국지명총람』부터 대출받아 다시 검토하면서 곧바로 논문을 완결 지었다. 원래 논문 제목에는 '…최종적 논의'였는데, 심사위원들이 '최종적'을 빼는 게 좋겠다고 권유해서 삭제한 것이다. 본 논문이 게재된 학보는 서강대 총장을 역임했던 이종욱 선생이 창립한 학회로서 원고료 100만원을 지급한다. 그리고 2014년부터 등재후보지가 되었다.

참고로 당년 10월 1일은 부여에서의 국제학술대회에서 발표하였고, 이튿날인 10월 2일에는 오전에 고조선단군학회에서 발표한 후 단양으로 내려가 논문을 발표한 것이다. 이때 상경하는 차중에서의 상념이 모두冒頭의 글이었다.

「百濟 官制 運營의 實際 - 旣存 資料와의 差異를 中心으로-」
『2014년 한국고대사탐구학회 학술회의』(한국고대사탐구학회, 2014.12.27)

지난 2014년 7월에 학회 세미나 관계로 일본 도다이지東大寺에 이르러 버스에서 막 하차하는데 서강대 조범환 교수가 발표를 부탁했다. 얼결에 수락했는데, 세미나 주제 가운데 백제 관제官制에 관한 논문이 제일 어려운 주제였다. 그러나 집중해서 집필하면서 새로 고쳐서 해석해야할 사안들을 상당히 많이 발견하였다. 정설 내지는 통설이 된 내용에서도 사료 해석이 잘못된 것을 많이 발견해서 대안을 제시했다. 가령 백제 22부사部司의 내용은 전면 재검토가 불가피해졌다. 항시 느끼는 일이지만 좋은 생각이 잘 난다는 것이다. 내 능력이라기 보다는 영적인 힘이 나를 가르쳐준다고 생각될 정도로 내심으로 뿌듯할 때가 많았다. 당시 토론자인 충북대학교 양기석 교수로부터 탁견이라는 평까지 들었다.

「백제사 속의 익산에 대한 재조명」
『문산 김삼룡 박사 1주기 추모학술강연회 익산문화와 원불교』
(원불교사상연구원 마한백제문화연구소, 원광대학교 숭산기념관, 2015.5.6)

궁남지의 소재지에 대해서는 2010년에 출간한 나의 저서에서도 언급한 바 있다. 무왕은 20여 리 바깥에서 물을 끌어 당겨 왕궁 남쪽에 인공 못을 조성하였다. 이름하여 '궁남지'인 것이다. 그런데 부여 '궁남지(사적 제135호)'는 백마강에서 10리도 되지 않는다. 혹자는 능산리 산골의 물을 받아오면 20리가 되지 않냐고 한다. 이러한 주장은 현재의 '궁남지'가 맞다는 전제 하에서 역산한 어거지이다. 지근 거리의 백마강을 놓고 왜 궁색하게 산골의 물을 받아오는가? 상식에 관한 문제가 아니겠는가? 반면 익산 왕궁평성의 남쪽에 못을 조성한다면 만경강에서 '20여 리' 인수引水가 가능하다. 익산 왕도설의 부동의 증거가 된다. 하여간 놀랄 일들이 많지만 누구도 놀라워하지 않는다. 현재 '궁남지'는 국가 사적이다.

「『三國史記』의 高句麗 王城 記事 檢證」『한국고대사연구』 79
(한국고대사학회, 2015.9)

고구려 도성제에 대한 숱한 논문이 학계에 제출되었지만, 모두 허상虛像을 벗겼다. 이에 대한 체계적인 집대성은 『고구려 도성과 왕릉』(학연문화사, 2020)에 보인다.

『고등학교 한국사』 敎科書와 바다 이름 標記의 問題」『경주사학』
39·40合輯(2015.12)

『고등학교 한국사』 한국사 교과서 내용상의 오류 뿐 아니라, 우리나라 해양주권이 미치는 바다 이름 중 '황해' 표기와 남해 표기 삭제의 연원을, 조선총독부 서적에서 찾았다. 청산하지 못한 '과거'임을 밝혔다.

「後百濟와 高麗의 吳越國 交流 硏究와 爭點」
『한국고대사탐구』 22(2016.4)

신검 정변 후 금강 왕자 계열의 지배층 가운데 오월국으로의 피신과 환국 사례를 추적했다. 천안의 절터에 소재했던 보협인석탑의 국적을 오월국으로 추정하였다.

「後百濟의 降服 動線과 馬城」『동아시아문화연구』 65
(한양대학교 동아시아문화연구소, 2016.5)

일리천 전투에서 패주하는 후백제 신검 왕의 군대를 추격하던 고려군이 주둔했던 곳이 마성馬城이었다. 마성의 위치를 개태사가 소재한 논산에서 찾는 경향이 많았다. 이러한 주장의 문제점을 적시한 후, 금마저·금마성·마한성으로 일컬었던 익산 지역에서 찾았다. 고려 태조의 풍수 전설이 남아 있는 익산 왕궁평성을 마성으로 지목했다.

「『三國史記』 온달전의 역사적 실체 분석」
『온달전의 바보 온달과 평강공주 스토리텔링』
(제20회 온달문화축제기념 학술회의, 국사편찬위원회 사료조사위원 전국협의회 충북지회, 단양군평생학습센터, 2016.9);
「『三國史記』 온달전의 出典 摸索」『東아시아古代學』 45(2017.3)

김부식이 온달전을 지었다는 통설을 비판하고, 통일신라시대 김대문의 『한산기漢山記』에서 기원했음을 밝혔다. 아집我執에 사로잡힌 비전공자들과 고전문학하는 이들이 새겨서 읽었으면 좋겠다.

「한국 고대사회의 술과 그 기능」
『동아시아고대학회 제62회 정기학술대회 및 학술답사(2016년 여름)』
(2016.8.27)

역사와 사회적으로 술의 기능에 대한 담론이다. 전주 술박물관의 후원을 받아 학술대회를 풍류의 고장 전주에서 개최했다. 물론 회장인 내가 기획한 것이다.

「고구려의 漢江流域 喪失 原因과 長安城 축조 배경」
『東아시아古代學』 47(2017.9)

기존의 통설인 내분설內紛說의 허실虛實을 조목조목 적시한 후 외침 위협과 국초 이래 최대의 대토목공사를 한강유역 상실 요인으로 새롭게 밝혔다. 개인적으로는 당년도 최대의 성과로 자평한다.

「백제 건국 세력은 어디서 와서, 어디에 정착했는가?」
『백제, 그 시작을 보다』(하남역사박물관, 2016.10)

백제 건국 세력의 정착지를 지금의 서울로 지목해 왔다. 그러나 시조 온조는 '만들어진 존재'였고, 3세기대까지 물적 증거도 서울 지역에서 발견되지 않았다. 심지어 전설도 없다. 반면 부여계 비류왕이 시조로 적합하였고, 미추홀인 지금의 인천 지역에는 관련 전설과 유적이 남아 있다.

「衛滿의 '魋結'와 '椎結' 檢證—南越王 趙佗의 '魋結'와 관련하여」
『東아시아古代學會 第68回 定期學術大會』(2017. 12.27)

위만이 조선에 망명해 올 때 두발과 복장을 『사기』에서는 "추계만이복魋結蠻夷服"라고 하였다. 그런데 『한서』 조선전에서는 위만의 두발을 '추계椎結'로 적었다. 여러 문헌을 상고한 결과 『한서』의 '추계'는 흉노로 투항한 한장漢將 이릉李陵처럼 변발辮髮로 밝혔다. 흉노의 두발인 '추계'는 변발을 가리킨다. 실제 1세기대의 문헌인 『논형論衡』에 따르면 낙랑은 '추계椎髻'에서 '피변皮弁'으로 바뀌었다고 했다. 변발에서 '피변'이 가능한 고계高髻로 바뀐 것이다. 고조선으로 망명할 때 위만의 두발인 '추계魋結' 즉 '추계椎結'는 북상투가 아니라 머리를 뒤로 늘어 땋은 변발이었다. 역시 모 선생의 주장이 오류임을 밝혔다. 고조선의 두발이 흉노처럼 변발이라는 것은 중국과 구분되는 세계의 표징이었다. 이러한 논증은 사실 깜짝 놀랄만한 논지이다. 그러나 다들 모른채 하고 있다.

「권력과 기록」『東아시아古代學』 48(동아시아고대학회, 2017.12)

역사 연구의 기본 자료가 사료인데, 그러한 사료의 신뢰성에 관한 논의였다. 권력 앞에 기록이 초연하지 못한 구체적인 사례 제시와 더불어, 사료의 변개 과정도 적시하였다. 특히 당의 고구려·신라 전쟁 관련 『구당서』 및 『신당서』 기록의 분석과 더불어 신라 말~고려 초 사료에 대한 집중 검증을 했다.

「檀君朝鮮, 神話에서 歷史로의 進入 過程」『단군학연구』 38(2018.6)

단군조선은 영혼은 존재하지만 몸체가 없는 인간에 비유된다. 쉽게 말해 신화밖에 존재하지 않았기에 그 실체에 대해서는 의문을 품지 않을 수 없었다. 본 논문의 논지는 단군조선은 '만들어진 역사'일 개연성이 높다는 것이다. 단군 왕검 한 사람이 1천 5백년 간 통치했다는 게 역사적 사실일 리는 없다. 조선시대에 이르러 신神이었던 단군을 인간으로 재창출한 결과, 소위 '단군묘'와 그 후손들의 통치 역사가 만들어졌다는 논지이다. 본 논문은 단군학회 회장으로 추정되는 심사자 1명의 격분을 유발하였다. 2명이 '게재가'였고, 1명이 '수정후 재심사'였다. 그러나 심사규정에 따라 게재되었다.

「三國時代의 儒學 政治理念에 의한 統治 分析」『한국사연구』 181(2018.6)

본 논문은 당초 불교와 도교까지 망라했다. 그러나 분량이 원체 방대하였기에 '유학儒學'으로만 국한시켰다. 본 논문에서 담지 못한 불교와 도교 관련 글은 2019년에 출간될 방대한 고대사 관련 책자에 수록될 계획이다. 흔히 정복군주인 진흥왕이 자신의 정복 업적을 과시할 목적으로 『국사國史』를 편찬했다고 한다. 그러나 그 시점은 545년(진흥왕 6)으로서 진흥왕 연령이 12세였다. 게다가 이 때는 신라가 소백산맥 바깥으로 진출하지도 못했다. 정복 사업의 성과가 전무한 상황이었다. 그러니 『국사』는 정복 사업의 성과 과시용 사서가 될 수 없었다. 게다가 마운령과 황초령에 진흥왕 순수비가 건립되었지만, 일시적인 진출로 지목하는 게 정설이 되어 있다. 이는 북한측의 주장을 여과없이 받아들인 결과였다. 신라가 적어도 50년 이상 이곳을 통치했다는 문헌 근거와, 한 지역에 무려 200기

이상의 신라 대형 석실분의 존재를 제시했다. 이러한 신라 고분군이 함경남도 동부 연안에 대거 포진한 사실을, 오래된 북한 보고서를 인용하여 제시하였다. 나는 마운령비 관련 논문을 1992년에 『신라문화』에 게재한 바 있었다.

북한산 비봉碑峰의 진흥왕순수비 자리에 오르기 직전에는 거암巨巖이 버티고 있다. 1년에 1~2명씩 실족사한다는 현장인 데다가 경고 표지판까지 세워졌다. 내려오는 사람들을 보니 엉덩이를 바위에 붙이고 엉금엉금 기면서 내려왔다. 올라갔다가 자칫 내려오지도 못하는, 오도 가도 못하는 상황에 빠질 수도 있다는 생각이 들어 엄두가 나지 않을 수 있다. 나는 비봉에 올라갈 때 추사와 그 친구인 조인영趙寅永을 상기하였다. 그런데 거암 속에는 발 디딜 수 있는 홈이 파여져 있었기에 생각과는 달리 가뿐하게 올랐다. 불쑥 솟아나는 모습이 되었다.

접근성이 나쁜 곳에 순수비가 세워져 있었기에 오랫 동안 보전될 수 있었을 것이다. 북한산 순수비는 동향東向이었다. 본 논문에서는「광개토왕릉비문」을 통한 고구려의 통치 이념을 분석했다. 유학 정치 이념의 핵심은 왕도정치 사상이었다.

「삼국의 國都·別都·州治였던 북한산성」『행주얼』 59

(고양문화원, 2018)

고양시에서의 특강을 마련해 준 이융조 교수님의 권유로 몇 차례 업데이트하여 논문 형식으로 게재하였다. 371년에 근초고왕이 "도읍을 한산으로 옮겼다 移都漢山"는 '한산'을 이병도 선생은 한강 이남 남한산 일대로 지목했었다. 그러나 이는 천부당 만부당한 말이었다. 『삼국유사』에 적힌대로 '북한산'이 맞다. 북한산성은 백제 때 축조한 기록이 『삼국사기』에 보인다. 실제 숙종 때 6개월만에 축조한 북한산성 이전에 존재했던 중흥동고성이, 백제와 삼국시대 때 축조하고 이용한 성벽이었다. 숙종 때 거대한 성벽을 단기간에 축조할 수 있었던 배경은 기존의 성벽과 성돌을 이용했기 때문이었다. 북한산성이 백제 때 '한산'이라는 왕성이고 그 일원이 국도였음을 정확하게 밝혔다. 그리고 고구려의 남평양성과 진흥왕대 북한산주의 주치州治가 역시 북한산성임을 구명했다. 이와 관련해 아차산성을 북한산성으로 지목하는 최근의 요설妖說을 상당히 많은 근거를 제시해서 반박했다. 나로서는 북한산성에 대한 최종 정리가 되었다.

「弁韓 '國出鐵' 論의 檢證」『단군학연구』 39(2018.12)

흔히들 교과서 한 줄이라도 바꿀 수 있는 논문을 집필하라고 한다. 이와 관련한 논문은 「弁韓 '國出鐵' 論의 檢證」이다. 본 논문은 '철의 왕국 가야' 론의 근거였던 『삼국지』 위서 동이전의 관련 구절이 변한이 아니라 진한임을 논증한 것이다. 『후한서』 뿐 아니라 조선 후기의 순암 안정복 이래로 많은 이들이 이 구절을 진한과 관련 지었다. 그런데 조선사편수회에서 편찬한 『조선사朝鮮史』에서 이 구절을 '변한' 항목으로 잘못 분류했다. 거벽이 '변한=철=철의 왕국 가야'로 만들었고, 많은 이들이 추종하여 교과서에 수록된 정설이 되었다. 거벽은 소위 임나일본부와 관련지어 철 매매와 관련한 상관설商館說을 제시했다. 이 설을 일본 학자들이 수용하였다. 일본의 고교 교과서에서는 야마토 조정이 한반도 남부로 출병하게 된 요인을 가야의 철에서 찾았다. 그러나 제철 산지가 변한이 아니고 진한으로 밝혀지게 됨에 따라 일본인들이 구성한 기존의 고대 한일관계사상은 새로 짜야 한다.

본 논문은 첫 번째 기고한 학술지에서는 3인의 심사위원 모두 '게재불가'를 때렸다. 고증 논문이기에 당연히 게재될 것으로 낙관했던 나는 뒤통수를 맞은 기분이었다. 심사평은 한국 제철 관련 데이터 베이스를 구축하라는 등 도저히 수긍할 수 없는 내용들이었다. 가만히 생각해 보니 기관 편집위원회에서 탈락용으로 만든 게 분명했다. 두 번째 기고한 학회에서는 한 명이 심사평을 제출하지 않아 역시 탈락했다. 이해할 수 없는 처신과 평가 관리였다. 세 번째 기고에서는 게재가 가능했지만, 그것도 탈락시키려는 시도가 있었다. 학계 통설이나 정설의 벽을 뚫는 것은 진실이나 진리의 차원이 아니었다. 사람 장벽을 뚫는 정치라는 것을 실감했다. 이들의 심사평을 묶어 나쁜 심사 예시로 사용하면 좋을 듯하다. 가령 김해 지역의 발굴 조사가 완료되지 않았으므로 백년 이후를 기다리면 제철 유적이 나올 것이다, 혹은 김해 지역은 일찍 도시화되어 유적이 파괴되어서 남아 있지 않다. 진한=신라가 철의 왕국이 맞는데, 그러나 이 사실은 조선시대 성호 이익이나 안정복도 주장했듯이, 이미 알려진 내용이다. 그러니 결코 새로운 내용이 아니다.

김해 지역에서 제철 유적이 발굴되었다고 해 '철의 왕국'은 아닌 것이다. 이에 대한 기록을 담고 있는 『삼국지』 기사의 하한인 3세기 중엽 경을 시간 대상으로 하고 있다. 4~5세기 대 제철 유적이 김해 지역에서 확인되었다고 하여 철의 왕국이 성립되는 것은 아니다. 이 점을 똑똑히 인지해야 한다.

본 논문의 논지는 「철의 왕국, 가야가 아니라 신라였다」(『경향신문』 23면, 2019.1.9)라는 제하에 지면을 크게 차지해 상세히 보도되었다. 이기환 기자의 보도였다. 그런데 『경향신문』 인터넷 판은 1월 9일 14시 26분 시점에서, "'철의 왕국'은 사실 가야가 아닌 신라일 수도 있다"는 제목을 걸었다. 지면에서 '신라였다'고 단정했다가 '신라일 수도 있다'는 한 발 물러선 문구였다. 나는 열어보지 않았지만 댓글에서 소란이 일어났다는 것이다. 댓글의 열기가 뜨거운 것은 좋지만 거의 비학문적 인신적 공격이었다고 한다. 기왕의 '철의 왕국' 간판에 대한 위협을 느끼자 부정적인 댓글이 도배를 한 것 같았다. 그러자 신문사에서는 '… 신라였다'는 단정적 표현에서 한 발 물러선 표현을 사용한 듯하다. 내용도 모르는 이들이 감정적으로 분위기를 호도하는 시류를 목도하게 된다.

「伴跛國 位置에 대한 論議」『역사와 담론』 90(호서사학회, 2019.4)

반파국伴跛國 위치에 관한 논문은, 통설인 대가야=반파가 아니라 제3의 세력임을 논증했다. 군산대학 곽장근 교수가 고고학적 근거로 외롭게 제기한 장수 가야설을 문헌으로 입증해 주었다. 본 논문은 가야사 전공자들에게 차후 상당한 영향을 미칠 것으로 보인다. 이 논문으로 인해 가야사 전공자 반열에 진입하게 되어, 가야사 토론자, 포럼 발표자가 되었다. 국정과제에 '가야사'가 포함되었지만, 나와는 관련이 없다. 가야가 철의 왕국이 아니라는 논문은, 어떤 기자가 내게 보내 온 문자대로 "찬물을 확 끼얹는 것"이었다. 반파국이 대가야가 아니라는 논지는, 영감을 얻어 금방 작성한 것이다. 마음이 갈 때 집필했을 뿐이었다. 시류편승과는 아무런 관련이 없다. 내가 집필한 신설들은 마음이 가는데로 따라갔기 때문에 자연스럽게 나왔다.

연말에 관련 학술행사에서 어떤 발표자의 글은 내 핵심 논지의 하나와 동일했다. 그러고 보니 2명은 '게재가'였던 데 반해, '수정후 재심사'

를 부과한 심사자일 가능성이 높다는 생각이 들었다.

「巖寺의 정체성과 한성 도읍기 創建 가능성 탐색」
『한국불교학』 94(한국불교학회, 2020.5)

2019년 11월 도쿄박물관에서 실견한 고구려의 '암사巖寺' 명문 기와를 토대로 외연을 확장해 집필했다. 한국 사찰에는 유독 '암巖' 자 이름이 많다. 그 연유를 신성한 서약 장소이자 백제와 신라의 재상 선출 장소인 정사암政事巖이나 오지암吾知巖을 비롯한 바위의 속성과 관련해 추적해 보았다. 그러면서 서울 강동구 암사동 암사 연원의 백제 때로의 소급 가능성을 타진했다.

「고구려 건국세력의 정체성 논의」『전북사학』 59, 전북사학회(2020.7)

마샬 살린스Marshall Sahlins의 외래왕外來王 이론을 대입해 검증한 논문이다. 본 논문에는 영서英書가 제일 많이 인용되었고, 일어와 중국어 그리고 한국어 등 총 4개국어로 적힌 저작물이 동원되었다. 아들의 힘을 빌어 미국에서 구입한 책을 곁에 두었기에 가능했다.

고구려 건국자들은 부여에서 내려 온 것으로 당연시한다. 그러나 건국 설화는 부여 동명 설화와 대동소이한 내용이다. 이렇듯 고구려 건국 설화 자체에 독보성이 없었다. 그렇다면 고구려 건국자들이 부여에서 내려왔다는 핵심 근거를 잃게 된 것이다. 고구려 건국지인 환런 일대에는 건국자들의 부여 출원설을 입증해 줄 수 있는 분묘도 없다. 건국 설화와 고고학적 물증의 핵심인 묘제상에 있어서 부여와의 정합성은 보이지 않았다. 그렇지만 외래왕 이론을 통해 역으로 입증할 수 있었다.

「고려 태조의 莊義寺齋文과 三角山」『한국학논총』 54
(국민대학교 한국학연구소, 2020.8)

『삼국사기』에 수록된 장의사 재문 중 "고려 옛 땅인 평양 명산高麗舊壤平壤名山"의 8자를 근거로 작성한 논문이다. 장의사 터는 서울 종로구 세검정 초등학교 일대가 된다. 몇 년 전의 북한산성과 북한산 진흥왕순수비 자리와 승가사僧伽寺 탐방이 큰 자산이 되었다.

태조가 재문을 손수 지은 배경은, 고구려를 계승한 고려가 명산 삼각산의 음우를 통해 후백제를 통합하려는 서원 때문으로 보였다. 태조가 후삼국을 통일한 직후에 고구려 구도舊都였던 평양에 서경西京을 설치했을 정도의 비중은 아니지만, 고구려 별도別都 남평양성이 소재한 장의사의 화엄법회 재문을 지었다는 것은, 고구려의 판도 복원 차원에 입각한 국토 경영 일환으로 보였다. 남경 천도론의 연원도 이러한 맥락에서 찾을 수 있을 듯하다.

「가야사 연구의 현황과 반파국」『전북가야 심포지움』
(전북연구원 전북학연구센터, 2020. 10.16); 「가야사 연구의 쟁점과 반파국」
『전북학연구』 2(전북연구원 전북학연구센터, 2020.12)

2019년 초에 영감이 당겨 작성했던 반파국 논문은 명성을 안겨주었지만, 2021년 하반기부터는 학문 외적인 모욕도 따라붙었다. 『일본서기』와 「양직공도」에만 등장하는 반파국을 대가야로 비정하는 견해가 정설이었다. 2020년에 이어 2021년에는 무려 13가지 근거를 제기하여 산산 조각내었다. 반파국은 지금의 전라북도 장수라는 논지였다. '전북가야'를 운위하는 전주와 전라북도에서는 반기는 분위기도 일부 있었기에, 이로 인해 전북 출행이 잦았다. 가야사 권위자의 평생 논지를 반신불수로 만들었다. 2019년에 이어 2020년에는 관련 논문을 2회나 전주에서 발표했지만 약정토론자는 물론이고, 이후 논문 심사자도 감히 토를 달지 못했다. 심지어 성호 이익李瀷이 전라도 동남쪽이 변한이라고 한 글귀까지 찾아내 '전북가야론'을 뒷받침해 주었다.

「신민족주의 역사학의 서술과 역사 인식의 교과서 반영 검증—백제 건국 세력의 계통과 요서경략을 중심으로」
『단군학회 가을 학술세미나』(단군학회, 2020.11.7)

조선 후기 이래로 백제 건국 세력의 계통을 부여로 인식하였다. 순암 안정복은 백제 왕실이 고씨가 아니라 부여씨를 칭해고, 개로왕이 자국의 연원을 고구려와 함께 부여에서 찾은 사실을 적시했다. 그럼에도 해방 이후 학문 권력을 장악한 이와 그의 추종자들에 의해 백제 건국자들이 졸지에 고구려에서 남하한 것으로 바뀌었다. 교과서에서 또 그렇게 주입했다. 고구려 중심주의를 표방한 북한에서는, 백제의 연원을 고구려에서 찾는 일을 내심 반길 수밖에 없었다.

「백제의 요서경략에 관한 논의」 역시 가장 쟁론이 많은 주제였다. 순암 안정복이나 다산 정약용의 권위를 앞세워서 부정론을 밀고 있는 자들이 많았지만, 두 사람의 명성에 걸맞지 않게 오류가 빈출했다. 이들의 오류를 숙주宿主로 한 주장들이 확대 재생산되었음을 밝혀냈다.

「'전북가야'의 역사적 실체 검증」『전북가야사 조사성과와 미래전략』

(전라북도·군산대학교 가야문화연구소, 2021.12.20) ;

'전북가야'와 장수=반파국 논의와 관련해서는 놀랄 정도의 논지 보강이 이루어졌다. 정설이 대가야=반파국이었지만, 그 허구에 대한 근거를 더욱 많이 찾아서 제시하였다. 『일본서기』에 적힌 훈독訓讀을 제대로 검증하지 않고 넘어왔는데, 『일본서기』 다른 필사본과 『석일본기釋日本紀』의 훈독을 살펴 보니 기존에 알고 있던 게 근거가 없었다. 대가야=반파국설의 유력한 근거를 무너뜨리자 자주 만나는 모 대학 교수는 놀라면서 "그러면 (기존 설이) 다 무너지는 것인데"라며 놀라워했다. 본의 아니게 어떤 교수의 지금까지 논지를 모두 무력화했기에 미안하기 그지 없었다.

'전북가야'와 반파국=장수설의 백미가 2021년 12월 20일 국립 전주박물관에서의 발표였다. 방금 말한 모 교수는 "시원 시원해서 좋네요. 핵심만 짚어서 말씀하시니까 이해가 잘 되네요"라며, 연신 감탄하였다. 꼼짝 못하게 논지를 더욱 보강했던 것이다. 이제 이 관련 일은 어지간히 하였기에 마무리할 시각이 다가 온 것 같다.

사실 2010년 2월 10일 밤에 한국고대사학회에서 발표한 곽장근 교수의 논지는 신선하였다. 『일본서기』에 적힌 반파국 '봉후烽候' 기사의 실체가, 발굴된 봉화대 유적을 통해 입증되었기 때문이다. 그러나 학계에서 수용되지 않은 게 의아하였다. 그러던 중 영감이 일어 급히 집필한 논문은 호서사학회 『역사와 담론』에 기고·게재하였다. 반파국의 소재지는 전북 장수군이고, 『일본서기』 봉후 기사의 실체를 입증해 주었다. 이후 전북가야 관련 학술대회에서 발표하는 일이 많았다.

「후백제와 고려의 각축전과 尙州와 聞慶 지역 호족의 동향」

『지역과 역사』 48(부경역사연구소, 2021.4)

대학원 첫 학기에 하현강 교수님께 제출했던 레포트(후삼국기 상주 일원 호족) 속의 과제를 완결했다. 햇수로 무려 40년이 소요되었다. 깔끔하게 해결한 것이다. 진훤의 아버지인 아자개가 왕건에게 귀부한 이유와 가해현加害縣에서 가은현加恩縣이 된 배경을 비롯해 여러 쟁론을 해결하였다.

「「駕洛國記」와 '6伽耶' 성립 배경 검증」『역사학연구』 83

(호남사학회, 2021.8)

본 논문은 기존 정설을 엎어버린 것이다. 기존 정설은 소위 6가야는, 신라 말~고려 초에 호족들이, 신라로부터 독립할 수 있는 명분으로 생성했다는 주장이었다. 그러나 6가야의 중심인 김해 금관가야 호족들은 친신라계였고, 안라가야 호족의 경우도 신라에 대한 절의節義를 표출했다. 나머지 4곳의 가야도 반신라를 운위하기는 어려웠다. 특히 성산가야(성주)와 고녕가야(함창) 고분 구조는 가야 요소가 없다. 신라 고분에 신라 토기만 부장되었다. 따라서 전혀 성립되지 않은 억측이었는데, 대다수가 추종해 왔던 것이다. '6가야' 는 고려 문종대에 인주 이씨의 득세와 결부지어 등장하였다. 『가락국기』의 편찬 배경인 것이다. 이러한 논지의 본 논문은 엄청난 저항을 유발할 수 있는 논지였지만, 심사자를 잘 만나 용캐도 단번에 수록되었다.

「후백제 진훤의 受禪 전략」『민족문화논총』78

(영남대학교 민족문화연구소, 2021.8)

후백제 진훤은 신라로부터 선양을 통한 평화적 왕조 교체 구상을 지녔다. 신라 5소경 가운데 먼저 남원경을 점령했고, 이어 양길과 제휴해 북원경과 서원경을 장악한 후 금관경까지 장악해 신라로부터 선양을 받으려고 하였다. 그러나 고구려를 부활시킨 궁예의 등장으로 어렵게 되었다. 이후 등장한 왕건과는 신라로부터의 적임자임을 알리는 적합도 경쟁이었다. 927년 진훤의 경주 급습은 친고려 성향의 경애왕이 고려로 선양하려는 것을 차단할 목적에서였다. 이로부터 8년 후 진훤이 우려했던대로 자신이 옹립한 경순왕이 왕건에게 선양하였다. 후백제의 관직이 신라와 동일했다는 것은 신라의 배신陪臣이요 계승자를 뜻한다. 후백제는 신라를 타도와 전복의 대상으로 삼지 않았다는 증좌였다.

본 논문은 5회 낙방의 진기록을 세웠다. 이 논문으로 인해 크게 타격을 받는 자들의 비토 행사 때문이었다. 4회와 5회 낙마했을 때도 다른 지면에 발표하려고 했지만, 지인의 권유로 이의 제기를 하였다. 이의 제기는 수용되어 게재 예정 호號에 그대로 수록되었다. 4회째 이의 제기도 수용되었지만 차호次號 게재를 말하는 것 같아 거부해 버리고 말았다.

어떤 심사자는 여러 항목에 걸쳐 소위 문제점을 지적했지만, 새빨간 거짓말 향연이었기에 그 부당한 주장을 일일이 모두 반박하였다. 해당 학회 편집위원회에서는 2명의 다른 심사자들의 높은 평가와 결부 지어 볼 때 악의적인 심사평가로 판정했다. 익명성을 무기로 한 저질 심사자들로 인해 상찬받아야할 논문이 수모를 겪었다. 그러나 사필귀정은 존재하는 것이다. 사실은 그의 심사평과 나의 반박문을 본 지면에 게재할까도 생각했었다. 편집위원회를 속일 수 있게끔 점잖게 심사평을 서술했지만 내용은 함량미달의 저질이었다.

「한국고대사에서 후백제사의 의미」
『역사문화권 지정을 위한 후백제 국회토론회』(후백제학회, 2022.1.18)

지금까지 나의 후백제사 연구에 대한 총력이 담겼다. 해당 논문의 맺음말을 소개한다.

"아자개에 의한 농민 봉기와 진훤의 거병으로 인해 노쇠한 사회는 서서히 막을 내리고 활기찬 시대로 넘어갈 수 있었다. 지역주의를 뛰어넘고, 전통적인 폐쇄 질서를 무너뜨리고, 기회와 참여의 폭이 넓어진 사회로 넘어가게 한 시대가 후삼국시대였다. 반복해서 언급하지만 이를 선도한 국가가 후백제였다. 이러한 점에서 한국고대사, 아니 한국사에서 후백제사가 지닌 위상과 의미를 부여할 수 있다. 진정한 의미의 '남북국시대'였기 때문이다.

후백제는, '남북국시대'가 종언을 고하고 20여년 후인 958년(광종 9)에 과거제를 통해 중세로 넘어가는 교량 역을 했다. 과거제 시행으로써, 그 전까지 이어져 왔던 전통적인 지배세력의 권력 계승은 차단되었다. 혈연과 지연을 청산한 능력 본위의 시대로 한 걸음 다가선 것이다. 후백제는 승려들에 대한 과거인 선불장選佛場을 시행했었다. 후백제 선불장은 공개 토론에 의한 선발로 추측이 되며, 훗날 고려 승과의 실시 방법과 상통하고 있다. 후백제 승과 시행은, 승려 선발 과거제를 넘어 인재 등용과 관련한 국가 조직 전반의 체계화를 뜻한다. 진훤 왕 주도의 과거제 실시를 상정할 수 있다. 이 점은 우리 모두 의미심장하게 받아들여야 할 것 같다.

시대를 선도했던 진훤 왕과 후백제사를 새롭게 조명할 수 있는 동인이기 때문이다."

「한국사에서의 한사군 인식」『'금기'의 영역 한사군 大解剖』
(고조선단군학회 2022년 봄 학술대회, 2022.4.1)

한사군의 일원이었던 낙랑이나 현도는 삼국 왕들의 작호로 부활하였다. 봉작封爵으로서의 낙랑이나 대방이 지닌 의미를 고찰했다. 통일신라 때부터 고려 초까지는 '현도' 혹은 '사군四郡'이라 하여 우리나라의 범칭으로 사용되었다. 불편한 진실이기는 하지만 피할 수는 없었다.

「서평 : 이종수, 『부여의 얼굴(동북아역사재단, 2021)』」
『고조선단군학』 47(고조선단군학회, 2022.4)

작은 판형의 문고본 책자인데, 비록 교양 총서라고 하지만 내용도 어려운 전문서이다. 단순 서평이 아니라 비평논문 수준 이상이라고 자평한다. 오류가 상당했기에 방치하면 사실로 받아지고 또 사실로 굳어진다고 판단했다. 주례사형 서평만 작성한 이들은 새겨서 읽어볼 필요가 있을 듯하다. "좋은 게 좋다"는 식으로 살라고 훈계하는 이도 있었지만, 몰라서 미련한 짓을 한 것은 아니다.

6. 저서 소개

『백제 고대국가 연구』(一志社, 1995.8. 392쪽)

박사 학위 논문 「백제 집권국가형성과정 연구」(1991.8)을 보완해 저서로 출간했다. 1994년 6~7월의 고구려·부여 지역 답사를 마친 후 저서 출간을 서둘렀다. 마음으로 조국 광복 50주년이 되는 1995년 8월 15일 전에 출간되기를 꼽았다. 8월 14일에 서천의 건지산성을 답사하고 하산하는 데 출판사로부터 책이 출간되었다는 전화가 집으로 왔었다. 본서는 1쇄 1천 권을 간행했는데 1년여 만에 절판되었고, 2쇄 1천 권을 인쇄하였다. 2쇄 인세로 레이저 프린터기를 장만했다. 본서의 머리말에 "그리고 만포시와 격隔한 압록강변에서 주유하는 오리 떼를 무심히 바라보자니 이 강을 따라 옛적에 나룻배를 타고 다니며 소금장사를 하던 고구려 미천왕의 청춘시절이 회상되었다. 그는 고된 머슴살이까지 하였고 억울하게 매까지 맞지 않았던가!"라는 구절이 있다. 금세 2천 권이 모두 판매되었기에 헌책방에서도 구할 수가 없었다. 현재 연구서 1쇄를 300부 간행하는 것에 비하면 격세지감을 느끼게 한다. 나의 혼이 담긴 책이다.

『꿈이 담긴 한국 고대사 노트 (상·하)』(一志社, 1996, 254쪽·256쪽)

이전에 살았던 동네의 지인 3명에게 1주일에 한 편씩의 글을 집필하여 우표 붙여 부친 「창동통신」 50호까지에 수록된 글을 토대로 했다. 당초 원고에는 '그해 겨울의 일기'라는 제목의 답사 기행문이 포함되었다. 기행문에는 자작시가 몇 수 수록되었다. 출간과 관련해 출판사에 왔더니 평소 잘 웃지도 않은 출판 부장이 씨익 웃으면서 "이 선생님, 알고 보니 로맨티스트예요"라고 한 후, 이 글은 객관성이 없으니 빼자고 했다. 본서는 당시 막 붐을 이루던 역사 대중화 관련 대중서였다.

『백제 장군 흑치상지 평전—백제 말기 한 무장의 비장한 생애에 대한 변명』(주류성, 1996, 314쪽)

주류성 출판사의 1호 책이다. 흑치상지의 '흑치'가 지금의 필리핀이라는 견해를 수용했다. 가문의 내력을 통해 백제의 광활한 해상 활동, 그리고 무장으로서의 굴곡 많은 생애에 대한 드라마틱한 글이다. 그의 활동 무대가 한반도를 넘어 중국 대륙 그리고 돌궐이나 토번과의 격전을 통한 신출귀몰한 용맹을 느끼게 한다. 도굴되어 드러난 그의 묘지석을 통해 거대한 생애가 솟아 오른 것이다. 인간적으로 매료된 면이 있었고, 또 억울하게 생을 마감한 그가 말하고자 하는 메시지가 있는 것 같아 평전 집필에 착수했다.

『새로 쓰는 백제사-동방의 로마제국, 백제사의 복원』(푸른역사, 1997, 642쪽)

푸른역사 출판사에서 최초로 출간한 책이고, 백제사 대중서이다. 조선일보·동아일보·한국일보를 비롯한 유력지에서 저자 인터뷰를 크게 보도하였다. 공전의 히트를 했고, 나를 일약 유명하게 해 준 저서이다. 출판사로서는 내 책 출판이 큰 보탬이 되었음은 두말할 나위 없다.

『진훤이라 불러다오』(푸른역사, 1998, 342쪽)

후백제 진훤 왕의 일대기이자 후백제사이다. 책 제목에 빗대 '진훤이라 불러다오'라고 했지만, 아무도 그렇게 부르지 않는다고 조롱한 유명 교수도 있었다. 당시 경북고등학교 교장이었던 견일영(1935~2019) 선생에게서 전화가 왔었다. 근래 읽은 도서 가운데 가장 감동적으로 읽었다고 하면서, 견훤이 아니라 진훤이 맞다고 한 후 『완산 견씨 세보』 서문 사본을 보내주셨다.

신라 군대에 복무하던 진훤의 거병 지역을 당시 승평항이라 불렀던 지금의 순천만임을 처음으로 제시하였다. 본서에서 처음 제기한 것인데, 이후 정설의 지위를 얻었다. 그러니 이 학설의 제기자를 바로 알아야 할 것이다.

『한국 고대사, 그 의문과 진실』(김영사, 2001, 364쪽)

2000년 1월~12월까지 1년 간 서울신문사에서 발행한 주간지 『뉴스피플』에 연재한 글을 모은 책이다. 어느 날 주간지를 읽은 동료 교수가 시비를 걸었다. "너무 강해! 당신 주장대로 한다면 서울대 교수들은 바보란 말이냐?"고 일갈했다. 그가 따진 것은 고구려 태왕릉 피장자에 대한 구절이었다. 나는 전공이 판이한 그에게 대꾸하지 않았다.

나와 동갑인 그는 국민학교 4학년 때 불자동차 사생대회에서 낙선한 이야기를 자신의 저서에 적어 놓았다. 나는 그와 동일한 해에 입선해 치안국장상을 받았다. 대학 다닐 때 선친은 "도학이가 그림 공부를 했으면 서울대 서양화과에 다녔을 것이다"고 하셨다. 어쨌든 동료의 '서울대 교수들은 …' 내심 큰 충격으로 다가왔다. 사람을 이렇게 분별하는 방법이 있구나? 이후 그는 불미스런 일로 학교를 떠났다.

『한성백제연구총서 3/ 서울의 백제 고분―석촌동 고분』

(송파문화원, 2004.2, 252쪽)

서울 지역 삼국시대 고분을 총람하였다. 송파구 석촌동이나 가락동과 방이동 고분군은 물론이고 인근의 중곡동 고분군까지 망라했다. 일제 때 조사 보고서까지 망라해 도면을 모두 수록하였다. 자료집으로서의 가치도 있다. 본서를 읽어 본 어느 고고학자는 처음 보는 사진도 있다며 출처를 물었다. "제가 촬영한 것입니다!" 내가 촬영했던 방이동 고분군 가운데 1기는 현재 남아 있지 않은 것 같았다. 현재의 방이동 고분공원 바깥에 소재한 고분이었다.

집필 기간이 너무 촉박하였기에 마감일에 임박해서는 머리에 피가 확 쏠리면서 혈압이 솟구치는 느낌을 받았다. 두고두고 아슬아슬하고 위험했다는 생각이 들었다.

『고구려 광개토왕릉비문 연구』(서경문화사, 2006.1, 593쪽)

1988년부터 2005년까지 발표한 「광개토왕릉비문」 연구 성과와 고구려 남진 경영에 관한 논문을 수록하였다.

『백제한성·웅진성시대연구』(일지사, 2010.9, 494쪽)

『백제사비성시대연구』(일지사, 2010.9, 622쪽)

1984년부터 2010년 초까지 발표했던 백제사 논문을 수록했다. 1,100 쪽 분량이 넘는 백제사 연구서이다.

『후백제 진훤대왕』(주류성, 2015.5, 676쪽)

『후삼국시대 전쟁연구』(주류성, 2015.6, 492쪽)

1998년에 출간한 『진훤이라 불러다오』(푸른역사)의 증보판이다. 그간의 연구 업적이 온축되었기에 그러한 성과를 배경으로 집필하였다. 특히 『고려사』 박수경전에 등장하는 발성 전투의 발성을, 개경 왕궁을 이루는 발어참성으로 밝힌 성과가 수록되었다.

『후삼국시대 전쟁 연구』(주류성)는 '2013년도 교원 학술연구지원 사업'의 일환으로 착수하였고, 대학원생 2명과 현장 작업한 결과물이다. 당초에는 프로젝트에 응할 생각이 없었지만 대학원생들 지원 사업이었기에 신청하였다. 지급받을 경비는 당초 학생들의 2배였지만 학생들과 동일한 금액으로 조정을 하게 했다. 납기일에 맞춰 6월 30일에 간행한 후자는 9월 1일부로 2쇄를 간행했다. 이때 수령한 인세도 학생 1명과 반분하였다. 본 연구 지원에 힘입어 한반도 남부 지역에 소재한 후삼국 관련 유적은 모두 답사할 수 있었다.

『**新羅·加羅史研究**』(서경문화사, 2017.2, 360쪽)

2016년까지의 신라와 가라(가야)사 연구 성과를 모두 수록하였다.

『**백제 도성 연구**』(서경문화사, 2018.6, 340쪽)

나의 이태까지의 백제 도성 연구의 결정판이다. 본서의 출간으로 몹시 불편해 한 사람들이 많았다는 후일담을 듣고서는 출간을 잘했다는 생각을 가졌다. 긴 말할 것도 없이 이로써 본서 출간 의미는 살아난 것이다.

『**삼국통일 어떻게 이루어졌나**』(학연문화사, 2018.7, 608쪽)

신라의 삼국통일이 지닌 의미를 집중적으로 분석했고, 최종적으로 디아스포라에 이르기까지 그 의미를 탐색했다. 사실 동아시아의 거대한 디아스포라 유발에 대해서는 삼국통일이 지닌 문명사적인 의미가 보태진다. 본서 출간으로 역시 불편해 하는 자의 하수인이 날뛰었던 것으로 들었지만 상대할 값어치도 없었다.

『가야는 철의 왕국인가 ―가야·신라·백제의 鐵』(학연문화사, 2019.4, 208쪽)

가야의 철이 아니라 진한 곧 신라의 철임을 입증한는 너무나 분명한 사실이었지만 번번이 논문 심사에서 탈락하였다. 저간의 사정을 말하자 절친한 후배는 차라리 저서로 출간할 것을 권유했다. 물론 간신히 본 논문은 게재가 결정되었지만, 논지를 제대로 알려야겠다고 판단해 저서로 출간하였다.

일본 고대사를 바꾸는 내용이었기에 관련 논문을 일어로 번역하였다. 도쿄대학에서 박사학위를 취득한 이부용 박사에게 감수까지 받아 번역문의 격조를 높였다. 가야하면 철의 왕국으로 생각하는 관념이 박혀 있다. 그러나 이는 전적으로『삼국지』동이전 한 조의 관련 구절을 엉뚱하게 배정한 분의 오류를 답습한 결과였다. 변한의 철이 아니라 진한의 철이었고, 신라의 철鐵로 이어진 것이다. 고대 일본이 한반도 남부의 가야에 거점을 설치한 근거로서 가야의 철을 운위한다. 그러나 가야의 철이 아니라 신라의 철이었다. 따라서 그간 구축한 일본 고대사상의 전면적인 개편이 불가피해졌다. 작지만 파장과 파급 효과가 지대한 저서였다.

『분석 고대한국사』(18.8x26.3㎝)(학연문화사, 2019.12, 982쪽)

분량이 엄청 많고 판형도 큰 속칭 벽돌책이었다. 연구년을 맞이해 전력투구하고자 한 야심작으로 목표했다. 그러나 안식년이라 불리었던 연구년이 무색할 정도로 일거리가 많았다. 차라리 외국에 나가 있었으면 몰입하였을 수 있었다. 게다가 분량이 어마어마하였다. 과거에도 없었고, 앞으로도 이만한 분량의 저서는 나오지 않을 것이다. 학교로부터 지원받은 연구 과제였다. 물론 박사과정 수료생을 경제적으로 지원할 목적으로 신청했던 것이다. 단순 작업인 색인과 참고문헌에 이르기까지 오로지 내 혼자 모두 처리하였다. 2020년 2월에 박사학위를 취득할 제자는 아마 내게 깊이 감사하지 않았을까? 싶다. 혼자서 그 방대한 원고와 사투를 벌였다. 분량에 치여 내 스스로도 원고를 읽을 수 없었다.

내용은 기존 견해를 종합 정리한 게 아니었다. 내가 보는 한국사였기에, 속된 표현을 빈다면 경천동지할 내용이 넘친다. 그간 내가 집필했던 논저와 인식을 근거와 바탕으로 새로운 파라다임을 제시했다. 그러나 분주하지 않았다면 좀더 세련된 문장과 보다 설득력 있는 논지 전개를 펼쳤을 터인데 하는 아쉬움이 따른다.

저서가 완성되어 가는 11월에 도쿄박물관 쇼소인전에 다녀온 것도 순전히 의무감이었다. 망설이다가 전시 마감이 다가오자 용단을 내려 하네다로 날아갔다. 의자왕이 후지와라노 가마타리에게 선물한 아주 작은 상아 바둑돌 2개를 보기 위해서였다. 그리고 폐쇄된 공간에서 2회에 걸친 국가 자격시험 출제를 비롯해 저서 집필과 교정을 방해한 요인들이 많았다. 마음이 약해서 부탁을 끊지 못했다. 연구년을 모질게 활용하지 못했다는 아쉬움이 따른다.

『무녕왕과 무령왕릉』(학연문화사, 2020.6, 305쪽)

2021년은 무령왕릉 발굴 50주년이기에, 그에 앞서 구상하고 준비한 저서였다. 문화재관리국장을 역임하고 훗날 본교 석좌교수가 된 정기영 교수님의 무령왕릉 발굴 전후 사정 등 알려지지 않은 사실을 비롯하여, 무령왕릉 관련 금석문을 새로 해석했다. 왕비가 착용한 것으로 믿었던 은제팔찌는 내구경內口徑이 5.2㎝ 밖에 되지 않아 부장용임과 더불어, 관련 명문도 새로 해석했다. 그 밖에 금석문 자료를 새롭게 해석하였고, 지금까지 무령왕에 대한 개인적인 연구 성과를 모두 쏟아 넣었다.

『새롭게 해석한 광개토왕릉비문』(서경문화사, 2020.7, 248쪽)

「광개토왕릉비문」 이론서의 결정판이지 않나 싶다. 본서 머리말에 적혀 있듯이 과거의 「광개토왕릉비문」 해석을 뒤엎고 새로운 파라다임을 제시했다. 그간 「광개토왕릉비문」을 통해 운위해 왔던 천하관과 같은 지극히 추상적이고 식상한 개념에서 벗어나고자 하였다. 「광개토왕릉비문」에 등장하는 '관官'과 '관군官軍', 이에 대척되는 '잔殘'·'적賊'의 무리와 모반을 뜻하는 '불궤不軌'에 대한 정당한 응징을 가리키는, 관적질서官的秩序 용어를 새롭게 탄생시켰다.

종전에 영락 9년 조의 '숙신토곡肅愼土谷'으로 판독했던 구절 가운데 '숙'이 아니고 '백帛'임을 밝혔다. 당대唐代 명필 유공권의 필적에서 찾았다. '백신토곡'으로 밝혀짐에 따라 고구려의 무단강유역 진출 운운은 효력을 마쳤다.

『고구려 도성과 왕릉』(학연문화사, 2020.8, 384쪽)

2019년 연구년 과제였다. 본서에서는 기존 설을 압도하고 전복시킨 놀랄만한 내용이 많다. 대부분 그간 등재지에 수록했던 논문들을 재편한 것이지만, 기존 통념을 거의 무너뜨렸다. 황해도 신원군 장수산성의 한성에 대한 교군설僑郡說을 비롯해 경신리 1호분(한왕묘)을 장수왕의 아들이자 문자명왕 아버지인 조다助多의 능묘로 비정했다. 그 밖에 영류왕릉을 영류산이 소재한 평양 용성 구역으로 새롭게 비정하였다.

『백제 계산 공주 이야기』(서경문화사, 2020.12, 127쪽)

당초 논문에서 출발한 본서는 출간에 아주 애를 먹었다. 고전문학과 고대사하는 이들도 계산 공주 이야기를 모르고 있었다. 부끄러운 줄 알아야 할 것이다. 그럼에도 이 아무개의 개인 견해라며 엉뚱하게 학설로 둔갑시켜 매도하는 이도 있었다. 자료를 활용하기보다는 재뿌리거나 차려놓은 밥상에 숟가락 올려놓는 일은 쉽다.

본서는 일제 때 무라야마 지준이 채록한, 무예가 출중한 의자왕의 미녀 공주 이야기를 적극 활용하라는 취지였다. 뮤지컬이나 애니메이션을 비롯해 활용 가능성이 몹시 풍부한 소재였다. 부여군에 주는 나의 작은 선물이었다. 그렇지만 관심들은 없는 듯하다. 다만 백제문화제 재단의 신광섭 대표만은 이 소재의 가치를 알고 적극 활용하는 방안을 모색하였다. 금년 백제 문화제 개막식과 폐막식 때 공주가 화려하게 선을 보이게 될 것이다.

책을 읽지 않는 풍조가 만연한 관계로 발생한 출판사의 고전苦戰은 저자의 경제적 부담을 가중시켰다. 세상이 많이 변했다. 본교 출판부에서 교수들 연구서를 간행한다면 이런 일은 없었을 것이다.

『한국고대사 최대 쟁점, 백제요서경략』(서경문화사, 2021.7, 210쪽)

학계의 쟁점인 '백제 요서경략'에 대한 최종 정리였다. 그간의 연구

성과에 대한 검증을 하였고, 또 대안을 제시했다. 내용을 알지도 못하는 자들이 설익은 지식으로 설치는 일이 빈번한 주제였다. 내 능력과 수준에서 최선을 다했으니 관련 연구의 최종판이다.

『백제사 신연구』(학연문화사, 2022.2, 572쪽)

『후백제사 연구』(학연문화사, 2022.2, 541쪽)

『삼국유사』 표기대로 한다면 전백제와 후백제를 아우른 '전·후백제사' 연구서이다. 2010년과 2015년 이후에 집필한 '전·후백제사' 논문을 집성하였다.

7. 토론 문화 유감

1984년 5월에 한국사연구회 월례 발표회에서 공개 발표한 이래 40년 간 숱한 발표와 토론에 참석했다. 나는 1988년 6월 충북대학교에서 1시간 발표에 3시간 토론, 도합 4시간을 하였다. 백제 국가 기원에 관한 논문이었다. 공동연구였는데 그 전까지는 학술 발표회에서 2명이 각각 발표하였다. 그러나 나의 경우는 혼자 발표였고, 도합 4시간을 겪었다. 이런 경우는 전무후무할 것으로 보인다. 이것은 분명한 하나의 팩트였다. 그럼에도 내 앞에서 거짓말을 하는 자를 보았다. 2명이 발표했고, 발표 토론 시간이 1시간에 불과했다는 것이다. 사실 그 말을 듣고 당사자가 버젓이 살아 있는데, 그것도 면전에서 저런 샛빨간 거짓말을 눈 하나 깜박하지 않는 데에 놀랐다. 무섭다는 생각이 들었다. 순간 "패거리를 지으면 호랑이도 잡을 수 있고, 10명의 사내가 작당하면 쇠공이도 휘게 만들 수 있다"는 속담이 떠 올랐다.

내가 토론자로 나오면 토론 시간을 2분! 30초!하며 채근하는 이가 있었다. 한번은 서울 고궁박물관에서 학술대회가 있었다. 오전 수업을 마치고 급히 상경하였다. 박물관에 들어가자 마자 맞닥뜨린 자가 시비를 걸었다. "발표문보다 더 긴 토론문이 어디 있어요!" 그는 역사 전공도 아닌 타 분야 사람이었다. 망종이었기에 들은 척도 하지 않고 입실했다. 복도에서 주관한 교수를 만났다. 그는 발표자인 모 교수가 떨고 있다고 전해주었다. 직후에 발표자를 만났다. 그가 내게 한 말은 남길 수가 없다.

그날 토론회에서도 사회를 본 이는 '이 선생 30초 안에!'라고 마치 심판관이 호루라기 불 듯이 외쳤다. 토론문은 무척 상세하여 발표문보다 길었다. 나는 "30초 토론하려면 토론문을 대독하게 하면 되지, 내가 부여에서 시간들여 급히 올라올 필요가 있었겠냐"고 쏘아 붙였다. 그는 유독 내 입만 막으려고 부산했다. 내가 1988년에 발표할 때는 장장 3시간의 토론 시간을 부여한 자였다. 그러나 내가 토론자일 때는 시간을 촌음처럼 인색하게 배당하고는 했다. 이런 요식 행위에 불과한 토론이 무슨 의미가 있을까 싶었다. 그날 입구에서 망종이 길다고 소리 지른 토론문은 곧바로 논문으로 전환되어 학술지에 게재되었다.

종합토론 사회자를 언젠부터인가 좌장이라는 이름으로 불렀다. 마치 큰 권력자라도 된 듯이 행세하는 자들이 나왔다. 자신의 허락받지 않고는 발언하지 말라고 호통 치는 것까지는 그런대로 넘어갈 수 있다. 성실하게 토론문을 작성한 토론자를 "면서기처럼 깨알같이 썼다"며 면박을 주었다. 상찬받아야 할 토론자를 조롱하는 것이다. 어떻게 이런 자들이 권력자처럼 좌장 행세를 하는지? 소위 좌장의 갑질이 문제인 경우를 숱하게 겪어 보았다. 토론자가 갑이 되는 상황은 일반적인 경우이다. 그랬기에 발표자가 토론자에게 "슬슬해 주십시오. 이 선생님이 토론자로 나오면 모두 떱니다"고 사정하기도 한다. 단하에 포진하고 있는 자신의 제자들 앞에서 스타일 구기고 싶지 않아서 간청한 것이다.

함량미달 발표자의 토론자로 밀어 넣는 바람에 어쩔 수 없이 맡게 된 경우도 있었다. 학술회의 전날까지 겪은 일은 너무 저질스럽고 추잡스러워서 옮길 수도 없다. 적반하장이라는 말이 왜 나왔는지 실감이 났다. 하여간 처음 접한 일이었다. 당일에 사회자는 마치 용호상박을 기대했던 것 같다. 그러나 토론자의 질문이 속사포처럼 쏟아지더니 5분이 채 되지 않아 발표자가 백기를 들었다. "이도학 선생님의 견해를 모두 수용하겠습니다!" 그럼에 따라 토론 시간이 너무 남아 도는 초유의 사태가 빚어졌다. 시간이 부족해서 항시 예정 시간보다 길어졌던 일상과는 정반대였다. 『삼국연의』에서처럼 3합만에 적장의 목을 댕겅 벤 상황이 발생했다. 사회자가 자신과 친한 발표자를 과대 평가했고, 토론자를 얕잡아 본 결과였다. 발표자의 논문은 해당 학회지에 게재되지도 못했다.

몇 년 전에는 일본인 교수 토론자가 되었기에 그의 발표문을 받아 금새 토론문을 작성해 보내주었다. 주관하는 곳에서도 놀랐다. 발표문이 늦었음에도 신속하게, 그것도 장문의 토론문을 작성했으니 책자에 수록하지 않을 수 없었다. 지적 사항이 너무 많다 보니까 책임자가 실무자에게 화를 냈다는 것이다. "누가 이런 사람을 추천했냐?"고 말이다. 그러나 일본인 교수는 우리 말도 하는 등 자주 한국에 초청받은 인사였지만 공부를 너무하지 않고 있었다. 오류가 너무 많아서 지적 사항이 넘쳤다. 정년이 임박한 그가 타성에 젖어 있는데다가 그간 과대 평가받았던 것이다. 서구인이 한국학이나 한국사를 연구한다면 은연 중 얕잡아 보는 경향이 있다. 반면 일본인이 한국사를 연구한다면 점수를 따고 들어가는 이상한 편견이 보인다.

이 밖에도 유쾌하지 않은 일들이 많았다. 급하니까 당대의 최고라는 고고학 교수도 "이 선생님의 교시에 따라" 운운하였다. 그가 무안할까 대응하지 않았지만, 마음 속으로는 "나는 당신에게 교시를 내린 적이 없어!"였다. 한국상고사학회 간사로 있었던 동료 교수에게 들은 바에 따르면, 아주 오래 전에 최몽룡 회장이 어떤 교수를 발표자로 하고 나를 토론자로 정하려고 했다고 한다. 그러자 해당 교수는 "그러면 않하겠다"고 해 무산된 후일담을 들려 주었다. 물론 그 교수는 상투적으로 사용하는 "무서워서 피하는 게 아니고…"하며 자기 합리화 최면을 걸겠지만 속내는 모를 바가 아니다.

작년(2021년)에는 지역에서 개최하는 세미나가 있었다. 발표자인 내게 토론자를 섭외해 달라는 연락을 받았다. 어떤 교수에게 취지를 설명했다. 일반 학술대회와는 달리 홍보 차원이니 치열한 일은 없을 것이라고 전제한 후 토론을 맡아 달라고 했다. 그러자 교수는 흔쾌히 "맡겠다"고 한 후 "그런데 발표자는 누구입니까?"라고 물었다. "제가 발표합니다"라고 답하는 순간, "그러면 안 하겠습니다!"고 했다. 토론자를 다시 구해야 하였다.

어떤 교수는 학문 연구를 마치 복싱처럼 여겨 상대방을 KO시키려고만 하는 이가 있다고 했다. 이것은 나를 빗대서 한 말이 분명했다. 어떻게 비치거나 호도하든 모두 발표자들에게 도움이 되는 토론이었다고 확신한다. 1997년에 발표한 어떤 이의 논문에서 무려 25개의 오류를 지적했고, 그것을 수용해서 깔끔한 논문으로 재탄생하게 해주었다. "좋은 게 좋다"는 게 반듯한 학자적 처신은 아닐 것이다. 또 그것이 동학으로서의 사랑은 전혀 아니라고 본다. 금년에는 전혀 엉뚱하게 사료를 해석했지만 이제껏 시정되지 않은 어느 여류 고고학도 논문의 오류를 마침 관련 논문을 집필하면서 지적한 바 있다. 누구도 그처럼 명백한 오류를 지적하지 않았다는 게 경이롭기까지 했다.[11]

며칠 전(2009년 11월 6일 기준) 자정에 모 대학의 박물관장이 전화를 해 왔다. "선배님! 아무개와 또 아무개를 이제는 그만 패십시오. 선배님은 학계에서 최강자입니다. 선배님에게 대적할 수 있는 사람은 아무도 없습니다. 그러니 이제는 좀 관대해 지십시오. 선배님은 바보처럼 행동해도 권위가 유지됩니다"며 읍소했다. 직감적으로 누군가 사주했구나 싶었다. 그러고 보니 몇 해 전 서울의 모 교수가 전화를 해 통사정하던 일이 상기되었다. "이제는 아무개 선생을 그만 좀 비판하십시오. 그 선생을 비판할수록 오히려 이 선생님의 권위가 떨어집니다!" 국립대 교수인 후자의 '아무개 선생'에 대해서는 비판을 중지했다. 더 이상 비판할 값어치가 없어서였다. 게다가 그에 대한 애정이 사라졌기 때문이었다.[12]

토론에 대해서는 할 말이 많다. 그러나 자칫 사적 에피소드로 흐르는 것 같아 이만 줄인다. 다만 이성적인 지적을 고맙게 여기지 않는 사람들이나 떼거리 쓰는 사회에는 희망을 열기 어렵다. "적국과 우환이 없으면 나라는 망한다"는 말이 있다. 연구자 개인은 물론이고 한국 사학의 발전을 위해 적당한 학문적 긴장은 필요한 게 아닐까?

마지막으로 사족을 하나 더 달아 본다. 2020년과 2021년에는 '전북가야'와 후백제 건으로 전라북도에서 논문 발표할 일이 잦았다. 그런데 2021년 11월 5일 남원에서의 학술대회는 미증유의 사건이었다. 성난 청중들이 학술대회 전부터 소란을 피웠고, 모 교수가 발표할 때마다 야유를

11) 이도학, 「학문적 긴장에 관한 잡상(雜想)」「한국전통문화학보」 54, 2008.12.24.
12) 이도학, 「목포의 추억」「한국전통문화학보」 59, 2009.11.6.

퍼 부었다. 지리산 소극장 안에 경찰이 3명이나 진입하는 상황이 빚어졌다. 학계에 데뷔한 이래 37년만에 처음 접한 해괴한 일이었다.

그해 12월 20일에 국립 전주박물관에서 학술대회가 있어서 논문을 발표했다. 이때도 박물관에 진입하는데 군중 가운데 일부가 나의 소재를 묻기에 "내가 이도학이다"고 말해 주었다. 그리고 입장했다. 49명까지만 대강당에 입장시켰기에 입장하지 못한 이들은 진입하려고 완력을 사용했다. 송화섭 교수가 "오늘 이도학 교수, 조심해야 할 것 같다"고 말했다. 내가 타깃임을 알았지만 개의치 않았다. 당시 발표장에 있던 어떤 교수는 "시원 시원해서 좋네요. 핵심만 짚어서 말씀하시니까 이해가 잘 되네요"라며, 연신 감탄하였다. 꼼짝 못하게 논지를 더욱 보강했던 것이다. 그런데 대회 마치고 나가는데 그들이 출구를 막았다. 소란 속에 모 지역 학예사는 뺨까지 맞았다. 나중에 나의 존재를 발견한 자者가 내가 이곳에 있다고 환호했지만, 내 몸에 손끝하나 대지 못했다. 유유히 밖으로 나왔더니 우리 일행들이 걱정하며 기다리고 있었다.

그런데 이것이 끝이 아니었다. 다음 날 장수군 봉화산성 현장 지도위원회에 참석한 후 상경하는데 조교로부터 연락이 왔다. 이 건으로 생애 처음으로 내 이름이 북소리를 타며 울려퍼졌다. 이성의 마비가 가져온 광란의 사건들이었다.

논문 발표할 때 주최측으로부터 높은 평가를 받는 경우가 있다. 국립고궁박물관에서 기조강연을 했을 때와 부산에서 국제학술대회에서였다. 모두들 엄지손가락를 보이면서 나 때문에 대회가 성공했다고 추어주었다. 전자는 한국 고대문화는 중국 문화 일변도가 아니라는 데 맞추어졌다. 쉽게 말해 조선 후기의 인식을 소급 적용해서는 안된다는 취지였다. 후자는 백제와 인도와의 교류에 대해 물증까지 제기하였다. 주최측과 청중들이 아주 흡족해 하였다. 말에 힘이 있어서 사람을 아주 혹하게 하여 "맞는 이야기"처럼 들리더라고 부산에서 어떤 연구자가 회식 때 말했다. 그러나 확신에 찬 진정성의 힘을 느꼈다고 말했어야 옳지 않았을까? 기분 전환 겸 밝은 소재로 전환해 보았다.

8. 답사에 대한 단상

나는 대학 때부터 현장 답사를 부지런히 다녔다. 무리 짓기보다는 혼자 다니는 경우가 많았다. 혼자 다닌 이유로서는 내게는 필요한 현장이지만 동행한 이에게는 고역일 수 있고, 때로는 상대를 이용한다는 생각이 들어서였다. 물론 의기투합해 동행했다면 훈훈한 이야기 거리가 된다. 가령 대학 때 동아리 후배가 나를 따라 화성 향기실 토성과 당성 답사에 따라 왔었다. 그는 집에서 가져온 족보를 펼치면서 당에서 건너 온 선조들이 상륙했다는 현장을 감회 깊게 밟았다. 남양 홍씨에는 두 종류가 있다고 소개한 당홍계 홍성로였다.

그런데 살아 오면서 본인 스스로는 결정도 못하고 아무 일도 처리 못하는 이들을 목격했다. 무리 속에 섞여야만 안심하는 이도 있었다. 남의 결정을 맹종하는 일을 현명한 처신으로 여기는 자도 보았다. 주로 혼자 다닌 고독한 답사 이야기를 하다보니까 불현 듯 상기되었다.

대학시절 나는 종로의 당시 서울예식장 건너편 중앙지도사에서 5만분의 1지도를 한 장 한 장 구입하였다. 물론 주민등록증까지 제시해야만 구입 가능한 지도였다. 5만분의 1지도는, 큰 지도지만 접는 요령을 알게 되면 손바닥 크기만하게 만들어 휴대하고 다닐 수 있었다. 삼국 가운데 백제, 특히 한성백제 유적은 서울에서 쉽게 접근할 수 있는 곳이었다. 나는 당시 광주군 서부면이 들어 있는 지도를 구입한 후에 도상 훈련을 많이 하였다. 유적이 있는 지역에다가 표시를 하고는 했다. 황순원의 중편 '일월'의 첫머리에 등장하는 춘궁동 석탑은 물론이고, 하사창리를 비롯해서 뭔가 감이 당기는 곳은 표시를 하였고, 관련 논문을 들추어 보고는 하였다.

꽃이 만개한 봄날 서울역 근처 역마차 다방에서 만난 친구들과 당시 광주군 춘궁리를 찾았다. 교통편도 불편해 천호동에서 시외 버스로 바꿔 타고 갔다. 첫 답사지로 일본인 학자 이마니시 류가 이미 조사한 바 있던 이성산성에 올랐다. 산성 밑에는 당시 군 부대가 있었고, 헬기도 보였다. 고골을 비롯해서 마애약사여래상 등 꽤 많은 유적을 찾아 다녔다.

학생시절 나는 혼자 답사를 다닌 적이 대부분이었다. 이성산성은 그 후에도 몇 차례 더 올라 갔다. 그런데 이러한 답사를 하면서 항시 걱정되는 대상은 뱀이었다. 혼자 산에 올랐다가 뱀에게 물리게 되면 모든 희망이 사라진다고 생각되니까 여간 신경 쓰이는 게 아니었다. 훗날 이성산성을 발굴했던 한양대 사람들에게 들어 보니까 산성 안에는 뱀이 그렇게도 많았다고 한다. 그 말을 들을 때 겁 없이 쏘다녔던 지난 날이 앗찔하게만 느껴졌다. 그 뒤 이성산성은 한양대학교에서 오랜 기간에 걸쳐 발굴했다. 그런데 이성산성을 처음 축조한 국가에 대해서는 논의가 분분했다. 또 그로 인한 에피소드가 실로 많았다. 책 한 권이 나올 수 있는 이야기

거리가 아닐까 싶다. 도미설화 학술대회 건으로 문화원을 방문했을 때 처음으로 곁에 소재한 하남시역사박물관에 들렀었다. 그런데 이성산성 코너에는 산성을 처음 축조한 국가에 대한 언급이 없었다. 식지 않은 논란을 반증해 주었다.[13)]

2009년 10월 말에 도미설화 학술대회 차 하남시에 들렀을 때 '방아다리' 지명이 눈에 띄었다. 바로 학생 시절 5만분의 1지도에서 자주 접했던 반가운 지명이었다.[14)] 기왕에 정리한 바 있는 다음 이야기도 소개한다. [수업 시간 중에 나는 학생들에게 부모님께 말씀드려서 넉넉히 돈을 받아 좋은 카메라를 소지하라고 한다. 학생시절의 빼저린 기억을 되풀이하지 말라는 당부의 뜻이 담긴 것이다. 그러고 보니 내가 대학 다닐 때 경주로 답사를 간 적이 있었다. 하룻밤 묵은 다음 날 아침에 선배가 선친과 동료 교사 한 분을 모시고 왔다. 고교 교사였던 선친은 경주로 수학여행단을 인솔하고 왔는데, 내가 묵은 여관을 찾아 왔던 것이다. 근처 다방에 가서 찬 한 잔을 마신 후 선친이 내게 지전 2장을 주었다. 그 중 한 장은 돌려드렸다. 5천 원 한 장은 당시 나의 한달 용돈에 해당하는 거금(?)이었다. 나는 종로서적에서 그 돈으로 민두기 교수가 지은 『일본의 역사』(지식산업사)와 『일본어사전』을 구입했다. 모두 합해서 4천 3백 원이었다. 그러고도 7백 원이 남았다. 지금 생각하면 선친은 내가 돌려 준 그 돈을 술값으로 흔적도 없이 버렸을 것이다. 차라리 그때 그 돈을 사양하지 않고 받았더라면 요긴하게 쓰였을터인데 하는 후회감이 일 때도 있었다.][15)] 이어서 대학 때의 다음과 같은 답사 소회도 소개해 본다.

---

13) 이도학, 「한성백제 유적 답사에 대한 회상」 『위례문화』 11·12합집, 하남문화원, 2009, 119쪽.
14) 이도학, 「한성백제 유적 답사에 대한 회상」 『위례문화』 11·12합집, 하남문화원, 2009, 119쪽.
15) 이도학, 「한성백제 유적 답사에 대한 회상」 『위례문화』 11·12합집, 하남문화원, 2009, 118쪽.

[필자는 성환역 부근 차선線路 동東편에 삼국시대 이전의 고분으로 추정되는 큰 토총土塚 1개가 있는 것을 보았다 차중車中에서 바라보기만 하고 실지답사는 하지 못하였지만 지금도 원형原形을 보존해 있으리라고 믿는다. 금후今後 조사調査의 대상인 되어야 할 것이다." 이것은 두계 이병도 선생의 글이다. 나는 대학시절 완행열차를 이용한 '2천 원짜리 답사'를 하면서 겨울방학 때 성환역에서 차창 밖을 유심히 훑었던 기억이 난다. 눈이 쌓여 있던 그 날 나는 큰 길을 따라 가다가 길가에 소재한 성환의 봉선홍경사 비갈碑碣을 접한 적이 있었다. 또 걸어서 직산의 사산성에 올랐었다. 나 홀로 답사였던 것이다. 그때 생각에 내가 조금 일찍 태어났더라면 원형을 보전하고 있을 숱한 유적을 더 많이 접할 수 있었을터인데 라는 아쉬움이 있었다. 그리고 모두에서 언급했지만 성능 좋은 카메라를 보유하지 못했다는 또 다른 아쉬움도 따르고는 했다. 그러니 나이 들기 전에 열정을 가지고 열심이 발로 뛰는 연구가 아직도 유효하다는 생각이 든다. 지난 날의 추억과 교차하면서 두서 없는 글을 적어 보았다.][16] 다음은 특정 1년을 뽑아 예시로 공적인 답사만 소개하였다.

2013년

학교 답사 : 총 12건/ 총 25일

4.11~13. 동해안 문화권(한국고대사 수업/ 강원도 고성~울산)
4.26~28. 후삼국시대 전쟁유적(대학원 과제/ 상주와 문경, 의성)
5.2~4. 문화유적학과 전체 답사(경기도 연천, 강화도, 양주 등)
5.8. 충주 일원 답사(금석문 수업 답사)

---

16) 이도학.「한성백제 유적 답사에 대한 회상」『위례문화』11·12합집, 하남문화원, 2009, 122쪽.

6.21~22.	후삼국시대 전쟁유적(대학원 과제/ 원주)
7.28~29.	후삼국시대 전쟁유적(대학원 과제/ 순천, 여수, 당진)
8.7~8.	후삼국시대 전쟁유적(대학원 과제/ 진도, 무안, 장성, 나주, 광주)
9.13~14.	사벌국과 조문국(동이전 강독 수업/ 상주, 의성)
10.18.	후삼국시대 전쟁유적(대학원 과제/ 안성)
10.31~11.2.	문화유적학과 전체 답사(경상남도 통영, 진주, 거제, 부산)
11.7~8.	『일본서기』 신공神功 49년 조를 따라 (삼국시대와 고고학 수업/ 전라남도 강진, 해남, 장흥)
11.29.	후삼국시대 전쟁유적(대학원 과제/ 금산, 논산)

해외 출장 :

8.19~24.	중국 항저우杭州
12.1~5.	일본 후쿠오카福岡~오사카大阪

위의 학교 답사 중 4월 11일 답사는 새벽 5시에 출발했다. 38선 이북 고성 건봉사 입구에 도착하니 9시 4분이었다. 2박 3일간 동해안을 따라 울산까지 내려온 답사였다. 그 밖에 울릉도 답사 등 추억거리는 많다. 의성의 금성산성 답사는 읍내에 도착하자 김밥을 구입해 배낭 두 곳에 넣고 학생들과 올랐다. 산정에서 점심을 들었다. 산성 답사가 용이하게끔 구름다리 등 여러 안전 시설이 갖추어져 있었다. 금성산성은 내가 1988년 4월에 양복에 구두 신고 올라간 바 있다. 대구에 강의 나왔을 때였다. 남학생들이 병영집체 훈련에 입소하는 바람에 휴강이 되었다. 곧바로 영천을 경유해 의성에 들어왔지만 어두워졌다. 여인숙에서 하룻밤 묵은 후 아침에 올랐다. 구두를 신었기에 등산하는데 산길이 미끄러웠을 뿐 아니라 유독 경사가 급해 애를 먹었던 기억이 난다. 그로부터 25년 후에는 비

교되지 않을 정도로 등산 관련 편의시설이 갖추어져 있었다. 학생들과 금성산성 답사 후 조문국 박물관을 방문했다. 박물관에서 금성산이 보였다. 박물관 사람들은 우리가 산성에 올랐다가 내려왔다는 말을 듣고는 존경스러운 표정으로 덕담을 했다.

강의 후 답사한 경우로는 강화도 답사가 있다. 금요일 강의 후 신촌 터미널을 이용해 강화도에 들어와 여인숙에 투숙한 후 다음 날 오전에는 문화원에 들러 책을 잔뜩 얻은 후 마리산에 올랐다. 그때 참성단까지 올랐다가 하산하는 국사편찬위원회의 김영미 선생(이화여대 사학과 교수) 일행을 만났었다. 그때도 양복에 구두 신고 책가방까지 무거웠다. 이것들만 없다면 날라서 참성단까지 오를 수 있는데 라는 생각이 거푸 들었다.

청명한 가을날 개성의 현화사비와 현화사탑을 공무출장으로 두번이나 탐방한 일은 추억으로 남아있다. 고려 현종의 양친에 대한 애틋한 마음이 깃들여 있는데, 특히 어머니인 헌정왕후는 대문을 넘지 못하고 버들가지를 움켜쥔 채 해산하고는 죽었다. 숙질 간의 사랑이었다. 나는 수업 시간에 이 대목을 설명하다가 울컥할 때가 많았다. 꼭 보고 싶었던 비석을 만났으니 행복감은 무엇에 비길 수 있을까?

9. 방송 출연

나는 지난 세기부터 KBS 1TV 역사스페셜 인터뷰에 자주 등장했다. 그 이유를 조이옥 교수가 물어 본 적이 있었다. 그러나 KBS에 지인이 있는 것은 아니었다. 신설이 많았기에 내 논문을 토대로 구성한 프로가 적지 않아서였다. 일례로 '당교 소정방 피살설'이 대표적이다. 이 뿐만 아니라 수년 동안 SBS 라디오의 고정 프로에 매주 출연하였다. 1999년에는 훗날 국회의원이 된 전여옥 의원 프로에 매주 고정 출연한 바 있다. 20세기에 발생한 역사적 사건에 관한 주제였다. 스페인 내전, 모택동의 대장정 등을 격동적으로 설명한 바 있다. 다음은 2개 연도의 방송 출연만 뽑아 보았다.

2008년

KBS 9시 뉴스, 대전총국, 「왕흥사지 사리기 국제학술회의」 단독 인터뷰, 1월 29일

KBS 1TV 「한국사 전―미스터리 추적, 백제왕 창 제1편」 4월 12일

KBS 1TV 「한국사 전―미스터리 추적, 백제왕 창 제2편」 4월 19일

OBS 「최진실의 진실과 구라」 3월 28일(제2회)

KBS 1TV, 「역사야 놀자, 후백제 대왕 견훤」 4월 7일

충청방송 TV, 「이진삼 당선자에게 바란다」 4월 22일

일본 TV, 4월 22일 「인터뷰(부여 군청)」

KBS 대전총국, 「이영애의 이슈와 현장(생방송)」 10월 2일

KBS 1TV 「한국사 전, 성왕 관련 편」 10월 4일

KBS 1TV, 9시뉴스, 대전총국, 뉴스 말미, 「위덕왕 코멘트」 10월 7일

KBS 1TV, 9시뉴스, 대전총국, 뉴스 말미, 「무녕왕 코멘트」 10월 9일

KBS 1TV, 9시뉴스, 대전총국, 뉴스 말미, 「의자왕 코멘트」 10월 10일

KBS 대전총국, 특별기획 「이도학 교수의 글로벌 백제」 10월 12일

K-TV, 「지역愛발견, 제10회 부여군편」 11월 3일

KBS 1TV, 역사추적, 「왜 흉노의 후예라고 밝혔나?」 11월 29일

KBS 1TV, 역사추적, 「신라 해적, 왜 대마도를 침공했나」 12월 13일

KBS 1TV, 역사추적, 「1300년만에 밝혀진 의자왕 항복의 비밀」 12월 20일

KBS 1TV, 역사추적, 「광개토대왕 청동그릇이 경주에 묻힌 까닭은」 11월 28일

2015년

YTN 사이언스 TV 「'한국사 探' 백제 유적 편」 2월 4일

KBS전주 TV 「생방송 심층토론, 백제 왕도 기회냐 위기냐」 4월 15일

KBS 1TV 「2015 제7차 세계물포럼 무엇을 남겼나」 출연 해설, 4월 19일

MBC대전 TV, KBS대전, TJB, 「청산성 발굴 성과」 6월 11일

KBS 1TV, 「역사저널 그날(백제세계유산 등재)」 7월 5일
KBS대전 1라디오, 세계문화유산 등재 관련 프로, 「살아 있는 백제사」 책 소개, 7월 7일
KTV 특집대담, 「백제문화유산, 유네스코 등재」 7월 18일
KBS전주 TV, 「생방송 심층토론, 백제 유적 세계화를 말한다」 7월 15일
MBC충주 TV, 「학술 세미나 관련 적성을 통해 얻게 된 정보」 9월 4일.
KBS 1TV, 「역사저널 그날(근초고왕)」 9월 6일
KBS대전 TV 「불멸의 백제, 세계를 품다」 9월 30일
YTN 사이언스 TV 「'한국사 探' 삼국의 각축장 중원」 9월 16일
KBS 1TV 「불멸의 백제, 세계를 품다」 10월 8일
KBS 1TV, 「역사저널 그날(무왕)」 10월 18일
KBS대전 1라디오,「생생뉴스, 생방송」 12월 28일

나는 지난 세기부터의 잦은 방송 출연과 인터뷰로 인해 인지도가 높았고, 또 학교 홍보에도 기여하였다. 문화재보존과학과의 강대일 교수는 입시 지원한 학생들과 면접 때 "이 아무개가 있는 학교라서 지원했다"는 말을 많이 들었다고 내게 말하고는 했다. 그러고 보면 학교에 대한 기여도가 전혀 없는 것은 아닌 듯하다. 지금은 없어진 KBS 라디오 공주 방송국에서 고정 프로그램을 맡은 적이 있었다. 부여에서 택시를 탔을 때 기사가 목소리만 듣고 알아 보는 것이었다. 모르는 것 같지만 듣는 이들이 있는 방송 위력을 절감했다.

10. 내가 접한 역사가들

근대 이후의 역사가들로서는 몇 분을 언급해 본다. 먼저 민족주의 사학자 단재 신채호 선생을 꼽지 않을 수 없다. 대학 때 동서문화사에서 간행한 동서문고 1호가 『조선상고사』였다. 가격도 저렴하고 휴대하기도 편리하였다. 지안의 산성하 고분군과 장군총을 탐방했을 때였다. 『조선상고사』에서 "김부식의 『삼국사기』를 만독하는 것 보다 낫다!"는 글귀가 생생했다. 금전이 없어서 광개토왕릉비 탁본 가격만 물어보고 선생께서 힘없이 돌아서는 장면은 애잔했다.

대학 때 KBS 2TV에서 방영한 'TV 인물전(단재 신채호)' 재방송 시청을 위해 신촌 큰집에 가서 1박했던 기억이 새롭다. 지붕 위의 수신 안테나 상태가 좋지 않아 큰집 가서 다시 시청하였다. 그리고 대구에 처음 출강했을 때였다. 도서관에서만 읽었던 『단재 신채호전집』 한 질을 형설출판사에서 구입했다. 책의 속지에는 '첫 강사료로 이 책을 구입했다'는 글귀가 남아 있다.

선친이 구입한 서적 중에 부산 동래 출신의 남창 손진태 선생 저작이 여러 권 있어서 일찍부터 접할 수 있었다. 현대 역사가 중에서 최고로 꼽을 수 있는 역량이었다. 일단 고증에 있어서 실수가 없었다. 실증을 표방한 그의 동문과는 많은 비교가 되었다. 특히 골품제와 엮어진 윤회전생 사상의 발견은 탁견이었다. 숙신의 역사를 한국사에 포함시킨 것은 멀리를 내다본 혜안이 아닐 수 없었다.

6.25는 한국 역사학계의 큰 재앙이었다. 남창은 물론이고 서울대학교 교수 학산 이인영과 민세 안재홍과 같은 신민족주의 역사가들의 공백에 따른 학맥과 학풍의 단절을 초래했다. 다만 남창의 학문은 어떤 형태로든 이기백 선생에게 영향을 미친 것은 분명하였다.

그리고 북으로 올라간 박시형 선생을 평가할 수 있다. 사회경제사 연구에 업적이 크지만, 광개토왕릉비문과 발해사 연구의 업적이 돋보였다. 나는 박시형의 경성제국대학 학적부를 본 적이 있다. 문경 읍내 출신이고, 경성제2고보 출신이었다. 그는 일본에서 만난 경성제국대 은사인 쓰에마쓰 야쓰가스末松保和 선생에게 문경 형님에게 전해 달라고 편지를 쥐어 주었다고 한다. 경북대학교 문경현 교수로부터 두어 차례 들은 이야기이다. 그런데 학적부를 읽었던 내 기억에 의하면 박시형은 호주였으므로 친형은 아닌 듯했다.

박시형은 6.25 때 서울대학에 내려왔었다. 그리고 고구려 특별전과 관련해 1980년대 언젠가 일본을 방문하였다. 나의 지인은 유학 중이었는데 그를 만났다고 한다. 헤어질 때 그는 지인의 손을 꼭잡고 "아무개군, 공부 열심히 하라"고 당부했고, 걷다가 다시금 뒤를 돌아 보더라고 했다. 이야기를 듣는 순간 내가 그 현장에 있었어야 하는 것인데 라는 아쉬움이 때렸다. 어디선가 『박시형 전집』을 만들었으면 좋겠다 싶었다.

집의 서가에서 자주 뽑아 다시 읽는 책이 있다. 학보사 주간이었을 때 이 책(민두기, 『한 송이 들꽃과 만날 때』 지식산업사, 1997)을 소개한 적도 있었다. 서울대학교 동양사학과 교수로 재직했던 고故 민두기 교수였다. 나와 전공은 전혀 다르지만 롤 모델 격의 선학이었다. 자신이 좋아하는 음악과 시를 비롯해 주변에 관한 언급도 많이 소개하였다. 상당히 격조 높은 분이라는 인상을 받았다. 그 중 광주서중 선배로서 서울대 문리대 정치학과 학생이었던 윤홍하에 대한 기억은 슬펐다. 6.25 때 인민군 장교가 되어 내려 온 그가 퇴각하면서 민두기 선생 집에 찾아 왔다가 만나지 못하자 그 어머니에게 반드시 전해달라는 말이 있었다. "제몫까지 공부해 달라고 하십시요!" 물론 꿈 많은 청년 윤홍하는 비극적으로 생을 마감했다. 그리고 함흥사범학교를 졸업한 국민학교 은사가 6학년 때 자신의 단칸방에서 개인 교수를 해 주었는데, 그때마다 사모님은 아기를 업고 정지에서 기다렸다고 한다. 그래도 은사는 제자가 서울대 교수가 된 것을 보았으니 얼마나 보람을 느꼈을까 싶었고 또 부러웠다. 다만 민두기 교수 전집이 없는 게 아쉽다. 그 많은 제자들은 어디에 있는지?

나는 마지막으로 중학교 입학시험을 치른 세대이다. 국민학교 4학년 때 담임 선생님(鄭東一)을 전학한 학교에서 다시 만났다. 물론 선생님이 맡은 반은 나와는 학년도 달랐지만 나에 대한 관심이 많으셨다. 선생님은 내가 산수에 약한 것을 알고 댁에서 무료로 개인 교수해 주셨다. 선생님 덕분에 산수는 1문제 밖에 틀리지 않고 합격했다. 이때 선생님께서 빌려주신 교사용 도서에 적힌 고구려 추군과 세군 싸움, 성왕의 전사 때 장면은 뇌리에 남았다. 당시에는 몰랐지만 대학 때 『일본서기』에 수록된 내용임을 알았다. 그런데 선생님은 제자가 교수되는 것을 보지 못하고, 1999

년 7월 고양시 무원초등학교 교장으로 재직 중 순직하셨다. 운구하면서 나는 관이 그렇게 무거운 것을 처음 알았다.

내가 은사에게 한 일이라고는, 사모님 요청을 받아 「은사이신 고 정동일 선생님을 회상함」이라는 글 작성 뿐이었다. 사모님은 어머니에게 연락해서 어떻게 그렇게 잘 기억해서 살렸는지 모르겠다고 하시면서 곁에 두고 자주 읽는다고 하셨다. 은사는 국가유공자가 되셨다.

2020년 6월 장수에서 세미나 후 저녁 식사 때였다. 국교 시절 은사님 아들 결혼식이 있어서 다음 날 오전 세미나에는 참석할 수 없다고 양해를 구하였다. 그러자 곁에 있던 이가 "오늘의 이도학 교수를 만드시 분이군요!"라고 했다. 서울에서도 외곽에 소재한 예식장에 찾아갔을 때 "이 교수님이 땀을 흘리고 오시더라"고 하면서 사모님께서는 두고두고 미안해하시면서 또 고마워하셨다. 막내 아드님인데 선생님의 젊은 시절 모습 그대로였다. 며느님도 미인이었다. 내게는 은인이기도 한 은사가 살아계셨으면 금년 87세였다. 사모님은 큰딸 결혼식에도 축하해 주셨다.

내가 학교의 사학과 교수들 외에 바깥의 학자들을 접하게 된 계기는 1978년 제21회 전국역사학대회였다. 5월 26일과 27일(土) 이틀간 서울대학에서 개최되었다. 분과별 발표가 있는 둘째날 당시 국사편찬위원회에 근무하는 차용걸 선생을 접했다. 차용걸 선생은 오른 팔을 탁자에 괴고 말을 했다. 사택지적비에 대해 도가 사상이 들어 있다고 하는데, 자신이 보기에는 그런 면이 전혀 보이지 않는다고 했다. 학생으로서 당시 느낀 소회는 거만해 보였다. 그리고 지방 거점 국립대학의 어떤 교수는 천정만 바라보고 연신 웅얼거렸는데 "나물왕계가" 어떻고 한 말만 기억났다. 순전히 당시의 가감없는 소회일 뿐이다. 곡해 없기를 바란다.

고고미술사 분과에서는 샛별처럼 반짝거리는 눈망울에 자신감에 찬 의욕적인 젊은 교수가 기억에 남는다. 충북대학교 이융조 교수였다. 이융조 교수는 가운데 원이 새겨진 옥천 안터1호 선돌에 대해 발표하였다. 훗날 이융조 교수님을 우리 학과에서 모신 바 있다. 이 교수님은 아주 열정적인 분인데, 사모님을 대동한 경우가 많았다. 사모님의 고향이 가은 하구산이라는 말을 듣고 깜짝 놀랐었다. '하구산'은 현지인들만 아는 지명이었기 때문이다. 사모님은 부산에서 출생했지만 나와 동향이었다. 놀라운 인연이었다. 이 교수님은 내가 책을 간행하면 어김없이 축전을 보내주셨다. 의례적인 문구가 아닌 책의 내용과 관련한 핵심을 짚었다.

나는 제21회와 제22회 전국역사학대회 자료집을 현장에서 1천 원에 모두 구입했지만 당장 열어 볼 수는 없다. 이 책자들은 78개 상자 안에 들어가 임대료를 지불하고 맡겨져 있기 때문이다. 순전히 기억에 의존하고 있음을 밝혀둔다. 이듬해인 1979년 제22회 전국역사학대회가 5월 25일~26(土)일 이틀간 이화여자대학에서 개최되었다. 니시타니 타다시西谷正 선생을 그때 처음으로 뵈었다. 당시 국사편찬위원회 최영희 위원장이 니시타니 선생의 유창한 한국어 구사를 칭찬해 주었다. 세월이 흘러 1998년 여름에 방송 인터뷰 차 규슈대학에서 니시타니 선생과 연을 맺었다. 이후 세기가 바뀌어 학과에서 강의를 하여 가까이서 모실 수 있었다. 니시타니 선생에게 받은 선물로 63세인 2002년에 간행한 『西谷 正先生年譜 · 著作目錄』이 있다. 원래 니시타니 선생도 여분이 없었는데 일본 헌책방에서 구했다고 한다. 40쪽의 소책자이지만 큰 판형에 하드 커버로 만들었다. 14세 중학생 시절부터 신문에 연재한 글을 필두로 63세 2월까지의 목록이다. 곁에서 보니 니시타니 선생은 부여의 당일 기온까지 메모할 정도로 꼼꼼한 분이었다. 나는 선생에게 태왕릉 주변에서 출토되었다는 '好

大王' 명 방울의 출토지에 대해 여러 차례 물어 본 바 있다. 선생은 세계유산 위원이었기에 발굴 현장을 다녀 왔었다. 그런데 선생의 증언은 중국에서 간행된 보고서 내용과는 달랐다. 나는 선생의 증언에 무게를 두었다.

고고미술사 분과에서 전주시립박물관장인 전영래 선생의 발표가 있었다. 전영래 선생은 '전주 비사벌론'에 대한 발표를 했던 것으로 기억되는데, 발표 직전 유인물을 몸소 돌렸다. 내가 앉은 좌석에 와서는 힐끔 나를 쳐다보더니 애송이라고 여겼는지 건너 뛰었다. 단상에 올라와 자신이 준비한 유인물이 적은 관계로 모두에게 배부하지 못해 미안하다는 말을 했다. 나는 당시 전혀 섭섭한 마음이 들지는 않았다. 다만 훗날 그 장면을 상기할라치면 웃음이 나오면서 "전영래 선생이 대가가 될 사람을 몰라 보셨구나"라는 생각은 하였다. 고대사 특히 전북 지역의 백제사를 살피면서 전영래 선생은 대단한 학자라는 생각이 들 때가 많았다. 만년에 대학으로 가셨지만 처음부터 대학에 재직했다면 학계에서의 위상이 상당했을 것이라는 생각이었다. 그분은 '전북 고고학의 아버지'라는 생각이 들었고, 전집을 만들어 드리는 게 좋지 않을까 싶었다.

11. 책에 대한 단상

나는 책이 보통 연구자들보다도 월등히 많은 사람이다. 3만 권이 넘는 책을 소장하고 있다. 연구실과 관사 그리고 집, 그 밖에 78박스는 임대료를 지불하고 빈 아파트에 맡겨져 있다. 연구실과 관사에는 책들이 포화 상태가 되어 책을 밟고 다니는 상황이 되었다. 과장이 아니라 실제 상황이다. 연구실 안에서의 방송 인터뷰를 다른 장소로 옮긴 일은 옛적이 되었다. 사람들은 책을 버리라고 권유하지만, 병적인 집착인지 뭔지 모르겠지만 버리지 못하고 있다. 언젠가는 읽을 날이 있고 필요할 것이라는 믿음 때문이었다. 사실 78박스 안에는 중요도가 떨어진다는 책들을 넣어 놓은 것이었지만 현실은 그렇지 않았다. 담원 정인보의 『조선사연구』(2권)와 민세 안재홍의 『조선상고사감』도 찾을 날이 다가왔었다. 그때는 아주 곤혹스럽고 후회막급했다. 결국 다른 기관을 이용해 번거로운 절차를 겪은 후에야 읽을 수 있었다. 모두 선친에게 물려받은 책들이었다.

며칠 전에는 어떤 교수가 말하기를 기증받은 책부터 정리했다는 것이다. 내심 놀랬다. 어떤 지인은 기증받은 책들을 그 방면 전공 제자들에게 나눠줬다며 득의에 찬 미소를 지으며 자랑스럽게 이야기하는 말을 들었다. 슬기롭게 아니 지혜롭게 산다는 식이었다. 이 경우는 기증자에 대한 결례가 아니겠는가? 저서를 기증한 이는 그가 자신과 전공이 다르다는 것을 몰랐을 리 없다. 몇 년 전에는 종로 알라딘 헌책방에 들렀다가 연구서를 펼쳤더니 속지에 저자가 동생에게 기증한 내역이 적혀 있었다. 항렬이 동일한 것을 보니 친동생이나 친족인 것은 분명해 보였다. 저자는 나와 동갑인 고대사 연구자였다.

나는 대학 때부터 많은 책을 소장하고 있었다. 장서와 관련해 불교 미술 사학자인 신대현 교수(능인대학원 대학교)가 『불교신문』(2008.8.13)에 기고한 컬럼에서도 다음과 같이 보인다.

…경내를 다 둘러보고 나오려니 문득 옛날 생각이 났다. 대학 1학년 때이니 근 30년이 다 되어간다. 나는 당시 제법 공부 꽤 하는 친구로 통했고, 스스로 과시도 좀 했던 것 같다. 하루는 4학년 선배의 집에 놀러갔는데 그 선배의 방은 교수 연구실을 방불케 할 정도로 학술서적으로 가득했다. 선배는 갑자기 도록 한 권을 펼치더니 불상 사진을 보여주며 물었다.

"이 불상이 뭐지?"

"그야 관촉사 보살상이지요."

"그래 맞아. 그러면 이 보살상은 언제 만든 줄도 알겠네?"

"아, 네. 고려시대입니다."

"잘 아네. 그러면 고려시대 불상은 왜 이렇게 조각했는지 말해볼래?"

"…"

상식에 가까운 지식만으로 꽤 많이 아는 척 했던 나는, 관촉사 보살상의 커다란 얼굴을 손으로 가리키며 고려시대 불상이 신라시대 불상과 왜 다른가 하고 묻는 선배의 질문에 얼굴만 붉히고 아무 대답도 할 수 없었다. 그 이후로 불교미술을 야무지게 공부해 보자고 내심 다짐했었지만, 관촉사 보살상만 보면 아직도 치기어린 그때가 떠오르곤 한다. 멋모르고 우쭐댄 후배를 시험해봤던 그 선배는 전통문화학교의 이도학 교수인데, 수재로 소문났던 학창시절과 다름없이 지금도 고대사 방면에서 발군의 연구업적을 쌓고 있다.

친구들이 집에 놀러왔을 때 하는 말이 있다. "청계천에서 구했냐?"였다. 일단은 선친의 책을 고스란히 물려받았다는 것이다. 선친은 대학 4학년 때 지도교수로부터 "이 군은 남아 있으라"고 하며 대학원 진학을 권유받았지만 따르지 않았다고 한다. 그럼에도 선친은 상당한 책을 소장했다. 순전히 내 조부로부터 공급받은 '향토 장학금'의 산물이었을 것이다. 선친이 구입한 일서日書가 꽤 있는데 내가 일본에 출장가 있을 때였다. 연구실 천정에 에어컨을 달면서 연구실 책을 다른 방으로 옮겼다가 다시 제자리로 이동시킨 것이다. 책을 옮길 이유가 없기에 조교도 반대했다고 하지만 막무가내였다고 한다. 이로 인해 학생들이 고생을 많이 하였다. 귀국해서 보니 책 한 권이 보이지 않았다. 이마니시 류의 『고려사연구』였다. 이 책은 경성 근택서점에서 간행하여 2쇄까지 모두 2천 부를 인쇄한 연구서였다. 내 책도 아니고 선친에게 물려받은 책인지라 소장과 보존에 대한 의무감이 엄습해 왔다. 즉각 고서점에 연락하여 새로 구입해서 채워넣었다.

나는 더러 이런 생각을 할 때가 있었다. 교사밖에 하지 않을 이가 이런 책들을 왜 구입했는가? 물려받은 선친의 책을 읽다보면 어려운 한자에 한글 토가 달려 있었다. 선친이 읽은 게 분명했다. 낙질이기는 하지만 『역사학보』 11집(1959)을 비롯해 『진단학보』 20집(1959)도 있었다. 그리고 1950년 상반기에 간행하고 창간호로 끝난 『역사학연구』도 있다. 동란기에 북으로 올라간 중국 고대사 연구자의 논문도 수록되어 있었다. 그리고 조선총독부에서 간행한 책들은 내가 집필할 때 아주 요긴하게 이용되었다. 선친의 장서는 아들인 내가 최대의 수혜자였다.

나는 선친뿐 아니라 조상들에게 물려받은 서적과 문서도 소장하고 있다. 고향집에는 원래 상당한 분량의 고서들이 쌓여 있었다고 한다. 그런데 선친이 객지 생활하는 통에 방치되어 많이 사라졌다는 것이다. 선친은 좋은 책들이 많았다며 아쉬움을 토로하고는 했다. 그러면서 자신의 형수에 대한 원망을 슬쩍 비추고는 하였다.

이 중 의정부참정 내부대신 남정철이 재가한 「영남경약소절목책嶺南京約所節目冊」이라는 문서는 내가 학계에 소개한 바 있다. 두꺼운 지질의 이 문서는 2부가 남아 있는데 사본과 굵은 관인이 찍힌 공문이었다. 예천군의 읍살이 문서인 『관상하기책官上下記冊』은 내가 신라사 논문에서 더러 인용한 바 있다. '마루하님'과 같은 용례 때문이었다. 대학 때 어머니가 웃으면서 아버지께 "당신네 집에 이런 책이 많은 것을 보니 이방네 집이 아니냐?"고 했다. 나는 즉시 문서에 적힌 '이방 장윤고'의 이름을 짚었다. 선친은 예천 현감을 지낸 선조의 이름을 거명하셨다.

그리고 『천금불환방千金不換方』 즉 '천금으로도 바꿀 수 없는 처방'이라는 제목의 한의서도 있다. 추적을 하여 책의 연원을 확인했다. 세종대 집성된 『의방유취醫方類聚』에서 확인된 의서醫書인데, 타처他處에서 확인한 바 없었다. 언젠가 작은 한의학 학술행사가 있어서 한의사들에게 책의 존재를 소개했지만 아무도 관심을 기울이지 않았다.

그리고 『청장관전서』와 같은 필사본 고서들의 뒷면은 '문안 단자'들이었다. 가령 청풍군으로 보내는 문안 단자에 '재가군인 김복돌' 등이 적혀 있었다. 폐기된 문서의 배지를 이용해 필사한 것이다. 대학 때 점검하면서 살핀 바 있다. 지금 기억나는대로 적어 보았다. 고서 중에는 국한문으로 병기된 조부의 일기장 한 권이 남아 있다. 소년시절에 부모님이 특정한 날의 소회를 어떻게 적었는지 호기심으로 열어 보던 기억이 난다. 나의 육필 일기 가운데는 '탈초脫草'해야 읽을 수 있는 글자도 많다. 내가 써 놓고도 판독 못하는 글자도 있는 것이다.

혹은 사실 검색 과정에서 까맣게 잊고 지낸 일들이 눈에 잡히기도 한다. 우연히 "△△△은 ▲▲▲이 청장이 되었다고 하자, ▲▲▲이 나를 잘라서 짚자리 장사나 만들었으면 좋겠다고 한 후에, 아차하는지 풍신수길도 짚자리 장사에서 출발해서 성공했다며 수습을 하는데, 자식의 속내가 보이는 것이다. 본관도 모르고 있는 근본 없는 X의 말이니 귀담아 들을 필요도 없는 것이다"는 기록을 접했다. 한국고대사학회에 참석해 점심 식사하는 중에 나온 발언이었다. 형님처럼 점잖은 사람인데, 기억도 못한 사실이 복원되어 실망스럽게 했다. 겉과 속이 다른 게 바로 이런 것이구나 싶었다. 그의 속내가 들통난 것을 떠나, 사람이 무섭다는 생각이 들었다. 그러나 그의 바람과는 달리 십여 년이 흘렀지만 아직 잘리지 않고 건재하다. 이 경우는 애초부터 기록하지 않았거나, 기록이 눈에 띄지 않았으면 좋았을 것 같다. 내가 이런 무리들과 함께 살아 왔구나 생각하니 한없이 서글퍼졌다.

아주 오래 전에 어머니에게 들은 바에 의하면, 사촌 큰형이 우리 집의 고서들에 대해 관심을 보이더라는 것이다. KBS 1TV의 인기 프로

'진품명품'이 영향을 미친 것으로 보였다. 그때 내가 씩 웃으면서 한 마디 했다. "점유권이라는 게 있습니다!"

나는 책 부자인 것은 분명하지만 책으로 인해 주변 사람들에게 고통을 안겨주기도 했다. 조교가 연구실에 들어올 때는 퇴적된 숱한 책을 밟아야하고 작은 언덕을 넘는 등반(?)까지 해야 하는 것이다. 연구실 출입구에서부터 책상에 이르기까지의 경로를 말한다. 다음은 책꽂이 붕괴로 인해 목숨을 잃을 뻔했던 사건이다.

[나는 일찍부터 '역사'의 세계에서 잔뼈가 굵어온 공부의 전문가이다. 해서 나의 졸업식날 큰어머니는 "니는 한눈 팔지 않고 공부만 하였으니 성공했구나"라고 말씀하셨다. 사실 나는 '고대사 공부'라는 큰 명제를 안고 한길로만 똑바로 걸어 왔다. 이것이 나의 자부심의 원천이자 근거가 되는 것이다. 그러는 가운데서 늘어만 가는 것은 책 뿐이었다. 또 내가 남길 수 있는 것은 그것밖에 없으리라. 작년 봄에 강의 마치고 집에 와서 방문을 여니, 좁은 방에 책들이 잔뜩 덮혀 있었다. 책 사태沙汰가 난 것이다. 책꽂이 앵글 2개가 하중을 견디지 못하고 엎어진 것이다. 워드, 사진기 2개, 디스켓 등도 책 더미에 묻혀버렸지만, 전혀 손상이 가지 않았다. 다만, 앵글에 걸쳐 있던 헌 쟁반만 반조각이 났을 뿐이다. 기적이었다. 집사람은 저녁할 때 쿵하는 소리가 나기에 담벼락이 무너진줄 알고 나가 보았으나 이상이 없길래 그냥 들어 왔다고 한다. 꽂혀 있을 때는 몰랐으나 쏟아져 나오니 엄청난 양이었다. 이사올 때까지 방바닥에 대충 쌓아두는 수밖에 없었다.][17]

---

17) 이도학,『倉洞通信』50號, 1993. 10.9.

1992년 봄에 발생한 사건인데, 공부방에서 내가 취침 중에 버티던 못이 뽑혀 앵글이 엎어졌다면 생명을 보장하기 어려웠을 것이다. 책에 깔려 죽은 사람으로 해외 토픽에 보도되었을지도 모른다. 내게는 살아오면서 아슬아슬한 순간이 많았다. 그러나 용케 살아났다는 것이다.

근자에는 이런 일도 있었다. 내 연구실은 건물 3층인데, 2층에 연구실이 소재한 어떤 학과 교수가 있다. 그가 하루는 다급한 어조로 전화를 해 왔다. 자신의 연구실 벽이 갈라졌는데, 내 연구실에 책이 많아서 아랫 층의 자신이 피해를 입고 있으니 책임지라는 이야기였다. 사진을 보내주겠다고 했다. 그런데 책 무게로 건물이 무너진 이야기는 들은 적이 없었다. 또 이런 경우는 내게 책임 따지며 한가한 소리할 게 아니었다. 급히 총무과로 연락하는 게 순서였다. 더구나 내 연구실은 그 교수 연구실 윗층에 소재하지도 않았다. 이후 총무과 직원의 해명을 듣고 머쓱해지자 내게 사진도 보내지 않고 물러선 것이다. 내 연구실에 들어온 적이 없는 그도 내 연구실의 포화 상태를 익히 알고 있던데서 빚어진 헤프닝이었다.

여백이 있기에 몇 글자 더 박아 본다. 2000년에 내가 지은 책으로 『궁예 진훤 왕건과 열정의 시대』(김영사)가 있다. 이 책은 학교 타임 캡슐에도 들어가 있는데, 당시 전교생과 전직원들에게 선물했었다. 그러고나서 동생에게 주려고 한다, 교육부 직원을 만날 때 주려고 하니 몇 권을 달라는 요구가 많았다.

2004년에 서울 모 대학의 사서로 있는 집사람의 친구가 연수차 워싱턴대학 도서관을 방문했을 때 서가에 꽂힌 본서를 발견하고는 촬영해서 보내왔다.

12. 학회장으로서

1)동국사학회 : 2014. 2. 1.~2015. 2. 29.

동국사학회가 중간에 동국역사문화연구소로 개편되는 통에 회장 임기는 1년에 불과하였다. 소장 자격은 동국대 교수여야만 했다. 내가 동국사학회 회장이 되었을 때 은사이신 조영록 선생님이 제일 기뻐하셨다.

동국사학회 기조강연을 '「한국 고대사 연구의 쟁점과 과제- 기조강연자의 연구를 중심으로-」(2015. 2. 26)'라는 주제로 하였다. 대학 때부터의 한국 고대사 연구 역정을 밝혀놓은 글이다. 이 논고에는 대학 때 학교신문에 게재하여 첫 원고료를 받았던 글에 대한 언급도 있다. 즉 백제와 고구려의 대결은 동일한 부여족 국가 간의 경쟁과 갈등이라고 논파하였다. 백제 건국 세력이 고구려가 아니라 부여에서 내려왔음을 일찍이 간파했었다. 내가 30여 년간 역설했던 논지를 지금은 자신들도 알고 있었던 양 무임승차하는 부류들도 있다. 기조강연문의 분량은 방대하였다. 그랬기에 박사과정 학생은 조금 보완하여 책으로 간행하기를 내게 권유했다. 실제 보완해 단행본 책자로 간행하였다(『한국 고대사의 쟁점과 과제』 주류성, 2017.4).

동국사학회 회장을 역임했던 조영록 선생님을 모시고 후아쭝華中사범대학에서 학술 세미나를 개최하였다. 물론 학회 차원의 학술 세미나는 아니었다. 세미나 주제는 『21세기 중한문화교류사 연구의 방향성 모색』(후아쭝사범대학 한국문화연구소 제3회학술세미나, 2015.6.26)였다. 조영록 선생님은 논문을 발표하셨다. 나는 「후백제와 오월국 교류」라는 제목의 논문을 발표했다.

2015년에 처음 개설된 우한武漢 한국총영사관의 정재남 총영사의 적극적인 지원에 힘입었다. 세미나 후에는 소동파 적벽부의 현장 적벽·백록동 서원·도연명 전시관·황학루 등에 대한 답사가 있었다. 급박하게 만든 세미나였지만 만족스럽게 마무리 되었다.

2) 동아시아고대학회 : 2016.1.1~2017.12.30.

[그리고 내년 1월 1일부터 임기가 시작되는 동아시아고대학회 회장에 선임되었다. 본 학회에서 1년에 4회 간행하는 학보는 금년에 심사를 거쳐 등재지 위상을 여전히 확보하였다. 회장 말에 의하면 우수 등재지가 될 뻔했다며 아쉬워하고는 한다. 3년 후에 다시금 심사가 기다리고 있다. 2015년 12월 12일에 동국대학교에서 국제학술대회가 열렸다. 6개 파트에서 총 47명 발표에 토론과 사회자까지 합하니까 무려 100명이 넘는 인원

이 직접 참여하였다. 학술세미나 후 총회에서 차기 회장으로 선임되었다.

내가 회장이 되니까 떠는 자들이 있다. 그 전부터 "이도학은 포용력이 없다"며 저지하려는 자들도 있었다. 이와 관련해 한마디 덧붙인다면 그 하루 전날 송년회 겸 학술대회 전야 모임에서 무당 3명을 회장이 데리고 왔었다. 지난 여름 몽골 탐방 때도 대동한 대구 지역 무당들이라고 한다. 회장이 나를 지명하여 학회의 운명이 걸려 있으니까 이도학 교수가 나와서 깃발을 뽑아 보라고 했다. 무당이 움켜쥐고 있던 몇 개의 깃발 가운데 한 개를 내가 뽑았다. 그랬더니 무당이 말하기를, "구만리를 한 걸음에 달려 가려고 한다. 성격이 곧은 사람이다!"고 했다. 딱 이 말만 했다. 나는 청탁淸濁을 함께 들이키지만 정치인은 아니다. 상습적으로 거짓말하는 자들까지 포용할 수는 없었다.

더 많은 논문을 집필할 수 있었지만 이 정도에서 멈춘 것에 대해 아쉽게 여긴다(2015년에 12편의 논문을 발표했다). 좀 더 분발하지 못한 내 자신에 대해 자책할 수밖에 없다. 그 밖에 해당 기관의 제일 높은 분이 2회나 직접 연락을 해서 요청한 게 있었지만 거절한 것에 대해서는 미안하기 이를 데 없었다. 금년도에 크게 뉴스를 탔던 사건에 대한 건件이다. 금년 8월에 정년한 모 교수는 수락하였다가 소위 사상 검증에 걸려 탈락되자 언론매체에 터뜨리는 볼성사나운 모습을 연출하기도 했다. 이런 게 바로 노욕老欲이 아닐까 싶다.

며칠 후면 내 나이의 단위 수가 달라진다. 무엇하며 살아 왔는지? 무엇을 이루었는지? 장난기 어린 생각이나 체력은 20대나 동일한 것 같은데, 왠 나이를 이렇게 많이 먹었는지? 석사 논문 심사하러 왔던 이들 앞에서 동일한 말을 한 바 있었다. 그러자 한 사람은 "선생님이 이룬 업적이 많은 데 무슨 말씀을?"라고 하지만, 위로해 주기 위한 허언虛言일 뿐이다.

무속인이 말했듯이 구만리를 한 걸음에 달려 가려고하는 조급함 때문일까? 2015년 12월 26일 아침]

회장을 맡아 많은 시간을 학회 운영에 투자했다. 출판사에 부탁하여 4회 간행하는 학회지를 금년 1년 동안은 무료로 출판하게 하였다. 내년이 문제였지만 내가 인덕은 없어도 인복은 많았기에 다행히 한국연구재단으로부터 출판비를 지원받게 되었다.

학회 일을 하나에서 열까지 모두 떠 맡게 되었다. 예를 든다면 학회 논문에서 '머리말'과 '맺음말'을 '들어가며' '나가며'로 표기하려는 자들이 있었다. 학회 편집 체재에 맞지 않은 용어를 고수하겠다는 필자가 있어서 간사가 절절매며 전화를 해 왔다. 내가 답했다. "그것은 간단해요! 학회 편집 체재에 따르지 않으면 게재하지 않으면 됩니다." 그런데 간사는 "회장이 못 싣게 한다"고 해서 수습을 했다. 모두가 인심 잃지 않으려고만 하였다. 원칙을 당당하게 말하지 않고 나를 앞세워 뒤로 숨기에만 급급했다. 자신들이 해결하지 않고 툭하면 내게 전화해서 어떡하면 좋냐고들 했다.

사실 나는 2년간 학회 회장으로 재임하면서 학회를 위해 견마지로犬馬之勞를 아끼지 않았다. 총무이사와 편집이사 뿐 아니라 간사 역까지 마다하지 않았다. 아마 구체적으로 내가 한 일을 말한다면 기절할 사람들이 있을 것이다. 일만 터지면 전화를 해 와서 "회장님! 어떡하면 좋을까요"라는 일이 비일비재였다. 그 많은 일을 내가 모두 말끔하게 조용히 수습했다. 쉬운 예로 논문 심사 결과에 대한 이의 제기였다. 해당 이사는 스스로 해결하지 못하고 절절매었다. 그때마다 "이 건 이렇게 하면 상대방이 꼼짝 못합니다. 이럴 경우는 상대방이 이런 말을 필시 꺼낼 터인데, 이

때는 이렇게 말하면 됩니다"고 가르치지만 막상 현장에서는 잊어 먹고 허둥거렸다.

가천대학에서 국제학술대회를 할 때 3만 8천원 짜리 책자가 출간되어 발표자들에게는 2권씩 주었다. 그런데 발표자도 아닌 회원이 달라고 하는 경우가 생길 것이고, 그럴 때는 할인가인 2만 원에 판매를 하면 되고, 그래도 무료로 달라고 하면, 1년 회비 3만 원 내고 2만 원 짜리 학회지를 1년에 4권이나 받고 하시는데, 우편 요금까지 하면 10만 원 상당의 책을 받아 보고 계십니다. 그런데도 3만 8천 원 짜리 책을 거저 달라고 하는 것은 염치 없는 일이 아닙니까?라고 말하라고 가르쳐주기까지 했다. 그래도 믿기지 않아, 거저 달라고 할 수 있는 사람의 실명을 특정했지만, 깜박 잊고 공짜로 주었다는 볼멘 소리가 들렸다. 문제는 그 후였다. 무료로 책을 얻게 된 이는 고마워하는 게 아니었다. 공개 석상에서, 책에는 주제와 일치하지 않은 글이 있다며 특정인을 공격하고 책을 깎아내리기에 급급했다. 나와 동년배로서 회장을 역임했던 그는 시기심에 불타 있었다.

동아시아고대학회 학술대회 직후에는 반드시 문화 탐방이 있었다. 나라 밖 국제학술대회에 있어서 경비는 현지와의 직접 교류를 통해 저렴하지만 품격 있게 하도록 했다. 그리고 남는 경비는 귀국 전날 참가한 회원들에게 모두 돌려주었다.

가령 국제학술대회를 중국 우한의 후아쭝사범대학교에서 2016년 2월 23일에 개최했다. 다음 날부터 답사가 진행되었는데, 『삼국연의』에 등장하는 형주자사 유표의 형주성 탐방이 인상에 남았다. 제64회 정기학술대회 및 국제학술대회를 중국 허난성河南省 쩡조우대학교鄭州大學校에서 2016년 12월 27일에 개최했고, 이튿날부터 답사가 진행되었다. 북위 영녕사지와 한대의 낙양성 답사가 마지막 여정이었다.

2017년 7월 일본에서의 국제학술대회는 격조 있는 호텔에 1인 1실 투숙하게 하였고, 학회 경비를 들여 우아한 만찬 자리를 만들었다. 국제학술대회를 개최했던 고마신사에 일본 천황이 그 직후 방문했다. 뉴스를 접한 학술대회 참여 회원들은 무척 기분 좋았다고 자랑을 했다.

이때 도쿄박물관을 비롯해 군마현과 사이타마현 일대의 전방후원분을 비롯해서 열심히 답사를 했다. 일본의 동북 지역인 이곳은 일본 유학한 이들은 물론이고, 일본의 대학에 재직하는 학회 부회장 두 사람도 합류한 후 처음 탐방한다고 했다. 쉽게 오기 어려운 곳을 선정한 것이다. 일본에 있는 인맥을 동원해 성공적인 답사가 이루어지게 했다. 일본에서 세계기록유산으로 신청한 다고비多胡碑와 관련해 NHK와 인터뷰를 하였고, 현지 신문에 보도된 사실을 확인하고 귀국했다. 다고비는 대학원 석사 때 처음 접했던 금석문이었고, 유명한 이나리야마 명문 철검의 실견은 감회가 컸다. 사실 기획부터 실행에 이르기까지 상당한 시간을 투자하였다. 그랬기에 참여한 회원들의 만족도가 극히 높았다.

2017년 12월 27일 베트남 하노이 무엉탄 사라호텔에서 동아시아고대학회 제68회 정기 학술대회 및 국제학술대회를 개최했다. 물론 하노이대학 박물관과 하노이 문묘 대성전을 비롯한 답사가 이어졌다. 세계자연유산으로 지정된 하롱베이 탐방도 포함되었다. 지금까지의 문화 탐방에는 은사이신 조영록 선생님께서 반드시 성원이 차도록 만들어 주셨다. 제자를 사랑하는 마음에서였다.

[작년 1월 1일부로 회장에 취임했기에 이번 하노이 학술대회와 문화탐방을 마치고 귀국하는 12월 31일이 임기종료일이다. 학회 평의원회

에서는 내게 연임을 권유했지만 단호하게 고사를 했다. 학회 이름인 '동아시아'에 걸맞게 내가 회장으로 재임하는 기간 중에는 외국에서 학술대회를 여는 일이 많아졌다. 작년에는 2회에 걸쳐 중국 후베이성 우한의 후아쭝사범대학과 허난성 쩡조우대학에서 국제학술대회를 개최한 바 있다. 금년에는 지난 4월 경희대학교, 7월 일본 사이타마현 고마신사, 그리고 10월 가천대학교에서 국제학술대회를 개최하였다.

동아시아고대학회에서는 1년에 논문집을 4회 발행하고 있다. 2016년 1년 동안은 나와 인연이 있는 주류성 출판사 사장께 무료로 발행해 달라고 요청하여 그대로 이행되게 했다. 주류성 출판사는 역사학보 등 여러 종류의 역사학과 고고학 관련 논문집을 간행하는 학술 전문출판사이다. 그리고 2017년 1년 동안은 한국연구재단으로부터 발간비를 지원받아 논문집 간행이 수월해졌다. 이와 더불어 한국연구재단으로부터 국제학술대회 경비를 지원받아 2017년 10월에 가천대학에서 국제학술대회를 성공리에 개최할 수 있었다. 아울러 『동아시아의 전통문화와 스토리텔링』(서경문화사)이라는 560쪽에 이르는 양장본을 제작하여 시판하게 했다.

내가 임명했던 편집위원들 가운데 축하할 일들이 발생했다. 내가 인지하는 범위에서만 말한다면 편집위원장인 신종원 교수는 한국학중앙연구원 부원장으로 승진하였고, 이동희(인제대)·석길암(동국대)·안병섭(고려대)·김백철(계명대) 편집위원은 교수로 임용되었다. 그리고 정원주 편집이사는 한국연구재단으로부터 1년간 연구지원을 받게 되었다. 금년 여름에는 KBS 기자 출신인 이동식 회원이 은관문화훈장 수훈의 영예를 입었다.

내가 회장으로 재직하면서 오래된 폐단도 청산을 했다. 가령 연회비 3만 원도 내지 않고서 고위직 임원이었던 이들을 모두 퇴출시켰다. 회비도 내지 않고도 무임승차하는 일이 없게 하였다. 그리고 논문 심사에서 탈락율을 높였고, 내가 수범을 보여주기 위해 자주 발표하였고, 어떤 형태로든 빠지지 않고 기고했다. 그리고 제정한 지 얼마 되지도 않아 사실상 사문화되다시피한 학술상을 시행하여 5명에게 수상을 해서 학문적 성취 동기를 유발하고자 했다. 그 밖에 본 학회 논문집이 한국연구재단 등재지로서의 위격을 유지하기 위해 그간 없었던 서평이나 번역을 적극적으로 게재하도록 하였다. 특히 서평 문화의 활성화를 위해 금년에 발간된 나의 저서 2권을 수범적으로 게재한 후 서평자와 논전論戰을 벌임으로써 학문 세계의 엄정함을 보여주고자 했다.

금년에 두툼한 책을 간행하려고 했었다. 초고가 완료되었지만, 학회의 일을 노복奴僕처럼 하느라고 중단하고 말았다. 내년에는 출간될 것이다. 2017년 12월 14일]

학회를 위해서는 할만큼 하였기에 "역대 회장들 가운데는 가장 추진력이 있다"고 무료로 책을 받아간 후 험담을 했던 이도, 이와 같은 평가를 했다. 그러나 내년부터는 내가 세운 연구 계획이 있어서 연임을 고사하였다.

3) 고조선단군학회 : 2021. 1. 1~2022. 12. 30.

2021년부터 고조선단군학회 회장을 맡았다. 1년에 2회 간행하던 학회지를 3회로 늘렸다. 전임 회장 때 바꾼 학회 이름도 원래 이름으로 환원하였다. 학회 이미지를 쇄신했다. 기고자들이 늘었다. 한국연구재단 등재지로서 위상을 지녔기에 논문 모집에 유리한 이점을 활용했다. 4월과 10월에 비대면 학술대회를 개최하였고, 이때 1급 학자들을 거의 동원했기에 부러움을 샀다.

연세대 교수이며 학회 부회장인 하문식 교수는 내가 보낸 학술대회 발표문집을 수령한 직후 "회장님 참 열정이십니다. 그 에너지가 어디서 나오는지 … 궁금도 하고 의문도 들고 … 여러 모로 죄송할 뿐입니다('…'은 줄임이 아니고, 하 교수의 원 표기임!)"고 회신을 보내왔다. 학술대회 기획부터 발표자 선정과 연락, 자료집 편집까지 내가 혼자서 하였다. 심지어 그림이 들어간 자료집 표지도 내가 만들었다. 고려대 박대재 교수나 교원대 송호정 교수까지 발표와 토론도 하였고, 46호에 기고하여 모두 게재되었다. 다음은 지금까지 고조선단군학회 학술대회 였다.

'고조선의 신화, 영역, 문명'(2021 봄 학술대회)
'위만조선 최후의 날'(2021 가을 학술대회)
"금기'의 영역 한사군 大解剖'(2022 봄 학술대회)
'전북 지역의 고조선 문화—사람과 문물의 유입'(2022 여름 학술대회)

금년 봄 학술대회는 동북아역사재단의 지원을 받았다. 그리고 학회에서 처음 시도한 여름 학술대회는 전북학연구센터의 지원에 따른 것이다.

사족을 하나 더 단다. 유수한 대학의 동양사학과를 졸업한 이에게 대학원 수업을 맡긴 적이 2회 있었다. 그는 내가 역사문화연구소 소장으로 있는 것을 기반으로 한국연구재단에 연구비를 신청하고자 했다. 그 과정에서 헤프닝이 벌어졌다. 어떤 높은이는 "한국연구재단은 처음 들어 보는 곳인데 뭐하는 곳이냐"고 했다. 금년 예산이 4조 8천억 원이나 되는 아주 큰 국가 기관이라고 답했다. 만약 선정된다면 학교 산학연구단에도 일정 금액을 납부해야하므로 학교에도 득이 된다고 말해주었다.

이 건에 대한 상세한 이야기는 훗날 집필할 '회상기'에 수록될 것이다. 나는 실행에 옮기는 것을 확인하고는 수업에 들어 갔다. 그는 결국 한국연구재단으로부터 3년간 총 3억 6천만 원을 수령하게 되었다. 그때 현장에서 내가 한 말과 행위를 지켜 본 그는 내게 몹시 고마워했다. 2017년의 일이었다. 이후에도 그는 역사문화연구소를 기반으로 프로젝트를 많이 얻어 왔다. 학교에 효자 노릇을 한 것은 틀림없다.

또 한 사람의 경우도 나를 배경으로 한국연구재단의 시간강사 지원 사업에 지원했고, 역시 선정되었다. 학회에서 학술대회 개최와 관련한 연구비도 한국연구재단으로부터 수령하였다.

13. 제자들과 더불어

나는 1984년에 첫 강의할 때부터 학생들에게 백지를 배포하고 강의평을 적게 했다. 그때는 지금과 같은 강의평가가 없었다. 학생들의 강의평은 한 학기의 노고를 씻어주는 청량제 역할을 했다. 과거의 글을 소개해 본다.

["미국을 다 준다해도 바꿀 수 없는" 대상이 비록 짧은 만남이었더라도 나의 제자들이다. 제자들의 바램에 부응하기 위해서라도 나태해 져서는 안된다는 강박관념을 가질 필요가 있을 것 같다. 그래서 몇년 전의 강의평을 추려서 다음과 같이 적어 보았다. 수시로 읽으면서 마음을 가다듬어야 하기 때문이다.

"저는요, 선생님이 웃으시는 게 너무 좋아요. 말씀하시다가 웃으시고 입이 찢어질듯 함박 웃는 선생님의 웃음이 너무 좋아요. 너무 마음이 넓으신 것 같아 보입니다. 이야기하실 때 우리 민족이 이민족에게 승리를 얻고 월등함과 우수함을 강조할 때 선생님의 기분이 너무 좋으신 것 같아 저까지 마음이 뿌듯해 졌답니다. 이야기를 잘 해주셔서 고맙구요."

"저는 선생님의 강의에 처음부터 놀랬습니다. 수업시간이 지났는데도 불구하고 계속 밀고 나가기도 하고... 이런 것을 계속 들으면서 느낀 것인데, 이것은 의무감에서 하는 것이 아니라 홍미와 자신감에서 연유했다는 것을 알 수 있었습니다. 학생들의 반대도 무릅쓰고라도 계속 이런 식으로 나가 주십시요."

"기존의 학자들의 고리타분하고 식민주의적인 면을 많이 벗어난 강의가 좋았습니다. 어떠한 감정 보다도 현실과 철저한 증거로 역사를 고증해 보려는 노력이 좋았습니다. 주체적이며 어용학자가 선생님이 아니라는 것이 좋았습니다. 나의 역사관의 지평을 넓혀 준 것이 고마웠습니다."

"이도학 선생님의 국사에 대한 열정에 놀랐다. 쉬는 시간까지 강의에 열을 올리는 것에 짜증은 나지만 그래도 선생님이 너무 자신의 학문에 열중하시는데 일종의 감동마저 느꼈으며 한편으로는 부러웠다."

"정말 선생님의 학자로서의 공부하는 태도와 선생님으로서의 강의하는 태도에는 경의를 표합니다. 그리고 여러 조건 속에서 우리들을 잘 이해해주시려고 노력해 주신 점은 고맙습니다(단, 수업시간만 빼고)"

“선생님의 자신있고, 명확한 설명 그리고 무엇인가 우리에게 좀더 가르쳐주시고 싶으신 그런 모습을 볼 때 저는 선생님께 참 감사함을 느꼈습니다. 그리고 제가 선생님으로부터 느낄 수 있었던 여러 것들 중에서 가장 도움이 되었던 것은 선생님께서 스스로 선택하신 학문에 만족하시고 신념에 찬 어조로써 강의하시는 것을 볼 때, 저도 선생님과 같이 내가 스스로 선택한 직업에 만족하고, 자신있게 생활하는 태도를 가져야겠다고 느꼈습니다.”

“언제나 월요일 오전 시간에 듣는 선생님의 정력적인 강의는 저의 흥미를 유발시키고도 남음이 있습니다. 항상 열심히 하시는 선생님을 보고 많이 배웠습니다. 자신의 일에 어느 정도 자부심을 갖고 일을 하느냐에 따라 자신의 인생을 얼마만큼 보람되게 보낼 수 있는지를 말입니다. 선생님 강의에 대해 지적할 것은 전혀 없습니다.”

“지금껏 배워오던 사학史學과 대단히 다른 강의였다. 물론 대학에서 배우는 내용이라 그 자체의 깊이가 깊어진 데도 이유가 있겠으나 무엇보다 강의 당사자(호칭이 모호하군요)의 자기 학문에 대한 의지와 열정이 이번 학기를 이끌었다는 판단이 앞선다. 그리고 다음의 어떤 기회가 있어 또 이런 강의를 들을 수 있을 지-서운한 감이 든다. 아울러 몇가지 부탁 말씀을 드리고 싶다. 첫째, 지금껏 우리에게 보여주시던 패기의 사학을 고수하기 바라며, 둘째, 꼭 발해의 역사를 되짚어 현재의 남북관계와 그리고 그 저변에 깔린 공통적(동일 민족이란 가정하에서) 민족 이데올로기를 밝혀 주셨으면 합니다. 끝으로 강사님의 열강에 감사의 인사를 드립니다.”

"항상 열강을 하시고 자신만만한 선생님의 강의 모습이 인상에 남습니다. 이도학 선생님의 강의 내용은 저희가 강의실에 있었던 것 만으로도 저희의 민족역사의 정신태도에 많은 영향을 끼쳤으리라 확신합니다. 공부 많이 하시는 선생님의 성함이 우리나라 역사학계에 드높여질 때 단 한학기 강의를 받은 저희는 후에 무한한 영광으로 느끼게 될 겁니다. -선생님의 강의 내용과 방식은 다른 학과 교수님들에게도 도움을 줄만하다고 생각합니다-한 학기동안 진심으로 감동한 점 많았습니다."

"시험의 홍수 속에서도 수업 시간에 딴 공부하고 싶지 않을 만큼 수업은 매우 흥미로왔고 재미 있었습니다. 교수님이 그동안 쌓으신 연구성과는 시간초과하면서까지 여러 가지 비평 가하고 확신에 찬 목소리로 열변하는 모습을 많은 사람은 '시간 초과' '자기 도취'라는 이름으로 비판하는 것을 보았는데 저는 매우 흥미롭고 관심있게 좋게 들었습니다. 제가 이런 말씀 안드려도 그러실테지만 선생님의 신념에 찬, 그리고 주관적 추진력은 학생들의 불만으로 약해져서는 안된다고 생각하며 더많은 연구성과로 좀더 살아 있는 수업이 되길 바랍니다."

"한 학기 강의를 통해 특히 한국고대사에 대해 새로운 많은 사실을 알게 된 것은 나로썬 큰 수확이었다. 딱딱한 개론적 강의가 아니었기 때문에 더욱 흥미가 있었던 것도 사실이지만, 직접 답사하고, 자신의 주장은 자신의 것이라고 밝히면서 새로운 것을 주장하는 선생님의 모습에서 참 학자상을 발견할 수 있는 것이 더욱 즐거웠다."

내가 겨레와 더불어 하여야할 일은 역사연구이다. 그러한 소임을 충실히 완수하도록 하기 위하여, 하늘은 필자를 여전히 '오랑캐 민족'으로 남겨두고 있는 것 같다. 내가 스무살부터 즐겨 사용하였던 글귀 가운데 "하늘이 장차 큰 일을 맡기려 할 때는 먼저 그 심지心志를 어지럽힌다"가 있다. 또 이십대 초에는 "하늘이 이 나라 역사의 혼란을 수습하기 위해 이 젊은이를 지상에 내렸고, 그 사명이 끝났을 때 아쉬움 없이 하늘로 불러 올라갔다"라는 글귀를 좋아하였다.」[18]

나는 학생들의 강의평을 읽으면서 "오냐! 내게 강의 들은 것을 일생의 광영이 되게 해주겠다"고 다짐하였다. 2000년 2월에 부임한 이래 한국전통문화대학교에서 많은 학생들을 가르쳤다. 교수도 4명이나 배출되었다. 본교에서만 이종욱 교수와 권양희 교수가 있다. 그 밖에 경북대학교 곽승기 교수와 동기인 김태영·이경아·박영재·박창순 학예사가 상기된다. 씩씩 웃어가며 여유만만한 모습으로, "내가 쳐놓은 방공망을 뚫어보시라"고 호언하며 수업을 진행하던 순간은 행복 자체였다. 그리고 신민철·신나현·김태익·최유정 학예사와 사공정길 학예사도 상기된다. 오래전에 충북 단양에서 학술대회에서였다. 제천 세명대학의 여자 교수가 고구려 생활사 관련 정길 군의 논문을 인용하면서 '사공정길 교수께서'라고 호명하였다. 논문이 탁월했기에 교수로 판단했던 것 같았다.

몇 년 전 충남역사문화연구원 주관으로 서산에서 학술대회가 있을 때였다. 내가 종합토론 사회를 맡았는데, 찾아와 인사한 청년이 있었다. "선생님이 서산에 오신다는 말을 듣고 왔습니다"고 했다. 보람을 느끼는 순간이었다. 태안군 학예사인 강연수 군이었다. 그는 답사 가서 늦은 밤

---

18) 이도학, 『倉洞通信』 50號, 1993.10.9.

이라도 반드시 운동을 하는 강인한 인내심과 지구력의 소유자였다.

여러 해 전 국립중앙박물관에서 몽골 특별전이 있었다. 소니 카메라를 울러매고 갔었다. 그런데 촬영을 못하게 하였다. 반드시 큘테킨 두상을 촬영해야 할 상황이었다. 그런데 컴컴한 조명 속에서 "선생님~~"하는 소리가 들렸다. 이경아 학예사(서울시)였다. 그러자 현장 관리인은 "학예사랑 함께 있으면 촬영이 가능합니다!" 지옥에서 부처님을 만난 격이었고, "선생님~~"하는 소리는 어둠 속의 한 줄기 서광이었다. 끝으로 안성규 군도 잊을 수 없다. 하여튼 제자들에게 항시 감사할 따름이다. 그들이 있었기에 내가 존재한 것이 아니랴!

II

논저 목록

나의 연구 회상

나는 대학 재학 시절에 백제 제25대 무녕왕은 물론이고 그 몇 대 전의 왕실 계보에도 오류가 있음을 밝혔다. 학교 교지에 수록된 이후 적지 않은 논문을 발표했다. 그런데 이러한 논문들은 연구비 신청을 한 적이 없었다. 1997년에 국사편찬위원회에서 간행한 『국사관논총』에 수록된 논문의 경우, 어느 날 담당자로부터 전화가 왔다. "김병모 선생님이 추천해서 연구비 지급이 결정되었습니다"는 전갈이었다. 그런데 여러 해 지나 내가 한국연구재단을 비롯해 연구비 신청을 하지 않은 것을 어떻게 알았는지, 역사 분야가 아닌 모 교수는 역정을 내면서 "연구비 신청도 하지 않은 사람이라"고 일갈한 후 내 면전에서 비난을 퍼부었다. 그때 속으로 놀랐다. 내가 욕 먹을 짓을 하지 않았고, 남에게 피해를 입히지도 않았는데 비난을 받다니?

나는 내가 좋아서 택한 학문이기에 연구비 요청하는 일을 귀찮고 비루하게 생각하였다. 그렇다고 연구비 수령하는 이들을 비난하지도 않았다. 그럴 이유는 어디에도 없었기 때문이다. 내 방식을 남에게 강요할 수 없는 노릇이었다. 오랜 시간 강사 생활을 영위했기에 궁색하였지만 남에게 의존한 바 없었다. 요행을 바라지도 않았기에 위장전입이니 재테크니 하는 말들은 딴 나라 이야기 같았다. 얼마 전 어떤 교수가 자신이 서울 어느 전철역 근처에 땅을 사두었더니 땅값이 몇배로 뛰었다고 자랑했다. 학문 연구에만 전심하느라 세상 물정 모르는 줄 알았는데, 르네상스적인 사람이구나 싶었다.

지난 세기 어느 가을날 은사의 댁을 방문했을 때였다. 은사는 잠깐 기다리라고 하신 후 바깥에 나갔다가 들어오셨다. 그러면서 은행에서 찾아온 돈을 빌려주신다고 하셨다. 추석 쇠라고 당부하셨는데 거금 50만 원이었다. 그러나 은사는 훗날 내가 직업을 얻은 후에도 그 돈을 끝내 받지 않으셨다. 연세대학교 이희덕 교수님이셨다.

그리고 주식 구입하는 일이 물론 잘못은 아니었다. 그러나 나는 주식 한 장도 구매한 적이 없었다. 공부 외에는 신경 쓰는 일은 일체하지 않았다. 그랬기에 운전 면허도 없고, 폴더폰을 사용하다가 작년 12월 10일에야 스마트폰을 구입하였다. 3차 백신 접종까지 했지만 QR코드 요구로 인해 출입에 제한을 받는 상황이 빚어지자 불가피하게 스마트폰을 구입한 것이다. 내가 시류에 무릎을 꿇은 역사적 사건이 되었다. 넥타이도 맬 줄 모른다. 집사람이 올무처럼 만들어 놓은 것을 사용한다. 어쨌든 나는 단순하게 살아왔다. 단순했기에 강해질 수 있었다.

시간이 흘러 나도 연구비를 신청하는 일이 발생했다. 대학원생들의 후생과 복지를 위해 프로젝트 신청도 하였다. 내가 지금까지 출간한 책 가운데 가장 규모가 컸기에 벽돌책으로 불리었던 거질巨帙은, 박사과정 학생을 위해 신청한 것이다. 나는 그 박사생에게 행정 처리 외에는 맡긴 적이 없었다. 저술의 막판에 제일 귀찮은 일이 '찾아보기' 작업이었다. 아주 지루하기 이를 데 없는 그 작업도 혼자 하느라고 사실 고통스러웠다. 책의 분량도 많았기 때문에 표기하는 일은 여러 날이 소요되었다. 시간 투자도 투자지만 아주 지루해서 견디기 힘들었다. 학회 회장을 맡으면서 한국연구재단으로부터 프로젝트 지원을 하지 않을 수 없었다. 운 좋게 지원을 받게 되었다. 그러나 개인적으로는 어디에도 지원하지 않았다. 반면 한국연구재단 전문위원으로서 관련 심사는 많이 했다.

다음의 논저 목록을 점검해 보면서 겹치는 글도 있음을 알았다. 그리고 쪽수를 모두 표기하려고 했지만 책 자체를 찾지 못한 경우도 있었다. 필시 78박스 안에 들어 있을 것으로 보였다. 게다가 논문으로 분류할 수 없는 글도 상당히 있었지만 각주가 달렸거나 의미 있다고 판단했을 때는 논문 종류에 포함했다. 그 밖에 내 의지와는 상관없이 중복 게재된 경우도 몇 편 있었다. 공개 발표 후 별다른 지침이 없었기에 요청받은 정년 논총에 기고했었다. 그런데 시차를 두고 이듬 해 관련 연구소에서 기관지에 조용히 수록한 것이다. 이런 경우가 몇 건 있는데 실적 제출에 악용한 일은 하지 않았다. 나는 논문이 많은 사람이기에 그런 꼼수를 둘 이유가 없었다. 참고로 33권 저서의 전체 분량을 헤아려 보니 1만 3천쪽이 넘었다. 1만 쪽의 저자가 된 것이다. 그리고 공저는 의미가 크지 않은 관계로 모두 수록한 것은 아니다. 또 공저 인원 숫자도 근래 출간된 저술에만 표기하였다.

논저 목록에는 잡지와 신문을 비롯한 여타 매체에 게재한 글들이 적지 않았다. 이 가운데는 많은 글들을 제외했지만 쓸만한 글들도 있기에 기록에 남겨 두었다. 토론문도 소개되었는데, 누락시킨 글도 있다. 내가 별로 의미 부여를 하고 싶지 않은 발표자의 토론문이었기 때문이다.

가령 2006년 9월 28일 국사편찬위원회에서 주관하는 '한국상고사의 쟁점' 세미나에 토론자로 참석하였다. 이때 어떤 토론자는 재야의 어떤 인사의 논지에 대해 "구절 구절 모두 옳은 말씀입니다"고 평가했다. 고구려 영토가 유럽까지 뻗친 지도를 보고서 한 반응이었다. 경악하지 않을 수 없었다. 그가 동조했다면 어쩔 수 없는 일이겠지만 마음에도 없는, 자신을 기만하는 말을 한 것이다. 그것도 재조의 본산인 국사편찬위원회에서 재야 인사에게 아첨을 했다. 중간의 휴식 시간에 화장실에서 만난 그는 "그렇게 안하면 어떻해"라며 볼메인 소리를 뱉았다. 다시금 아연하게 만들었다. "니가 역사 학자냐?" 싶었다.

나는 누구말마따나 KBS1 TV 역사 스페셜 최다 출연자인 것도 같다. 최근에는 지난 6월 23일에 방영한 TV N, 벌거벗은 한국사였다. 그 밖에 이런저런 인연의 장면들도 지식 정보이지만 거론하지 않았다.

참고로 1년에 논문 발표가 제일 많았던 해는 2014년의 17편과 2016년의 16편이었다. 인터넷에서 2021년에 27편의 논문 운운은 허위이다. 누군가 내게 이런 말을 해 왔기 때문에 알았다. 당장 삭제되어야 마땅하다.

- 「漢城末·熊津時代 百濟王系에 대한 異說의 檢討」 동국대학교 사학과 학사학위 논문, 1981.12.
- 「백제왕위계승과 왕권의 연구-한성말 웅진시대를 중심으로」연세대학 교 대학원 석사학위논문, 1983.12.
- 「百濟集權國家形成過程研究」 한양대학교대학원 박사학위논문, 1991.6.

2. 저서

1) 『백제 고대국가 연구』 一志社, 1995.8, 392.

2) 『漢城百濟의 歷史와 文化』 송파문화원, 1995, 203.

3) 『꿈이 담긴 한국 고대사 노트 (상)』 一志社, 1996, 254.

4) 『꿈이 담긴 한국 고대사 노트 (하)』 一志社, 1996, 256.

5) 『백제 장군 흑치상지 평전―백제 말기 한 무장의 비장한 생애에 대한 변명』 주류성, 1996, 314.

6) 『새로 쓰는 백제사-동방의 로마제국, 백제사의 복원』 푸른역사, 1997, 642.

7) 『진훤이라 불러다오』 푸른역사, 1998, 342.

8) 『고대문화 산책』 서문문화사, 1999.11, 383.

9) 『살아 있는 백제사』 휴머니스트, 2003.8, 798.

10) 『궁예 진훤 왕건과 열정의 시대』 김영사, 2000.5, 357.

11) 『한국 고대사, 그 의문과 진실』 김영사, 2001.10, 364.

12) 『한성백제연구총서 3/ 서울의 백제 고분―석촌동 고분』 송파문화원, 2004.2, 252.

13) 『백제인물사』 백제문화개발연구원 역사문고 ; 주류성, 2005.6, 296.

14) 『고구려 광개토왕릉비문 연구』 서경문화사, 2006.1, 593.
15) 『역사가 기억해 주는 이름』 서경문화사, 2007.6, 202.
16) 『누구를 위한 역사인가』 서경문화사, 2010.6, 158.
17) 『백제한성·웅진성시대연구』 일지사, 2010.9, 494.
18) 『백제사비성시대연구』 일지사, 2010.9, 622.
19) 『후백제 진훤대왕』 주류성, 2015.5, 676.
20) 『후삼국시대 전쟁연구』 주류성, 2015.6, 492.
21) 『新羅·加羅史硏究』 서경문화사, 2017.2, 360.
22) 『한국고대사의 쟁점과 과제』 주류성, 2017.4, 287.
23) 『백제 도성 연구』 서경문화사, 2018.6, 340.
24) 『삼국통일 어떻게 이루어졌나』 학연문화사, 2018.7, 608.
25) 『가야는 철의 왕국인가 — 가야·신라·백제의 鐵』 학연문화사, 2019.4, 208.
26) 『분석 고대한국사』(18.8x26.3㎝) 학연문화사, 2019.12, 982.
27) 『무녕왕과 무령왕릉』 학연문화사, 2020.6, 305.
28) 『새롭게 해석한 광개토왕릉비문』 서경문화사, 2020.7, 248.
29) 『고구려 도성과 왕릉』 학연문화사, 2020.8, 384.
30) 『백제 계산 공주 이야기』 서경문화사, 2020.12, 127.
31) 『한국고대사 최대 쟁점, 백제요서경략』 서경문화사, 2021.7, 210.
32) 『백제사 신연구』 학연문화사, 2022.2, 572.
33) 『후백제사 연구』 학연문화사, 2022.2, 541.
34) 『쉽고도 어려운 한국고대사』 학연문화사, 2022.8, 288.
35) 『나의 연구회상--고투와 약진 45년』 학연문화사, 2022.8, 316.

3. 공저

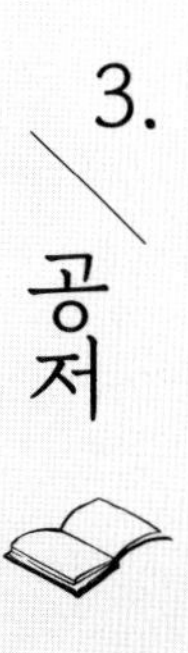

- 『三國史記研究論選集(2)』 白山學會, 1985.
- 『한국고대국가의 형성(대우학술총서)』 민음사, 1990.
- 『신라화랑연구』(정신문화문고 22), 한국정신문화연구원, 1992.
- 『百濟 佛教文化의 研究』 충남대학교 백제연구소, 1994.
- 『아차산의 역사와 문화유산』 구리시·구리문화원, 1994.
- 『문화론, 하나』 한국민족학회, 1995.
- 『高句麗 南進經營史의 연구』 백산자료원, 1995.
- 『백제의 역사』 충청남도·공주대학, 1995 ; 『백제의 역사와 문화』 학연문화사, 1996.
- 『구리시사』 구리시·구리문화원, 1996.
- 『망이산성 발굴 보고서(1)』 안성군·단국대학교 중앙박물관, 1996.
- 『마한사연구』 충남대학교, 1998.
- 『백제를 빛낸 인물』 부여군, 2001.12.
- 『한국문화와 이웃 문화』 서경문화사, 2004.12.

- 『다시 보는 고구려사』 고구려연구재단, 2004.11.
- 『백제부흥운동사연구』 공주대학교 백제문화연구소, 2005.12.
- 『불교의 나라, 백제 사비성』 부여군·한국전통문화연구소, 2006.8.
- 『부소산성을 다시 본다』 주류성, 2006.8.
- 『백제 성왕과 그의 시대』 부여군(공저 ; 7인), 2006.12.
- 『고구려의 정치와 사회』 동북아역사재단(공저 ; 16인), 2007.3.
- 『가림의 옛터』 부여군(공저; 7인), 2007.7.
- 『백제의 역사』 백제역사문화관(공저; 3인), 2007.
- 『태왕의 나라 고구려 유적』 서경문화사(공저 ; 3인), 2011.10, 316.
- 『백제의 발자취를 찾아서-일본편』 부여군 문화재보존센터(공저; 2인), 2011.8, 239.
- 『육조고도 남경』 주류성(공저; 3인), 2014.11, 478.
- 『한국과 동부 유라시아 교류사』(공저; 8인), 2015, 459.
- 『삼국 한강』 광진문화원(공저; 4인), 2015.11, 362.
- 『견훤, 새로운 시대를 열다』 국립전주박물관(공저; 7인), 2020, 375.
- 『후백제와 견훤』 서경문화사(공저; 8인), 2021.4, 293.

4. 편저

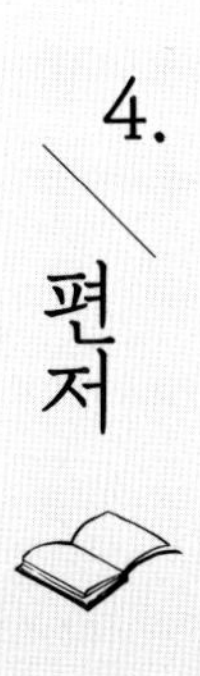

- 『高句麗史硏究(II, 史料篇)』 연세대학교출판부, 1988.

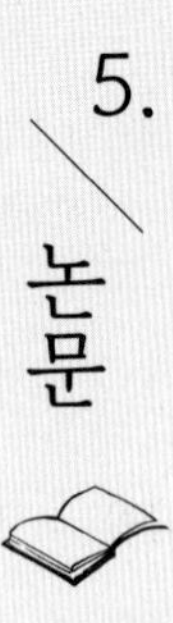

5. 논문

1) 「百濟 王系에 對한 異說의 檢討」『東國』 18, 東國大學校 校誌編輯委員會, 1982.5, 164~178.

2) 「漢城末·熊津時代 百濟 王系의 檢討」『韓國史硏究』 45, 韓國史硏究會, 1984, 1~27.

3) 「漢城末·熊津時代 百濟 王位繼承과 王權의 性格」『韓國史硏究』 50·51合輯, 韓國史硏究會, 1985, 1~35.
4) 「羅唐同盟의 性格과 蘇定方被殺說」『新羅文化』 2, 東國大學校 新羅文化硏究所, 1985, 19~33.

5) 「熊津都督府의 支配組織과 對日本政策」『白山學報』 34, 白山學會, 1987, 81~113.
6) 「新羅의 北進經略에 관한 新考察」『慶州史學』 6, 東國大學校 國史學會, 1987,

23~41.

7)「永樂6年 廣開土王의 南征과 國原城」『孫寶基博士停年紀念韓國史學論叢』孫寶基博士停年記念論叢刊行委員會, 1988, 87~107.

8)「大倧教와 近代民族主義史學」『國學硏究』1, 國學硏究所, 1988, 59~76.

9)「高句麗의 洛東江流域 進出과 新羅·加耶經營」『國學硏究』2, 國學硏究所, 1988, 89~114.

10)「高句麗 初期 王系의 再檢討」『伽倻通信』18, 釜山大學校博物館 가야통신편찬위원회, 1988, 31~46.

11)「百濟의 起源과 國家形成에 관한 再檢討」『韓國古代史硏究會會報』7, 韓國古代史硏究會, 1988.

12)「泗沘時代 百濟의 四方界山과 護國寺刹의 成立」『百濟硏究』20, 忠南大學校百濟硏究所, 1989 ;『百濟 佛敎文化의 硏究』충남대학교 백제연구소, 1994, 113~130.

13)「醴泉의 上乙谷城考」『慶州史學』8, 東國大學校 國史學會, 1989, 1~16.

14)「百濟의 起源과 國家形成에 관한 再檢討」『(대우학술총서) 한국고대국가의 형성』민음사, 1990, 105~170.

15)「山淸의 傳仇衡王陵에 관한 一考察」『鄕土文化』5, 嶺南大學校 鄕土文化硏究會, 1990, 97~112.

16)「新羅 花郎徒의 起源과 展開過程」『정신문화연구』38, 한국정신문화연구원, 1990, 3~18.

17)「百濟 七支刀 銘文의 再解釋」『韓國學報』60 ,一志社, 1990, 65~82.

18)「百濟 關彌城에 관한 一考察」『伽倻通信』19·20합집, 釜山大學校 博物館 가야통신편찬위원회, 1990, 1~8.

19)「百濟 虵城의 位置에 대한 再檢討」『韓國學論集』17, 漢陽大學校 韓國學硏究所, 1990, 5~14.

20) 「漢城 後期의 百濟王權과 支配體制의 整備」『百濟論叢』 2, 백제문화개발연구원, 1990, 281~312.
21) 「平壤 九梯宮의 性格과 그 認識」『國學硏究』 3, 國學硏究所, 1990, 229~234.

22) 「百濟의 交易網과 그 體系의 變遷」『韓國學報』 63, 一志社, 1991, 67~105.
23) 「百濟의 起源과 國家發展過程에 관한 檢討」『韓國學論集』 19, 漢陽大學校 韓國學硏究所, 1991, 139~192.
24) 「百濟 黑齒常之墓誌銘의 檢討」『鄕土文化』 6, 嶺南大學校 鄕土文化硏究會, 1991, 19~37.
25) 「方位名 夫餘國의 성립에 관한 檢討」『白山學報』 38, 白山學會, 1991, 5~22.

26) 「第2章 三國 및 統一新羅時代」『楊州郡誌(上)』 楊州文化院, 1992, 105~126.
27) 「百濟 漢城時期의 都城制에 관한 檢討」『韓國上古史學報』 9, 韓國上古史學會, 1992, 25~48.
28) 「고대·중세의 역사」『일산 새도시 개발지역 학술조사보고』 2, 한국선사문화연구소·단국대학교 한국민족학연구소, 1992, 11~18.
29) 「高句麗 初期 王系의 復元을 위한 檢討」『韓國學論集』 20, 漢陽大學校 韓國學硏究所, 1992, 175~196.
30) 「신라 화랑도의 기원과 성격에 관한 검토」『신라화랑연구』 한국정신문화연구원, 1992, 11~33.
31) 「磨雲嶺眞興王巡狩碑의 近侍隨駕人에 관한 檢討」『新羅文化』 9, 東國大學校 新羅文化硏究所, 1992, 119~130.
32) 「伯濟國의 성장과 소금 交易網의 확보」『百濟硏究』 23, 忠南大學校 百濟硏究所, 1992, 5~20.

33) 「二聖山城 出土 木簡의 檢討」『韓國上古史學報』 12, 韓國上古史學會, 1993, 183~194.
34) 「百濟 初期史에 관한 文獻資料의 檢討」『韓國學論集』 23, 漢陽大學校 韓國學

研究所, 1993, 5~42.

---

35) 「4세기 정복국가론에 대한 검토」『韓國古代史論叢』 6, 韓國古代社會硏究所, 1994, 245~278.

36) 「고대」『아차산의 역사와 문화유산』 구리시·구리문화원, 1994, 39~59.

37) 「唐橋 '蘇定方被殺說'의 역사적 의의」『김갑주 박사 화갑기념 한국사학논총』 김갑주기념논총간행위원회, 1994, 171~189.

---

38) 「新浦市 출토 고구려 金銅板 銘文의 검토」『민족과 문화』 1, 한국민족학회, 1995, 113~131.

39) 「海南 지역 마한 세력의 성장과 백제로의 복속 과정」『韓國學論集』 25, 漢陽大學校 韓國學硏究所, 1995, 361~404.

40) 「한국사에서의 정복국가론에 대한 동향」『문화론 하나』 한국민족학회, 1995.

---

41) 「고대」『구리시사』 구리시사편찬위원회, 1996.

42) 「백제문화의 일본전파」『백제의 역사』 충청남도·공주대학, 1995 ; 『백제의 역사와 문화』 학연문화사, 1996, 397~434.

43) 「日本書紀의 百濟 義慈王代 政變 記事의 檢討」 한국고대사학회 제38회 정기발표회, 1996.6.8 ; 「日本書紀의 百濟 義慈王代 政變 記事의 檢討」『韓國古代史硏究』 11, 한국고대사학회, 1997.2, 405~420.

44) 「廣開土王陵碑文에 보이는 戰爭記事의 分析」『광개토호태왕비연구100년(하)』 1996 ; 『高句麗硏究』 2, 고구려연구회, 1996, 751~765.

---

45) 「古代 國家의 成長과 交通路」『국사관논총』 74, 국사편찬위원회, 1997, 141~177.

46) 「抱川 半月山城 出土 '고구려' 기와 銘文의 再檢討」『高句麗硏究』 3, 고구려연구회, 1997, 25~38.

47) 「定林寺址 五層塔 碑銘과 그 작성 배경」『선사와 고대』 8, 한국고대학회,

1997, 105~112.

48) 「百濟義慈王論」『민족학연구』 2, 한국민족학회, 1997, 167~177.

49) 「강화도 문화유산의 현실과 대책」『강화도의 문화유산과 자연환경』 인천가톨릭대학, 1997 ; 「강화도 문화유산의 현실과 대책」『누리와 말씀』 제2호, 인천가톨릭대학교, 1997.12, 208~234.

50) 「새로운 모색을 위한 점검, 목지국 연구의 현단계」『마한사의 새로운 인식』 충남대학교 백제연구소, 1997 ; 『마한사연구』 충남대학교 출판부, 1998, 115~131.

51) 「다시 읽는 고전—용비어천가의 세계」『문헌과 해석』 3, 태학사, 1998, 178~189.

52) 「古新羅期 靈護寺刹의 機能擴大 過程」『白山學報』 52, 백산학회, 1999, 83~98.

53) 「廣開土王碑文에 보이는 地名 比定의 재검토」『廣開土王碑文의 新硏究』 서라벌군사연구소, 1999, 175~197.

54) 「역사」『파주시의 역사와 문화유적』 한양대학교 박물관, 1999.

55) 「한성백제의 왕위계승과 왕권」『한성백제 국제학술 세미나』 송파구, 1999.9.15, 3~51.

56) 「역사」『고양시의 역사와 문화유적』 고양시·한국토지박물관, 1999.

57) 「百濟의 交易과 그 性格」『Strategy21』 한국해양전략연구소, 1999, 제2권-제2호, 가을·겨울호, 54~99.

58) 「百濟復興運動의 시작과 끝, 任存城」『백제부흥운동과 임존성의 제문제』 공주대학교 백제문화연구소(공주대학교 산업과학대학/예산캠퍼스) 1999.10.29, 1~10 ; 「百濟復興運動의 시작과 끝, 任存城」『백제문화』 28, 공주대학교 백제문화연구소, 1999, 191~204.

59) 「단양 지역의 역사적 배경」『단양 사지원 태장이묘 학술조사보고』 단양군청·한양대학교 박물관, 1999, 14~24.

60) 「삼국 및 신라의 통일시대」『漣川郡誌(上)』 연천군지편찬위원회, 2000.9, 247~267.

61) 「해양강국 백제의 꿈」『해양과 문화』 3, 한국해양문화재단·한겨레신문사, 2000.5, 56~63.

62) 「加耶系 山城의 한 類型에 관한 檢討」『韓國古代史와 考古學』 金廷鶴博士 頌壽紀念論叢刊行委員會, 2000.12, 791~799.

63) 「上古時代 仁川 地域 國家形成 考察」『상고시대 인천의 역사탐구』 제9회 가천문화재단 학술발표회(가천인력개발원), 2000.6.15, 21~37.

64) 「연천군의 역사」『연천군의 역사와 문화유적』 한국토지박물관, 2000.8, 79~110.

65) 「중원고구려비의 건립 목적」『중원고구려비 신조명』 고구려연구회, 2000.10 ; 『고구려연구』 10, 고구려연구회, 2000.12, 271~282.

---

66) 「고대의 하남」『역사도시 하남』 하남시사편찬위원회, 2001.2, 31~67.

67) 「진훤의 출신지와 그 초기 세력 기반」『후백제 견훤정권과 전주』 주류성, 2001.5, 51~77.

68) 「後百濟의 加耶故地 進出에 관한 檢討」『白山學報』 58, 백산학회, 2001.3, 45~70.

69) 「백제 칠지도의 철산지에 관한 고찰」『심청국제 학술 심포지엄』 곡성군심청축제추진위원회, 2001.10, 29~33 ; 「백제 칠지도 명문의 성격」『한국전통문화학교 일본 벳푸대학 국제학술 세미나』 2003.11.27, 7~10.

---

70) 「廣開土王陵碑文의 思想的 背景」『韓國學報』 106, 一志社, 2002, 2~21.

71) 「제2편 역사 백제시대」『공주시지(상)』 공주시, 2002.2.

72) 「後百濟 甄萱의 農民 施策에 관한 再檢討」『白山學報』 62, 백산학회, 2002.4, 115~142.

73) 「백제 한성도읍기 도성제에 관한 몇 가지 검토」『백제 도성의 변천과 연구상의 문제점』 국립부여문화재연구소, 2002.5, 41~52 ; 서경문화사, 2003.4.

74) 「古朝鮮史의 몇 가지 問題에 관한 再檢討」『東國史學』 37, 동국사학회, 2002.6, 21~48.

75) 「後百濟 甄萱 政權의 沒落過程에서 본 그 思想的 動向」『한국사상사학』 18, 한국사상사학회, 2002.6, 269~300.

76) 「광개토왕릉비문의 國烟과 看烟의 性格에 대한 再檢討-被征服民 施策과 관련하여-」『한국고대사연구』 28, 한국고대사학회, 2002.12, 81~106.

77) 「古代史 속의 南原」『남원문화유산의 탐구』 전북전통문화연구소·남원사회봉사단체협의회·원광대학교평생교육원, 2002.12, 220~242.

78) 「백제 사비 천도의 재조명」『사비시대의 백제와 문화』 부여군 선양회, 2002, 10 ; 「百濟 泗沘 遷都의 再檢討」『東國史學』 39, 동국사학회, 2003.9, 25~52.

79) 「'百濟復興運動'에 관한 몇 가지 검토」『東國史學』 38, 동국사학회, 2002.9, 23~50.

---

80) 「완벽과 아름다움의 고대도시 부여/ 일본에 전해진 찬란한 백제 문화」『부여군지(제8권)』 부여군지편찬위원회, 2003.3, 19~28. 70~75.

81) 「加羅聯盟과 高句麗」『광개토대왕, 제9회 가야사 국제학술회의』 김해시, 2003.4.18, 1~15.

82) 「廣開土王陵碑의 建立 背景」『白山學報』 65, 백산학회, 2003.4, 39~66.

83) 「백제 무왕대 익산 천도설의 검토」『익산 문화권 연구의 성과와 과제』 마한백제문화연구소 설립 30주년 기념 제16회 국제학술회의, 2003.5.23, 85~94 ; 「百濟 武王代 益山 遷都說의 再檢討」『慶州史學』 22, 경주사학회, 2003.12, 71~92 ; 「백제 무왕대 익산 천도설의 재해석」『마한백제문화연구』 16, 원광대학교 마한백제문화연구소, 2004.12, 85~100.

84) 「한국사에서의 천하관과 황제체제」『전통문화논총』 한국전통문화학교, 창간호, 2003.6, 53~86 ; 『한국문화와 주변 문화』 서경문화사, 2004.12, 11~45.

85) 「백제 조국회복전쟁기의 몇 가지 쟁점」『백제 부흥운동과 백강전쟁』 백강전쟁 1340년 한·중·일 국제학술 심포지움,서천군 군민회관, 2003.9.4 ; 「백제 조국회복전쟁기의 몇 가지 爭點 檢檢」『백제문화』 32, 공주대학교 백제문화연

구소, 2003.12, 149~157.

86) 「참성단의 보존과 활용 방안」『삼랑성 역사문화축제 학술세미나, 강화도참성단-현황과 과제』 강화역사문화연구소·삼랑성역사문화축제조직위원회, 전등사 강설당, 2003.10.18, 39~58.

87) 「고구려사에서의 忠州(國原城)」『국내성 천도 2000주년 고구려 국제학술대회』 충주문화원·백산학회, 충주 후렌드리호텔, 2003.11.15, 107~121 ; 『백산학보』 67, 백산학회, 2003.12, 485~503.

88) 「궁예와 진훤의 비교 검토」『궁예와 태봉의 역사적 재조명』 제3회 태봉학술제, 철원군·철원문화원, 2003.11.28, 7~34.

89) 「〈삼국사기〉에 보이는 온조왕상」『선사와 고대』 19, 한국고대학회, 2003.12, 125~141.

---

90) 「삼국의 문화와 문물교류 과정」『7세기 동아시아 국제정세와 신라의 삼국통일전략』 제24회 신라문화학술회의, 동국대학교 신라문화연구소, 2004.3.12 ; 『신라문화』 24, 신라 문화연구소, 2004.8, 151~172.

91) 「三國의 相互關係를 通해 본 高句麗 正體性」『고구려의 정체성 국제학술대회』 고구려 연구회, 2004.6.29 ; 『고구려연구』 18, 고구려연구회, 2004.12, 533~558.

92) 「태왕릉과 장군총의 피장자 문제」『백산학보』 69, 백산학회, 2004.8, 119~148.

93) 「고등학교 국사 교과서상 후백제사 서술의 문제점」『전통문화논총』 2, 한국전통문화학교, 2004.9 ; 『한국문화와 주변 문화』 서경문화사, 2004.12, 311~333.

94) 「史料紹介: 嶺南京約所節目册」『전통문화논총』 2, 한국전통문화학교, 2004.9, 127~142 ; 『한국문화와 주변 문화』 서경문화사, 2004.12, 335~350.

95) 「백제 의자왕대 정치 변동의 검토」『백제 의자왕에 대한 재조명』 부여군, 한일국제학술심포지움, 2004.11.11 ; 「百濟 義慈王代의 政治 變動에 대한 檢討」『東國史學』 40, 동국사학회, 2004.12, 79~112 ; 「백제문화」 33, 공주대학교

백제문화연구소, 2004.12.

96) 「太王陵과 將軍塚의 被葬者 問題 再論」『집안·환인 지역 고구려유적 발굴 성과의 검토』 고구려연구회, 2004.11.27, 103~123 ; 『高句麗研究』 19, 고구려연구회, 2005.6, 119~148.

97) 「신라사의 시대구분과 '中代'—중세로의 전환 시점에 대한 접근」 『신라문화』 25, 동국대학교 신라문화연구소, 2005.2, 19~42.

98) 「백제의 對倭 交易의 전개 양상」 『백제 문화의 일본 전파와 그 영향』 중앙대학교 해외민족연구소, 2005.4.30 ; 『민족발전연구』 13-14호, 2006.2.

99) 「高句麗와 百濟의 出系 認識 檢討」 고구려연구회 2005년도 하계학술대회, 공주대학교, 2005.6.3 ; 『高句麗研究』 20, 고구려연구회, 2005.9, 175~191.

100) 「최치원의 고구려 인식」 『한국사상사학』 24, 한국사상사학회, 2005.6, 199~224 ; 『고운 최치원의 역사관』 최치원연구총서 3, 고운국제교류사업회, 2010.10.

101) 「百濟 武王의 系譜와 執權 基盤」 『제3회 부여 서동·연꽃 축제기념학술세미나, 백제 무왕과 그의 시대』 공주대학교 백제문화연구소, 2005.7.26, 17~34 ; 『백제문화』 34, 공주대학교 백제문화연구소, 2005.12, 69~85.

102) 「서산 지역의 역사지리적 환경」 『서산 보원사지 종합정비계획』 한국전통문화학교 전통문화연구소, 2005.8, 45~65.

103) 「漢城 陷落 以後 高句麗와 百濟의 關係—耽羅와의 關係를 中心으로」 『전통문화논총』 3, 한국전통문화학교, 2005.6, 113~134.

104) 「고구려와 백제의 대립과 동아시아 세계」 『제11회 고구려연구회 국제학술대회』 단국대학교, 2005.11.4 ; 『고구려연구』 21, 고구려연구회, 2005.12, 369~395.

105) 「고구려와 부여 관계의 재검토」 한국학중앙연구원, 2006.1.25 ; 『고구려의 역사와 대외 관계』 서경문화사, 2006.1, 157~206.

106) 「사비천도와 부소산성」 『부소산성』 부여군, 2006.5.8 ; 『부소산성을 다시 본

다』 주류성, 2006.8, 14~80.

107) 「고구려에서의 내분과 내전」『2006년 하계 학술세미나—동아시아의 전쟁과 고구려』 고구려연구회, 2006.6.9 ; 「高句麗의 內紛과 內戰」『高句麗研究』 24, 고구려연구회, 2006.9, 9~40.

108) 「사비도성과 관련한 청마산성의 역사적 의미」『부여 청마산성 종합학술조사 보고서』 부여군, 2006.6, 49~63.

109) 「高句麗史에서의 國難과 故國原王像」『高句麗研究』 23, 고구려연구회, 2006.6, 9~28.

110) 「新羅末 甄萱의 勢力 基盤과 交易」『新羅文化』 28, 신라문화연구소, 2006.8, 211~231.

111) 「百濟 復國運動과 遲受信, 그리고 黑齒常之」『백제 복국군의 의병 정신』 내포문화연구원, 2006.11, 8~9 ; 『전통문화논총』 4, 한국전통문화학교, 2006.12, 95~118.

112) 「제3절 백제 문화의 일본열도 전파」『충청남도지(4권)』 충청남도지편찬위원회, 2006.9.

113) 「성왕의 생애와 정치」『백제 성왕과 그의 시대』 부여군, 2006.12, 8~32.

---

114) 「광개토대왕의 영토확장과 광개토대왕릉비」『고구려의 정치와 사회』 동북아역사재단, 2007.3, 165~186 ; 「廣開土大王的領土擴張與廣開土大王陵碑」『高句麗的政治與社會』 香港社會科學出版社有限公司, 2010.3, 168~194.; 「廣開土王の領域擴大と廣開土王陵碑」『高句麗の政治と社會』 明石書店, 2012.1, 152~171.

115) 「高句麗의 夫餘 出源에 관한 認識의 變遷」『高句麗研究會 춘계학술대회』 경성대학교, 2007.5, 3~4. 101~116 ; 『高句麗研究』 27, 2007.6, 125~146.

116) 「역사」『가림의 옛터』 부여군, 2007.6, 13~25.

117) 「개요」『한성도읍기의 백제』 백제문화사대계연구총서, 3, 충청남도역사문화원, 2007.6, 13~25.

118) 「제2절 중앙집권체제의 확립과 영역확장」『한성도읍기의 백제』 백제문화사

대계연구총서(3), 충청남도역사문화원, 2007.6, 58~138.

119) 「제3절 백제의 천하 인식」『한성도읍기의 백제』 백제문화사대계연구총서(3), 충청남도역사문화원, 2007.6, 138~177.

120) 「니식진묘지명을 통해 본 백제 니씨 가문」『전통문화논총』 5, 한국전통문화학교, 2007.8, 66~91.

121) 「삼국에 관한 주변 국가의 인식에 관한 연구」『KTF '고구려요금제' 학술지원 동북공정 대응논리 개발 프로젝트』 고구려연구회, 2007.11.10 ; 『고구려연구』 29, 2007.12, 201-228 ; 『동북공정과 한국학계의 대응논리』 여유당, 2008.7.20, 567~648.

122) 「『三國史記』 道琳記事 檢討를 통해 본 百濟 蓋鹵王代의 政治」『한성백제의 역사와 문화』 한국고대학회 추계학술회의, 2007.10.26 ; 「『三國史記』 道琳記事 檢討를 통해 본 百濟 蓋鹵王代의 政治 狀況」『先史와 古代』 27, 한국고대학회, 2007.12, 27~56.

123) 「궁예와 왕건의 행적과 원주」『신라말 고려 초기 원주의 역사와 문화』 연세대학교근대한국학연구소 제18회 심포지엄, 원주 운곡회관, 2007.11.23 ; 「弓裔의 北原京 占領과 그 意義」『東國史學』 43, 동국사학회, 2007.12, 177~220.

124) 「〈왕흥사지 사리기 명문〉 분석을 통해 본 백제 위덕왕대 정치와 불교」『부여 왕흥사지 출토 사리기의 의미』 국립부여문화재연구소, 왕흥사지 국제학술대회, 부여박물관, 2008.1.29, 143~158 ; 「〈왕흥사지 사리기 명문〉 분석을 통해 본 백제 위덕왕대 정치와 불교」『한국사 연구』 142, 2008.9, 1~31.

125) 「증산성의 인문 환경」『부여 증산성 식생환경 및 환경 조사연구』 부여군 문화재 보존센터, 2008.1, 27~56.

126) 「집안 지역 고구려 왕릉에 관한 신고찰」『고구려발해연구』 30, 고구려발해학회, 2008.3, 87~119.

127) 「'梁職貢圖'의 百濟 使臣圖와 題記」『백제 문화 해외 조사보고서(6)』 국립공주박물관, 2008.6, 105~116.

128) 「고구려 王陵에 관한 몇 가지 검토」『전통문화논총』 6, 한국전통문화학교, 2008.8, 133~157.

129) 「한강유역을 확보하라」『한 권으로 읽는 경기도의 역사』 경기도사편찬위원회, 2008.9.

130) 「해동증자 의자왕의 생애」『백제실록 의자왕』 부여군, 2008.10, 10~61.

131) 「백제와 동남 아시아諸國과의 교류」『대백제국의 국제교류사』 충청남도역사문화연구원, 2008.10.7 ; 『충청학과 충청문화』 7호, 충청남도역사문화연구원, 2008.12, 171~200.

132) 「신라말 후백제 진훤세력의 성장과 남중국 교섭」『第9屆 한국전통문화국제학술연토회 논문집(中)』 절강대학교 한국연구소, 2008.11, 8~9. 842~853.

---

133) 「백제 웅진기 한강유역 지배 문제와 그에 대한 인식」『향토서울』 73, 서울특별시사편찬위원회, 2009.2, 51~98.

134) 「堤川 점말동굴 花郎 刻字에 대한 考察」『화랑의 장 점말동굴 그 새로운 탄생』 충청북도문화재연구원, 2009.4.28 ; 『충북문화재연구』 2호, 충청북도문화재연구원, 2009.5, 41~63.

135) 「미륵사지 서탑 사리 봉안기의 분석」『백산학보』 83, 백산학회, 2009.4, 237~267.

136) 「전 김유신묘에 대하여」『문화재학』 6, 한국전통문화학교 문화재관리학과, 2009.2, 95~106.

137) 「'廣開土王陵碑文'에 보이는 征服의 法則」『제37회 동아시아고대학회학술발표대회』 동아시아고대학회, 한국전통문화학교, 2009.5.23 ; 『東아시아古代學』 20, 2009.12, 87~117.

138) 「중국 속의 백제인들」『한민족 디아스포라의 역사(1)』 한민족학회, 2009, 5.27 ; 「중국 속의 백제인들, 중국 바깥의 백제인들」『한민족연구』 7, 2009.6, 27~49.

139) 「高句麗 王陵硏究의 現段階와 問題點」『高句麗渤海硏究』 34, 고구려발해학회, 2009, 7.30, 131~157.

140) 「說林—'Neo 백제정복국가론'이 걸어 온 길」『전통문화논총』 7, 한국전통문화학교, 2009, 8.28, 378~396.

141) 「백제와 동남아 세계의 만남에 대한 逆批判」『대백제/ 백제의 숨결을 찾아서』 동아시아국제학술포럼, 한국전통문화학교·부여군문화재보존센터, 2009.10.9.

142) 「唐에서 재건된 백제」『整合·解體·通涉의 人文學』 경성대학교 인문과학연구소, 2009년 추계국제학술대회, 2009.11.6 ; 『인문과학논총』 15-1, 2010.2, 103~124.

143) 「해상왕국 대백제와 백제 왕도 부여」『백제문화 세계화와 백제고도 부여』 대전일보사, 2009.11.25.

144) 「백제의 동남아시아 交流論은 妄想인가?」『경주사학』 30, 동국대학교 국사학과, 2009.12, 63~89.

---

145) 「任那諸國內 加羅聯盟의 勢力 變遷과 對外關係」『白山學報』 86, 백산학회, 2010.4, 91~118.

146) 「百濟의 海外活動 記錄에 관한 檢證」『2010세계대백제전 국제학술회의』 2010세계대백제전조직위원회, 2010.10.1 ; 『충청학과 충청문화』 11, 충청남도역사문화연구원, 2010.12.30, 297~314. 『한국과 동부 유라시아 교류사』 학연문화사, 2015, 171~211.

147) 「記錄으로 본 古都 益山의 眞正性」『익산역사유적지구의 세계유산적 가치』 전라북도·익산시, 2010.12.9 ; 「古都 益山의 眞正性에 관한 多角的 分析」『馬韓百濟文化』 19, 원광대학교 마한백제문화연구소, 2010.12, 95~123.

148) 「百濟 始祖 溫祚說話에 대한 檢證」『한국사상사학』 36, 한국사상사학회, 2010.12, 111~142.

149) 「百濟 熊津城硏究에 대한 檢討」『東아시아古代學』 23, 동아시아고대학회, 2010.12, 247~278.

150) 「百濟의 起源과 慕容鮮卑」『충북문화재연구』 4, 충청북도문화재연구원, 2010.11, 7~28.

151) 「中國 廣西壯族自治區의 百濟墟 探索」『위례문화』 13, 하남문화원, 2010.12, 27~32.

152) 「백제의 불교 수용 배경과 위덕왕대의 불교」『동아시아의 불교 문화와 백제』 한얼문화유산연구원 개원 5주년 기념 국제학술대회, 2010.3.

153) 「百濟 漢城都邑期 王城에 대한 所在地 認識 檢證」『山城論誌』 2011-4, 광주문화권협의회, 2011.8.5, 23~32.

154) 「谷那鐵山과 百濟」『東아시아古代學』 25, 동아시아고대학회, 2011.8, 65~102.

155) 「한국사 교과서는 문화유산을 어떻게 다루고 있나—역사편」『한국사 교육과 문화유산』 한국전통문화대학교 전통문화연구소, 제3회 학술심포지엄, 2011.9.29, 1~15 ; 「한국사 교과서는 문화유산을 어떻게 다루고 있나?—역사 부분」『한국사교육과 문화유산』 전통문화연구소, 2013, 15~46.

156) 「고대 동아시아의 불교와 왕권」『동아시아 불교문화와 백제』 제57회 백제문화제 국제학술대회, 2011.10.4 ; 『충청학과 충청문화』 13, 충청남도역사문화연구원, 2011.12, 45~66.

157) 「東城王의 卽位 過程에 대한 再檢證」『白山學報』 91, 2011.12, 81~105.

158) 「'史料와 考古學 자료로 본 백제 王都 益山'에 대한 檢證」『한국전통문화연구』 9, 한국전통문화대학교, 2011.12, 4~19.

159) 「高句麗 王號와 葬地에 관한 檢證 」『慶州史學』 34, 2011.12, 1~32.

160) 「'『삼국사기』 온조왕본기'의 主體에 대한 再解釋」『21세기의 한국고고학 V』 주류성, 2012.2, 659~680.

161) 「廣開土王代 南方 政策과 韓半島 諸國 및 倭의 動向」『고구려 광개토왕과 동아시아』 한국고대사학회, 2012.2, 16~17. 115~142 ; 『한국고대사연구』 67, 한국고대사학회, 2012, 159~199.

162) 「公山城 出土 漆甲의 性格에 대한 再檢討」『인문학논총』 28, 경성대학교 인문과학연구소, 2012.2, 321~352.

163) 「제1편 마한에서 후삼국시대까지」『강진군지 1』 강진군·강진문화원, 2012.2, 57~95.

164) 「檀君 國祖 意識과 境域 認識의 變遷 —『舊三國史』와 관련하여—」『한국사상사학보』 40, 2012.4, 377~410.

165) 「泗沘城 遷都와 都城 企劃, 그리고 '定林寺'」『정림사복원 국제학술심포지엄』 부여군문화재보존센터, 2012.6.13, 183~195 ; 「百濟 泗沘都城과 '定林寺'」『白山學報』 94, 2012.12, 107~136.

166) 「中國 吉林省 集安 소재 東臺子 遺蹟 再檢證」『慶州史學』 35, 2012.6, 21~44.

167) 「韓國史의 擴大過程과 女眞史의 歸屬 問題」『한국고대사의 시공간적 문헌적 범위』 한민족공동체연구소 학술회의 발표 논문집, 2012.7.20, 29~43 ; 『한민족연구』 12, 2012, 한민족학회, 179~200.

168) 「馬韓 殘餘故地 前方後圓墳의 造成 背景」『東아시아古代學』 28, 동아시아고대학회, 2012.8, 169~203.

169) 「高句麗의 成長과 東海 및 東海岸路」『2012 속초 발해의 꿈 프로젝트 국제학술세미나』 고구려발해학회, 속초시립박물관, 2012.10.5, 41~60 ; 「高句麗의 東海 및 東海岸路支配를 둘러싼 諸問題」『고구려발해연구』 44, 2012.11, 169~198.

170) 「기조강연—마한 역사와 영산강유역」『2012 마한 역사교과서 등재 학술심포지엄』 나주시·전남일보, 2012.10.29, 15~27.

171) 「百濟 泗沘都城의 編制와 海外 交流」『동아시아의 고대 도시와 문화』 동아시아고대학회, 2012.11.16, 71~89 ; 『東아시아古代學』 30, 동아시아고대학회, 2013.4, 231~267.

172) 「'定林寺址' 五層石搭의 建立 時期에 대한 論議」『부여학』 2, 2012.12, 85~106.

173) 「'광개토왕릉비문'의 역사적 성격과 특징」『광개토태왕릉비 원석정탑본 공개와 박물관학적 활용 방안』 제27회 박물관학 학술대회, 2012.12.18, 37~52 ; 『博物館學報』 23, 한국박물관학회, 2012.12, 95~118.

174) 「漢城百濟 佛敎史 硏究의 問題點」『한국의 고대신앙과 백제불교』하남문화원 제4회 학술대회, 2012.12.20 ; 『위례문화』 15, 하남문화원, 2012.12, 119~133.

175) 「백제 건국세력의 계통과 한성기 묘제」『한성지역 백제 고분의 새로운 인식과 해석』 제13회 백제학회정기발표회, 2013.3.2, 59~72 ; 「百濟 建國勢力의 系統과 漢城期墓制」『百濟學報』 10, 2013, 5~25.

176) 「高句麗 守墓發令碑에 대한 接近」『韓國思想史學』 43, 한국사상사학회, 2013.4, 85~115.

177) 「윤명철, '해양사연구방법론'(학연문화사, 2012)에 대한 서평」『고조선단군학』 28, 고조선단군학회, 2013.6, 413~424.

178) 「百濟의 海上실크로드 探究」『東亞海洋文化國際學術會議 論文集』 浙江大學, 2013. 8.20, 173~192.

179) 「백제 왕궁과 풍납동토성—사료를 통해 본 한성백제 왕성」『한성백제의 왕궁은 어디에 있었나?』 한성백제박물관 백제학연구소, 2013.9.27, 44~66 ; 「백제 왕궁과 풍납동 토성—사료를 통해 본 한성백제 왕성」『한성백제의 왕궁은 어디에 있었나』 한성백제박물관, 2014.1, 67~96.

180) 「榮山江流域 馬韓諸國의 推移와 百濟」『百濟文化』 49, 2013.8, 109~128.

181) 「百濟의 祭儀와 百濟金銅大香爐」『제59회 백제문화제국제학술대회』 2013. 10.1, 23~40 ; 『충청학과 충청문화』 17, 충청남도역사문화연구원, 2013.12, 29-49.

182) 「溫達의 南下經路와 戰死處」『온달산성의 사적보존과 출전경로』 국사편찬위원회 사료조사위원 전국협의회 충북지회, 2013.10.10, 11~30 ; 「溫達의 南下經路와 戰死處 阿旦城 檢證」『東아시아古代學』 32, 2013.12, 261~292.

183) 「界線으로서 韓國史 속 百濟人들의 頭髮과 服飾」『백제 하남인들은 어떻게 살았는가』 2013.10.11, 1~9 ; 『위례문화』 16, 2013.12, 118~128.

184) 「李丙燾 韓國古代史 硏究의 '實證性' 檢證」『두계 이병도의 한국사연구와 역사인식』 백산학회, 2013.12.6, 46~75 ; 「李丙燾 韓國古代史 硏究의 '實證性'

檢證」『白山學報』 98, 2014.4, 103~166.

185) 「「廣開土王陵碑文」에 보이는 '南方'」『광개토왕과 고구려사에 대한 새로운 이해』 경북대학교 영남문화연구원, 2013.11.23., 29~47 ; 『영남학』 24, 영남문화연구원, 2013.12, 7~39.

186) 「說林―'三國志' 東夷傳 夫餘 條의 分析」『부여학』 3, 2013.12, 225~249.

---

187) 「嶺西 地域 樂浪」『東아시아 문화와 지역 원형의 재인식』 東아시아 고대학회 冬季 (第52回)全國學術大會, 2014.2.20, 16~29 ; 「樂浪郡의 推移와 嶺西 地域 樂浪」『東아시아 古代學』 34, 2014.6, 3~34.

188) 「後百濟의 全州 立都와 彌勒寺 開塔」『東아시아고대학회 春季(第53回)全國學術大會』 2014.5.1, 62~75 ; 「後百濟의 全州 遷都와 彌勒寺 開塔」『韓國史研究』 165, 2014.6, 1~30.

189) 「고대사회」『議政府市史 2』 2014.6, 54~69.

190) 「說林 : 韓國史에서 中世의 起点으로서 科擧制 施行」『東國史學』 56, 2014.6, 389~406.

191) 「고구려 왕릉 연구의 어제와 오늘」『한국고대사 연구의 시각과 방법』 사계절, 2014. 9.18, 129~150.

192) 「益山 遷都 物證 '首府' 銘瓦에 대한 反論 檢證」『東아시아古代學』 35, 2014.9, 3~26.

193) 「倭의 佛敎 受容과 백제계 사찰의 건립배경 및 성격」『백제와 고대 동아시아』 2014. 10.1, 179~199 ; 『충청학과 충청문화』 19, 2014.12, 171~200.

194) 「孫晉泰의 韓國古代史 敍述과 認識」『근대 한국 사상가들의 고조선 인식』 고조선단군학회 제61회 학술발표회, 2014.10.2, 19~33 ; 「南滄 孫晉泰의 韓國古代史 敍述과 認識」『고조선단군학』 31, 2014.12, 231~263.

195) 「高句麗 城으로서의 溫達城에 대한 論議」『온달과 고구려 생활 문화』 국사편찬위원회 사료조사위원 전국협의회, 2014.10.2, 97~113.

196) 「『舊三國史』의 體裁와 編纂 時期에 對한 再檢討」『第十五屆中國韓國學國際研討會 歷史文化2 論文集』 浙江大學韓國研究所, 2014.10.20, 422~441 ;

『第十五屆中國韓國學 國際硏討會論文集』歷史卷(한국연구총서 58), 민족출판사, 2016, 595~627.

197)「恩山別神祭 主神의 變化 過程」『扶餘學』4, 부여고도육성포럼, 2014.12, 11~39.

198)「三國統一期 新羅의 北界 確定 問題」『東國史學』57, 동국사학회, 2014.12, 289~323.

199)「夫餘系 國家들의 國號 起源」『한국사 속의 나라 이름과 겨레이름2』한국학중앙연구원 현대한국학연구센터, 2014.12.23, 1~14 ; 『한민족연구』14, 2014, 19~40.

200)「阿旦城 所在地와 溫達城 初築國에 관한 論議」『한국고대사탐구』18, 한국고대사탐구학회, 2014.12, 145~171

201)「百濟 官制 運營의 實際 - 旣存 資料와의 差異를 中心으로-」『2014년 한국고대사탐구학회학술회의』한국고대사탐구학회, 2014.12.27, 19~38 ; 『韓國古代史探究』19, 2015.4, 37~79.

---

202)「동의보감 進書儀와 새로 발견한 韓醫書의 소개」『동의보감진서의 학술세미나』(사단법인) 허준기념사업회·경상남도산청 한방약초연구소, 2015.5.5, 3~11.

203)「백제의 요서경략과 중·고등학교 한국사 교과서의 기술」『한국전통문화연구』15, 한국전통문화대학교, 2015.5, 189~221.

204)「백제사 속의 익산에 대한 재조명」『문산 김삼룡 박사 1주기 추모학술강연회 익산문화와 원불교』원불교사상연구원·마한백제문화연구소, 원광대학교 숭산기념관, 2015.5.6, 95~112 ; 『마한백제문화』25, 2015.6, 93~112.

205)「후백제와 오월국 교류」『21세기 중한문화교류사 연구의 방향성 모색』화중사범대학한국문화연구소 제3회학술세미나, 2015.6.26, 22~31 ; 「후백제와 오월국 교류에서의 신지견」『백제문화』53, 2015.8, 101~116.

206)「단양적성비와 진흥왕대 諸碑의 비교」『단양 신라적성비 학술회의』국사편찬위원회 전국협의회 충북지회, 2015.9.4, 35~51 ; 「新羅의 丹陽 經營과 丹

陽赤城碑」『세계사 속에서의 韓國』 주류성, 2016.10, 955~977.

207) 「부여 지역의 불교 문화」『부여의 불교문화, 민속문화 그리고 수륙재』 부여군 불교사암연합회, 2015.9.19, 11~40 ; 『부여 백제수륙재 연구』 민속원, 2016, 47~84.

208) 「『三國史記』의 高句麗 王城 記事 檢證」『한국고대사연구』 79, 한국고대사학회, 2015.9, 135~172.

209) 「漢江流域 支配權의 變遷 考察」『삼국 한강』 광진문화원, 2015.11, 128~219.

210) 「글로벌백제」『서산문화춘추(2)』 서산문화발전연구원·서산시, 2015, 290~318.

211) 「『고등학교 한국사』 教科書와 바다 이름 標記의 問題」『慶州史學』 39·40合輯, 경주사학회, 2015.12, 1~31.

212) 「세종시 일원의 백제 가문—全氏와 牟氏를 중심으로」 고려대학교 세종캠퍼스, 2015.11.3 ; 「世宗市 일원 佛碑像의 造像 목적과 百濟 姓氏」『한국학연구』 56, 고려대학교 한국학연구소, 2016, 5~31.

213) 「廣開土王陵 守墓制 論議」『東아시아古代學』 41, 동아시아고대학회, 2016.3, 35~61.

214) 「後百濟와 高麗의 吳越國 交流 硏究와 爭點」『한국고대사탐구』 22, 한국고대사탐구학회, 2016.4, 267~295.

215) 「後百濟의 降服 動線과 馬城」『동아시아문화연구』 65, 한양대학교 동아시아문화연구소, 2016.5, 13~38.

216) 「將軍塚과 周邊 高句麗 王陵 比定 問題」『역사문화연구』 58, 외국어대학교 역사문화연구소, 2016.5, 3~34.

217) 「백제사에서 전라북도의 位相」『전라북도 백제를 다시 본다』 전라일보, 2016.8.10, 17~35.

218) 「한국 고대사회의 술과 그 기능」『동아시아고대학회 제62회 정기학술대회 및 학술답사(2016년 여름)』 2016.8.27, 63~85 ; 「한국 고대사회에서 술의

기능」『동아시아고대학』 44, 2016.12, 9~37 ;「한국 고대사회에서 술의 기능」『동아시아의 술과 풍류』 보고사, 2021.4, 13~44.

219)「百濟의 地方 統治와 中方城」『김제 벽골제와 백제 중방문화권』 전라북도, 2016.9.2, 38~60.

220)「『三國史記』 온달전의 역사적 실체 분석」『온달전의 바보 온달과 평강공주 스토리텔링』 제20회 온달문화축제기념 학술회의, 국사편찬위원회 사료조사위원 전국협의회 충북지회, 단양군평생학습센터, 2016.9, 13~45 ;「『三國史記』 온달전의 出典 摸索」『東아시아古代學』 45, 2017.3, 9~38.

221)「新羅의 丹陽 經營과 丹陽赤城碑」『세계사속에서의 韓國』 주류성, 2016.10, 955~977.

222)「백제 건국세력은 어디서 와서, 어디에 정착했는가?」『백제, 그 시작을 보다』 하남역사박물관, 2016.10, 206~226.

223)「백제와 인도 및 동남아시아 제국과의 교류」『한국 인도 문화교류의 역사와 미래』 동명대학교 인도문화교류연구소/ 동아시아불교문화학회 추계 국제학술대회, 동명대학교, 2016.11.4, 37~54 ;「백제와 인도와의 교류에 대한 접근」『동아시아불교문화연구』 29, 2017.3, 71~96.

224)「百濟와 前燕·後燕 및 北魏와의 關係(百济与前燕·後燕及北魏之间的关系)」『동아시아고대학회 제64회 정기학술대회 및 학술답사(2016년 겨울)』 중국 河南省 鄭州大學校 학술세미나, 2016.12.27 ;「百济与前燕·後燕及北魏之间的关系」『中原与東北亞古代文化交流研討會 동아시아고대학회 제64회 정기학술대회 論文提要』 中國 鄭州大學校, 2016.12.27, 1~4.

---

225)「白江戰鬪의 位置 확인에 대한 接近」『한국고대사탐구』 25, 2017.4, 377~407.

226)「漢水와 漢城 그리고 漢陽 起源 探索」『제65회 동아시아고대학회』 경희대학교, 2017. 4.21 ;『동아시아고대학』 46, 2017.6, 69~100.

227)「高句麗와 倭의 關係 分析」『東아시아古代學會 第66回 定期學術大會 및 國際學術 大會와 文化 探訪』 동아시아고대학회, 2017.7.6, 15~30.

228) 「고구려의 漢江流域 喪失 原因과 長安城 축조 배경」『東아시아古代學』 47, 2017.9, 65~105.

229) 「스토리텔링 소재로서 백제 東城王」『동아시아의 전통문화와 스토리텔링』 서경문화사, 2017.10, 237~264.

230) 「나주 반남면 신촌리 9호분 금동관의 제작 주체」『나주 신촌리 금동관의 재조명 국제학술대회』 국립나주박물관, 2017.11.17, 169~188 ; 「나주 반남면 신촌리 9호분 금동관의 제작 주체」『나주 신촌리 금동관의 재조명』 국립나주박물관, 2019.6.30, 189~210 ; 「종합토론 녹취록」『나주 신촌리 금동관의 재조명』 국립나주박물관, 2019.6, 272~281.

231) 「衛滿의 '魋結'와 '椎結' 檢證—南越王 趙佗의 '魋結'와 관련하여」『東아시아古代學會 第68回 定期學術大會』 2017. 12.27 ; 「衛滿의 頭髮과 服裝을 실마리로 한 한국 고대문화의 정체성 탐색」『온지논총』 56, 온지학회, 2018.7, 151~180.

232) 「권력과 기록」『東아시아古代學』 48, 2017.12, 9~46.

---

233) 「단군 관련 在野文獻에 대한 접근과 북한의 연구」『단군학회 제70회 춘계학술발표회』 동국대학교 신공학관, 2018.6.2, 83~96 ; 「단군조선 관련 在野文獻에 대한 남·북한 연구 성과의 현 단계」『온지논총』 58, 온지학회, 2019.1, 169~204.

234) 「檀君朝鮮, 神話에서 歷史로의 進入 過程」『단군학연구』 38, 2018.6, 91~121.

235) 「三國時代의 儒學 政治理念에 의한 統治 分析」『한국사연구』 181, 2018.6, 1~38.

236) 「신라 화랑도의 수행 과정」『2018경북문화포럼』 경상북도·경주시, 2018.8.2, 18~37.

237) 「백제 멸망기 동아시아 정세」『해외 백제문화재 자료집』 충청남도역사문화연구원, 2018.12, 593~603.

238) 「弁韓 '國出鐵' 論의 檢證」『단군학연구』 39, 2018.12, 93~123.

239) 「삼국의 국도(國都)·별도(別都)·주치(州治)였던 고양시 북한산성의 내력 바로 알기」『季刊 한국의 고고학』 41, 2018.10 ; 「삼국의 國都·別都·州治였던 북한산성」『행주얼』 59, 고양문화원, 2018.12, 18~29.

---

240) 「쌍릉 대왕묘=무왕릉 주장의 맹점(盲點)」『季刊 한국의 고고학』 43, 주류성, 2019, 66-69.

241) 「伴跛國 位置에 대한 論議」『역사와 담론』 90, 호서사학회, 2019.4, 47~82.

242) 「古代 韓·蒙 間의 文化的 接點」『한·몽 관계의 역사와 동북아 지역의 협력』 주몽골 대한민국 대사관, 국제울란바토르 대학, 2019.7.4, 67~78.

243) 「加羅와 印度와의 교류를 통해 본 茶의 유입 가능성」『제3회 김해 장군차 학술대회』 김해시·부산대학교 산학협력단, 2019.12.20, 53~77.

244) 「고려시대 문경의 인물」『문경문화연구총서 제16집—고려시대의 문경』 문경시, 2019.12, 236~270.

245) 「고려시대 문경의 격전지」『문경문화연구총서 제16집—고려시대의 문경』 문경시, 2019.12, 350~386.

---

246) 「巖寺의 정체성과 한성 도읍기 創建 가능성 탐색」『한국불교학』 94, 한국불교학회, 2020.5, 121~147.

247) 「원천 콘텐츠로서 백제 계산 공주 설화 탐색」『단군학연구』 42, 2020.6, 37~64.

248) 「가야와 백제 그리고 후백제 역사 속의 長水郡」『장수 침령산성 성격과 가치』 후백제학회 학술세미나, 2020.6.26, 7~32.

249) 「고구려 건국세력의 정체성 논의」『전북사학』 59, 2020.7, 45~72.

250) 「고려 태조의 莊義寺齋文과 三角山」『한국학논총』 54, 국민대학교 한국학연구소, 2020.8, 1~30.

251) 「가야사 연구의 현황과 반파국」『전북가야 심포지움』 전북연구원 전북학연구센터, 2020.10.16, 31~55 ; 「가야사 연구의 쟁점과 반파국」『전북학연구』 2, 전북연구원 전북학연구센터, 2020.12, 35~75.

252) 「진훤과 후백제의 꿈과 영광」『견훤, 새로운 시대를 열다』 국립전주박물관, 2020.10, 14~27.

253) 「신민족주의 역사학의 서술과 역사 인식의 교과서 반영 검증—백제 건국 세력의 계통과 요서경략을 중심으로」『단군학회 가을 학술세미나』 단군학회, 2020.11.7.

254) 「전북가야의 태동과 반파국」『문헌과 고고학으로 본 전북가야』 호남고고학회, 2020.11.20, 109~131 ; 2020.12, 45~74.

255) 「백제의 遼西經略에 관한 논의」『단군학연구』 43, 2020.12, 127~166.

256) 「부여 동사리사지 일원의 역사적 의미」『부여 동사리사지 학술조사 보고서』 (재)백제고도문화재단, 2020, 47~73.

---

257) 「총론—후백제사 연구의 쟁점과 과제」『후백제와 견훤』 서경문화사, 2021.4, 16~36.

258) 「후백제와 고려의 각축전과 尙州와 聞慶 지역 호족의 동향」『지역과 역사』 48, 부경역사연구소, 2021.4, 171~203.

259) 「장수 지역가야, 단일정치체 伴跛國으로 밝혀지기까지」『장수 삼고리 고분군의 성격과 가치』 후백제학회, 2021.5.14, 7~34.

260) 「문헌으로 검토한 반파국 비정과 그 역사성」『문헌과 고고학으로 본 반파가야』 호남고고학회, 2021.6, 7~34.

261) 「「駕洛國記」와 '6伽耶' 성립 배경 검증」『역사학연구』 83, 호남사학회, 2021.8, 5~34.

262) 「후백제 진훤의 受禪 전략」『민족문화논총』 78, 영남대학교 민족문화연구소, 2021.8, 409~441.

263) 「아막성의 비중과 백제와 신라의 境界」『문헌과 고고학으로 본 남원 아막성의 가치와 의미』 군산대학교 가야문화연구소, 2021.10.15, 7~31 ; 「신라·백제의 境界와 아막성과 가잠성」『고조선단군학』 46, 고조선단군학회, 2021, 206~240.

264) 「전북 후백제 연구의 쟁점과 지향점」『전북지역 연구의 회고와 새로운 지평

(2)』 전라북도, 2021.10.22, 50~74.

265) 「진훤의 행적을 통해 본 후백제 문화권의 범주」『후백제의 정체성과 범주』 후백제학회, 2021.11.26, 29~59.

266) 「'전북가야'의 역사적 실체 검증」『전북가야사 조사성과와 미래전략』 전라북도·군산 대학교 가야문화연구소, 2021.12.20, 89~125 ; 「'전북가야'의 역사적 실체 검증」『全北學硏究』 5, 전북학연구센터, 2022.4, 151~179.

---

267) 「한국고대사에서 후백제사의 의미」『역사문화권 지정을 위한 후백제 국회토론회』 후백제학회, 2022.1.18, 19~45.

268) 「한국사에서의 한사군 인식」『'금기'의 영역 한사군 大解剖』 고조선단군학회 2022년 봄 학술대회, 2022.4.1, 181~197 ; 「한국사에서의 漢四郡 認識」『고조선단군학』 47, 고조선단군학회, 2022.4, 306~340.

269) 「한사군 관련 학술대회 발표·토론문에 대한 몇 가지 과제」『'금기'의 영역 한사군 大解剖』 고조선단군학회 2022년 봄 학술대회, 2022.4.1, 203~212.

270) 「기조강연 : 백제 역사문화 콘텐츠와 대중화 방안」『백제의 테크놀로지(학술심포지엄 자료집) 백제의 治石과 結構』 국립부여박물관, 2022.4.22, 41~61.

271) 「서평 : 이종수, 『부여의 얼굴(동북아역사재단, 2021)」『고조선단군학』 47, 고조선단군학회, 2022.4, 391~420.

272) 「진훤대왕 표준영정 제작의 당위성」『후백제 견훤대왕 표준영정 제작을 위한 학술세미나』 전라북도·전주시, 2022.6.17, 21~45.

273) 「기조강연 : 계산공주 이야기에 대한 총합적 고찰」『백제문화제재단 학술대회』 공주대학교, 2022.8.18.

---

274) 「부여 석성현과 석성산성의 연혁」『부여 석성산성 기초조사』 부여군, 2015.11, 57~83(2인 공저).

275) 정재남(제1)·이도학(교신)·변지원(교신), 「중국 漢代 방언사전 『方言』에 수록된 北燕지역 어휘와 고대 몽골어의 친연관계고」『몽골학』 57, 2019.5, 25~54.

6. 단행본

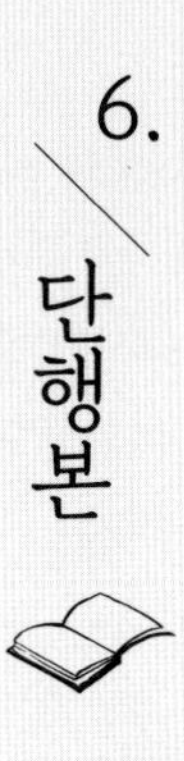

1) 「서울특별시 강서구 문화벨트 조성사업 기본계획 학술용역」(이도학·손대현 : 연구위원) 서울특별시 강서구, 2000.2.
2) 「기마민족 정복국가설」『일본 속의 한민족사』 조선일보사, 2005.11, 71~78.
3) 「백제 무녕왕과 무녕왕릉의 수수께끼」『유물은 스스로 말하지 않는다』 푸른역사, 2000.9.
4) 「중고등학교 국사교과서 서술의 문제점과 백제사 인식」『살아 있는 백제역사를 찾아서』 전국역사교사모임(2002여름 자주연수/8.14~17), 2002.8.15, 3~18.
5) 백제시대의 논산, 지역문화아카데미과정, 건양대학교 경영행정대학원, 2002.9.12.
6) 「주몽왕을 통해 본 초기 고구려 왕의 성격」『다시 보는 고구려사』 고구려연구재단, 2004.11, 26~36.
7) 「광개토대왕릉비를 세운 목적은 무엇일까?」『다시 보는 고구려사』 고구려연구재단, 2004.11, 207~216.
8) 「백제의 기원과 고대국가형성과정 연구」『제5회 교사역사문화강좌』 전라북도

익산지구 문화유적지관리사업소(미륵사지유물전시관), 2005.1.14, 13~40.

9) 「고구려와 백제, 신라의 관계」『선생님을 위한 우리역사 바로보기, 아-고구려』 제1회 국립전주박물관교사연수, 2005.1, 99~110.

10) 「원고」『유리 원판 사진으로 보는 부여』 백제역사문화관, 2006.9.

11) 「부여군의 정체성 확립에 관한 제언」『백제의 꿈』 부여군지역혁신협의회, 2008.3.

12) 「발간사」『백제의 꿈』 부여군지역혁신협의회, 2008.3.

13) 「Global 백제」『춘계학술발표대회논문집』 한국건축역사학회 2008.5.16.

14) 「웅진성과 사비성 도읍기의 백제 문화와 대외 관계」『마한과 백제』 전라북도·전주대학교 산학협력단, 2008.7.8.

15) 「백제의 역사와 문화 이해」『제54회 백제 문화제 성공개최를 위한 자원 봉사자 소양 및 직무 교육』 2008.7.9.

16) 「백제사에 대한 이해」『08년 문화관광해설사 전공심화교육, 백제문화과정』 2008.9.9.

17) 「백제사 다시 써야 한다」『백제 역사문화의 바른 이해와 충남인의 역할 위한 대토론회』 바르게 살기 충남협의회, 2008.9.10.

18) 「중국에 남아 있는 고구려유적」『2008년도 제6기 암사역사문화대학—우리 가슴 속의 고구려』 강동구선사문화사업소, 2008.10.

19) 「일본 속의 백제 문화 정립을 위한 방안」『제1회 백제문화 학술포럼』 대전일보사, 2008.12.22.

20) 「백제의 왕도 부여」『부여문화유산관광해설집 편람』 정림사지박물관, 2008.12.30.

21) 「백강전투—백제 회복운동의 마지막 횃불」『히스토리카 한국사(신라+가야)』 이끌리오, 2009.7.

22) 「서길수 교수가 이룬 고구려 연구의 성과」『맑은 나라 사람들』 여유당, 2009.8.29.

23) 「한성백제 유적 답사에 대한 回想」『위례문화』 11·12합집, 하남문화원, 2009.12.30, 117~122.

24) 「파주 오두산성」『문화재대관—사적(2))』문화재청, 2010.8.15.

25) 「백제의 역사」『백제문화단지 준공보고서 2』충청남도, 2010.12, 9~56.

26) 「백제를 열다—잃어버린 영웅군주, 근초고왕의 귀환」『백제 영웅 근초고왕』 KBS 대하사극 근초고왕 PR Book, 2010, 12~13.

27) 「후백제 진훤왕은 누구인가?」『후백제 왕도 전주』전주학총서 28, 전주역사박물관, 2013.9, 11~39.

28) 「2015년 연구 동향 분석 -고대/삼국/통일신라 분야」 한국연구재단, 2015.12.15.

29) 「문화안보와 전통문화」『문화안보적 관점에서 본 21세기 대한민국 문화전쟁의 현황과 대응전략』한국문화안보연구원, 국립고궁박물관, 2016.8.24, 1~21.

30) 「동악에서 맺은 인연들」『동국대학교 사학과 창립 70주년 기념 기억모음집』 동국대학교 사학과 총동문회, 2016.11.11, 148~165.

31) 「한국사(삼국시대·통일신라시대) 분야 연구지원 동향분석」 한국연구재단학술진흥팀, 2016.12.30.

32) 「후백제사」『후백제와 조선왕조』 전주시관광사업과·전북전통문화연구소, 2017.6, 14~63.

33) 「백제의 고도 부여의 고대 역사」『세계유산도시 부여』부여군 부여문화원, 2018.11.20, 78~99.

34) 「가야고분군 세계유산 등재에 따른 과제」『2019 영호남 가야문화권 한마당-2차 포럼』서울신문·국립중앙박물관, 2019.12.13, 33~70.

35) 「머리말」『문화유적학』창간호, 한국전통문화학교 문화유적학과, 2006.2.

36) 「학과장 인사말」『문화유적학과 해외 정기답사/ 부여·발해 문화권 답사』한국전통문화학교 문화유적학과, 2006.10.

37) 「금강 하구역을 중심으로한 백제 문화권의 복원」『금강 비전 수립을 위한 워크숍』충남발전연구원, 2012.4.26.

38) 「백제문화제의 정체성 확립을 위한 프로그램 개발방안」『백제문화의 정체성 확립 세계화를 위한 제60회 백제문화제 추진 방안 토론회』충청남도,

2012.11.29, 35~42.

39) 「백제 유적 지구 문화재를 활용한 지역경제 활성화 방안」『백제고도 보존 및 주민 지원 활성화 방안 모색을 위한 토론회』 충청남도의회, 2012.12.5, 41~46.

40) 「유계(兪棨)의 학풍과 역사 인식」『충청(기호)유교문화권 개발을 위한 '충청5현'의 역사적 재조명 학술심포지엄』 초려문화재단, 2013.12.26, 81~87.

41) 「한세상을 문화유적인과 함께」『한국전통문화대학교 문화유적학과 10주년 기념집』 한국전통문화대학교 문화유적학과, 2012.12.8, 9~10.

42) 「발간사」『제4회 한국전통문화대학교 일반대학원 논문발표집』 제4회 한국전통문화대학교 일반대학원, 2015.1.22.

43) 「세계유산 유적지구 관리와 활용 및 군민의 역할」『백제역사유적지구 세계유산 활용방안대토론회』 부여군·충남연구원, 2015.9.11, 3~45.

44) 「백제금동대향로에 숨겨진 비밀」『문화유산 콘텐츠 활성화 사업(충남문화유산 발굴 조사 및 정리사업)』 충남역사문화연구원, 2016.6.30.

45) 「황산벌의 영웅 계백」『문화유산 콘텐츠 활성화 사업(충남문화유산 발굴 조사 및 정리사업)』 충남역사문화연구원, 2016. 6.30.

46) 「충남 지역 백제 역사 유산의 활용 방안」『제5회 백제문화 연구포럼』 충남역사문화연구원, 2016.12.21.

47) 「東아시아古代學會 會長 致辭」『鄭州大學校 國際學術大會』 2016.12.27.

48) 「백제의 고도 부여의 고대 역사」『세계유산도시 부여』 부여군·부여문화원, 2018, 78~99.

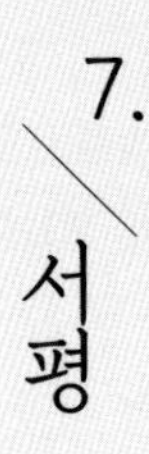

1) 「'沸流百濟와 日本의 國家 起源'(金聖昊/ 지문사, 1982)」『國學研究』 2, 國學研究所, 1988.
2) 「서평/ 보수와 진보의 여러 얼굴 묘파 ; '사화로 보는 조선역사'(이덕일 / 석필, 1998」『북페어21』 제16호, 1998.3.10.
3) 「김주성의 '백제 고대고대국가 연구' 書評에 대한 反論」『社會科學論評』 15, 1997.12.
4) 「'백제부흥운동사'(노중국/ 일조각, 2003)」『동아일보』 동아일보사, 2003.12.27.
5) 「'백제부흥운동사'(노중국/ 일조각)」『한국사연구』 124, 한국사연구회, 2004.3.
6) 「Book & life : '천년왕국 수시아나에서 온 환웅'(정형진/ 일빛, 2006)」『신동아』 10월호, 동아일보사, 2006.10.
7) 「'해양사연구방법론'(윤명철 / 학연문화사, 2012)」『고조선단군학』 28, 고조선단군학회, 2013.6, 413~424.
8) 「'백제 사비시대 후기의 정국 변화'(남정호/ 학연문화사, 2016)」『동아시아고대학』 42, 2016.6, 319~335.

9) 「‘동아시아 문화교류와 한반도 서남해지역 해양문화’(문안식/ 혜안, 2016)」『한국 고대사탐구』 23, 2016.8, 383~390.
10) 「‘新羅·加羅史研究’ 書評에 대한 진지한 검토」『東아시아古代學』 46, 2017.6, 335~340.
11) 「이강래 교수의 ‘한국 고대사의 쟁점과 과제’ 서평에 대한 소견」『東아시아古代學』 47, 2017.9, 369~376.

8. 추천사

1) 「추천의 글 : 박응구 편저, '도피안에서 월라까지'」 삼영사, 2000.5.

2) 「추천사(뒷 표지)」『김원중 교수의 청소년을 위한 삼국유사』 민음인, 2012.2.

3) 「추천사/ 백제 700년 역사를 단숨에 읽는다」『역사를 읊다 서사시 대백제』 함께 읽는책, 2012.4.23, 5~7.

4) 「감수/ 추천사」『너, 공주 부여에 있니?』 밝은미래, 2013.10.

5) 「김문환 교수 : 추천사」『유물로 읽는 동서양 생활문화』 홀리데이북스, 2018.11.

9. 감수

- 『송파 한성백제문화제 이야기』 송파문화원, 2018.12.
- 『벌거벗은 한국사 : 벌거벗은 마지막 왕』 프런트페이지, 2022.8.

10. 번역

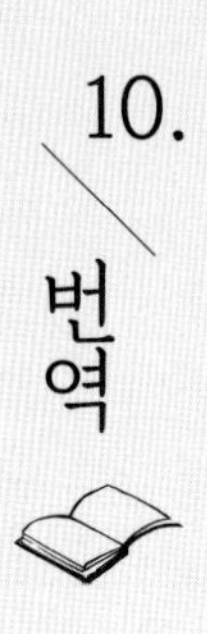

1) G.Cameroon III, 「The Good,The Bad and The Ugly-personalities in the founding of the Koryo Dynasty」『KOREAN STUDIES FORUM』No.7, 1981 ; 「王建·弓裔·甄萱의 再評價 (I·II)」『우리 文化』5·6호, 한국문화원연합회, 1989, 76~89(3월호)·48~55(4월호) ; 「善人, 惡人 그리고 醜人— 고려 왕조 창건 속의 인물들」『민족학연구』3, 1998.
2) 武國勛, 「夫餘王城新考」『黑龍江文物叢刊』1983, 제4기 ; 「夫餘 王城新考-前期 夫餘王城의 發見(상·하)」『우리 文化』12·13호, 한국문화원연합회, 1989, 64~69. 30~36.
3) 干志耿·孫秀仁, 「夫餘民族之國家出現」『黑龍江古代民族史綱』1986 ; 「부여민족국가의 출현」『우리文化』26호, 한국문화원연합회, 1990, 46~49.
4) 耿鐵華, 「好太王碑'辛卯年'句考釋」『考古與文物』1992, 제4기 ; 「광개토왕비 '辛卯年' 句節의 考證과 解釋」『韓國上古史學報』14, 1993, 427~439.
5) 「飜譯 : 風納里土城」『東아시아古代學』48, 2017.12, 369~408.

11. 토론문

1) 「우리 고대사 연구에서의 가야」 단국대학교 한국민족학연구소, 1993. 5.31 : 종합 토론 사회 ; 「토론 초록」『한국민족학연구』 1, 1993, 65~90.
2) 「한규철(경성대), 발해사연구의 새로운 시각-연해주지역 현지답사 내용을 중심으로」 제10회 한민족학 학술발표회, 1993.7.3 ; 약정토론자
3) 「박경철(고려대), 부여의 지배구조」 제7회 한국고대사연구회합동토론회, 1994.2.3~4, 약정토론과 종합토론자 ; 「지정 토론 요지」『고조선과 부여의 제문제』 1996, 180~185.
4) 「이복규(서경대), 동명신화」 제2차 고구려연구소 발표회, 1995.7.19 ; 약정 토론자
5) 「백제사상의 웅진시대」 제41회 백제문화제 학술강연회, 1995.10.11 ; 종합토론 토론자
6) 「김영심(한성백제박물관), 백제의 6~7세기 지방통치체제」 제9회 한국고대사연구회 합동토론회 ; 1996.2.8~9, 약정토론과 종합토론자 ; 『한국고대사회의 지방지배』 1997, 281~284. 백승옥에 대한 질문 286~287.

7) 「박순발(충남대), 한성백제의 중앙과 지방」 제8회 백제연구 국제학술대회, 1996.10.11~12 ; 약정토론과 종합토론자 ; 「토론요지」 『百濟의 中央과 地方』 1996, 100~105 ; 『百濟의 中央과 地方』 1997, 162~167. 「종합토론」 343~398.

8) 「좌담·광개토왕과 그의 시대 ; 북방기마민족 패권국가 첫 모델」 『시사월간 윈』 중앙일보사, 1996, 1월호, 244~251.

9) 「정효운(동의대), 7세기 중엽의 백제와 왜」·「연민수, 백제의 대왜 외교와 왕족」 제26회 백제연구 공개강좌 ; 1997.3.28, 약정토론자

10) 「김현숙(동북아역사재단)의 질의에 대한 답변」 『廣開土好太王碑研究 100年』 1997.

11) 「조법종(우석대), 고조선사 연구의 현황과 과제」 제2회 단군학회 학술발표회 ; 1998.4.11, 약정토론자

12) 「송호수, 환단고기의 사료적 가치」 단군학회 1999년도 전반기 학술회의 ; 1999.5.7, 약정토론자

13) 「박순발(충남대), 4-5세기 한국고대사와 고고학의 몇가지 문제」 동학산장, 2001.7.26~27 ; 『한국고대사연구』 24, 2001.12, 31~38.

14) 「문경현(경북대 명예교수), 백제 무녕왕 탄생지」 『백제 무녕왕 生誕 海峽地 국제심포지엄』 日本 名護屋城博物館, 2002.1.14.

15) 「鈴木靖民(日本國學院大學), 倭國政權과 百濟」 『고대 동아세아와 백제』 충남대학교 백제연구소, 2002.10.25~26, 203~206 ; 서경문화사, 2003.12, 363~368.

16) 「노중국(계명대), 부흥백제국의 성립과 몰락」 『백제부흥운동의 재조명』 공주대학교 백제문화연구소(공주대학교 예산캠퍼스) 2002.11.7.

17) 「박경철(강남대), A.D.4~5C 고구려인의 국가형성 인식 시론」 한국고대사학회 69회 정기발표회. 한국고대사학회 홈페이지 수록, 2002.11.9.

18) 「강종훈(효성가톨릭대), 백제와 낙랑」 『동아시아에서의 낙랑』 한국고대사학회 제5회 하계세미나. 한국고대사학회 홈페이지 수록, 2003.7, 24~25.

19) 「박찬규(단국대), 백제의 시조 전승과 출자」 『온조와 초기 백제의 형성』 한국고대학회 2003년도 추계학술회의, 2003.9.29 ; 토론 및 종합토론문, 『선사와 고

대』 19, 2003.

20) 「서영대(인하대), 부여사의 향방과 부여계승 의식」『고대 동아시아와 부여』 한국고대사학회 2004년도 하계학술세미나(공주박물관), 한국고대사학회 홈페이지, 2004.7. 29~30.

21) 「백제사 연구 활성화를 위한 방안」『백제사연구 활성화 방안』 백제문화개발연구원, 2004.10.22.

22) 「조영록(동국대), 그 문화의 성격과 관련하여」『제2회 나주 인물 선양 한중국제학술대회』 호남대학교 호남발전연구원, 2004.10.28, 83~85.

23) 「조법종(우석대), 광개토왕릉 수묘인 구성과 능원체계」 제83회 한국고대사학회 월례발표회(한밭대학교), 한국고대사학회 홈페이지 수록, 2004.11.13.

24) 「김은숙(교원대), 고구려 멸망 이후 고구려 유민과 왜국」『동아시아 속에서의 고구려와 왜』 한일관계사학회(서울역사박물관), 2005.10.14 ; 한일관계사학회, 265~266.

25) 「서길수(서경대), 중국 학자의 고구려 왕릉 비정에 대한 비판적 고찰」 46차 고구려연구회 정기학술발표회(배재대학교 학술지원센터), 2007.9.14, 37~39.

26) 「矢野尊義(세종대), 건국신화에 보이는 역사 인식—미마키天皇과 미와야마(三輪)傳說」『제35회 東아시아고대학회 추계학술발표대회—東아시아 歷史認識의 中層性』 동아시아고대학회(경기대학교), 2008.10.25.

27) 「고구려의 장지명 왕호와 왕릉 비정에 대한 토론문」『고구려왕릉연구』 4, 동북아역사재단, 2009.4.

28) 「홍윤기(외국어대), 일본 천황가의 단군신화 수용 과정 고찰」『국제뇌교육종합대학원 한일천손문화연구소 제1회 학술대회』 2010.10.4.

29) 「강봉룡(목포대), 고대의 서해 연안항로와 강」『제42회 동아시아고대학회 학술발표대회』(別紙)(인하대학교), 2010.12.3.

30) 「정진술, 백제와 동아시아 해상교통」『2011년도 국제학술회의 백제 사람들, 서울 역사를 열다』 한성백제박물관, 2011.7.15, 168~176.

31) 「홍윤기(외국어대), 한일 천손문화의 공통성」『동북아시아 한중일의 평화 증진을 위한 천손문화국제학술회의』 국학원 제23회 학술회의(서울역사박물

관), 2011.8.18.

32) 「윤명철(동국대), 해륙사관으로 본 한국고대사」『식민사학의 극복과 한국고대사 재정립』 제4회 역사NGO세계대회 동아넷 포럼(연세대 외솔관), 2011.8.22.

33) 「송호정(교원대), 사료와 고고학 자료로 본 백제왕도 익산」『백제 말기 익산 천도의 제문제』 익산 역사유적지구 세계유산등재추진 국제학술회의(고궁박물관), 2011.11.10, 41~54.

34) 「宋鋃日(전남대), 弓裔의 出子에 대한 再論」『한국고대사학회 제128회 정기발표회발표자료집』한국고대사학회(전남대학교), 2012.10.13, 99~102. * '出子'는 발표자의 표기!

35) 「신발견 고구려비의 예비적 검토에 대한 토론문」『신발견 고구려비의 예비적 검토』 고구려발해학회 제59차 정기발표회, 2013.2.22, 111~114.

36) 「한일고대사에 있어서 公共性 관념의 존재와 발현」『한국의 고대사, 그리고 비교 공공성』 한국학중앙연구원 한민족공동체연구소 제12차 세미나 발표논문집, 2013.8.30, 48~49.

37) 「세키네히데유키(가천대), 고대 한일관계사의 제문제」 한국학중앙연구원 한민족공동체연구소 제16차 세미나, 2014.2.12.

38) 「노중국 선생(계명대) 발표문에 대한 토론문」『백제문화유산 유네스코 등재의 의와 향후 과제』 충남연구원, 2015.7.9.

39) 「조법종 교수(우석대) 발표에 대한 토론」『전북역사 재조명 백제문화융성 프로젝트 학술포럼』 전주역사박물관, 2015.12.3, 37~46.

40) 「부록: 사비도성의 청산성에 대한 세미나 토론문」『부여 청산성 기초조사』 부여군, 2015, 275~279.

41) 「田中俊明(시가현립대학), 한중일 古代 寺院史에서 王興寺의 위치」『백제 왕흥사와 昌王』 국립부여박물관, 2017.9.26, 86~96.

42) 「서영대(인하대), 개천절의 역사」『개천절기념 학술회의 발표논문집』 단군학회, 2017.10.2, 55~56.

43) 「海野聡, 세계유산 奈良의 현재 미래와 동아시아」『백제역사유적지구 세계

유산 국제학술대회』 백제세계유산센터·원광대학교 마한백제문화연구소, 2017.10.18, 160~161.

44) 「김영관(충북대), 백제 주류성 위치연구의 현단계」『동아시아적 관점의 백제 부흥전쟁과 주류성』 2018 한국고대학회 추계학술대회, 2018.11.16, 71~84.

45) 「'가야와 백제 그리고 후백제 역사 속의 長水郡' 토론문에 대한 답변」『장수 침령산성 성격과 가치』 후백제학회 학술세미나, 2020.6.26, 35~36.

46) 「'한국사에서의 한사군 인식' 토론문에 대한 반론문」『'금기'의 영역 한사군 大解剖』 고조선단군학회 2022년 봄 학술대회, 2022.4.1, 200~202.

47) 「종합토론 소견 : 전북 지역의 고조선 문화—사람과 문물의 유입」『고조선단군학회 여름 학술대회』 전북학연구센터, 2022.7.28, 111~120.

12. 사전

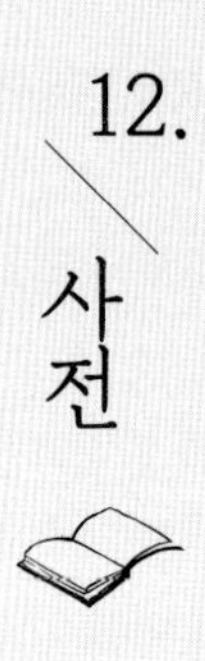

- 『한국민족문화대백과사전』 한국정신문화연구원, 1991, '角折王' 외 132 항목.

- 각절왕/각종/고무(2)/고문(1)/고정의/고죽리/고흘/곡나진수/기전해/두방루/마무/말금한기/목간나/반량풍/백기/백매순/복덕/부여궁/부여용/부여융/부여질/부여충/부여홍/비리막고/비삽/비서/비차부/비태/비형랑/사부구/선문/손등/실소/아달혜/아로/아비지/안고/안정(1)/약엽례/양만춘/양무/억례복류/여고/여곤/여기/여자신/연비/연자발/연타발/연헌성/열한/예실불/오사/왕겹/왕렴/왕변나/왕보손/왕수긍/왕유귀/왕조/왕진이/요묘/우량/우수/인수/장로/장배왕/장복/장순/저근/저미문귀/정무/정중/제문/종우/좌야/주리즉이/중지/지상/지소부인/지원/진과/진왕/진호/천진/추안/충질/태량미태/태아랑왕/한림/한서의/함달파왕/해구(1)/해구(2)/해구(3)/해례곤/해수(1)/해수(2)/허원(1)/허월/현왕/해명(1)/호구/화문/환권/흔린 〈106 항목〉
- 국상/구사자/구양전투/군장/관미령전투/길사/대가/대방주/대막리지/만반한/비왕/사산비명/양맥/알야산성전투/어라하/역박사(易)/역박사(曆)/영락/오곡원전

투/이내종인/어룩/임해전/적녀국/주도령/상주/천리장성(1)

- 일반항목 26항목 현재 총계 132항목

- 「錦城戰鬪」『민족문화대백과사전』 한국학중앙연구원, 2021.10.25.
- 「최필」『민족문화대백과사전』 한국학중앙연구원, 2021.10.25.

- 「천남생/ 천남산/ 광개토왕릉비(일반항목)/ 광개토왕릉비(기획항목)」『조선족문화전자대전』 2012.11.28.

- 「유왕산 놀이」『한국세시풍속사전(秋), 국립민속박물관, 2006, 294~295.

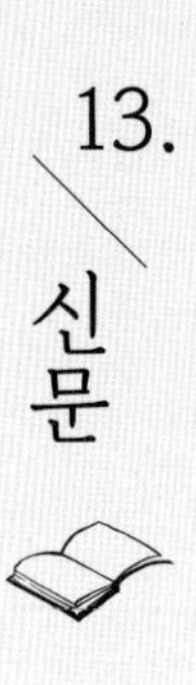

13. 신문

- 「百濟 慰禮文化의 史的 性格」『東大新聞』 동국대학교 신문사, 1981.5.12.
- 「잊어진 나라 부여를 가다-오늘의 의미·부여인 얼굴」『문화일보』 문화일보사, 1994.9.13.
- 「잊어진 나라 부여를 가다-국호기원과 건국설화」『문화일보』 1994.9.14.
- 「잊어진 나라 부여를 가다-영역과 왕성 위치」『문화일보』 1994.9.21.
- 「잊어진 나라 부여를 가다-일부다처제」『문화일보』 1994.9.28.
- 「잊어진 나라 부여를 가다-북부여수사, 모두루」『문화일보』 1994.10.5.
- 「잊어진 나라 부여를 가다-형사취수제」『문화일보』 1994.10.12.
- 「잊어진 나라 부여를 가다-순장제」『문화일보』 1994.10.19.

- 「부여 능산리 고분군 출토 사리감 銘文의 의의」『서울신문』 서울신문사, 1995.11.6.
- 「시론—한일관계 새로운 100년과 역사 매듭 풀기」『서울신문』 (31면), 2010. 3.26.

- 「시론—신라 기술자 구진천을 아십니까」『서울신문』(31면), 2010.8.6.
- 「시론—백제의 요서경략을 역사에서 지우려하지 마라」『서울신문』(31면), 2010.10.22.
- 「시론—근초고왕과 한성백제박물관」『서울신문』(31면), 2010.12.29.

- 「문화산책—국적 없는 국사 교과서」『국민일보』 국민일보사, 2005.1.12.
- 「문화산책—온달전이 주는 메시지」『국민일보』 2005.2.16.
- 「문화산책—도굴을 방치할 것인가」『국민일보』 2005.3.16.
- 「문화산책—한국 문화의 본질」『국민일보』 2005.4.13.
- 「문화산책—임존성 가는 길의 단상」『국민일보』 2005.5.10.
- 「문화산책—사랑이 많은 우리 역사」『국민일보』 2005.5.25.
- 「문화산책—문화재 등급 재조정해야」『국민일보』 2005.6.8.

- 「백제 정신의 再生—백제의 외교」『대전일보』 1997.2.28.
- 「장수가야가 반파국인 이유」『전북일보』(10면), 2021.5.6.
- 「전주 천도 동기와 '전주선언'」『전라매일』(16면), 2022.2.10.
- 「진훤의 출신지와 초기 세력 기반」『전라매일』(16면), 2022.2.17.

- 「신라 선덕여왕 설화의 시대적 배경」『주간 시민의 신문』 제202호, 1997.7.14.
- 「백제 부흥운동의 마지막 현장」『주간 시민의 신문』 제206호, 1997.8.18.
- 「단군은 어느 때 겨레의 시조가 되었는가」『주간 시민의 신문』 제212호, 1997.10.6.

- 「사라진 백제를 찾아서—백제역사의 시기구분」『원대신문』 원광대학교신문사, 1998.3.2.
- 「사라진 백제를 찾아서—'백제' 국호의 의미」『원대신문』 1998.3.9.
- 「사라진 백제를 찾아서—건국주체와 시조관」『원대신문』 1998.3.16.
- 「사라진 백제를 찾아서—백제의 풍토와 기질」『원대신문』 1998.3.23

- 「사라진 백제를 찾아서—백제는 어떻게 강성해졌는가」『원대신문』 1998.3.30.
- 「사라진 백제를 찾아서—백제인들의 세계관」『원대신문』 1998.4.6.
- 「사라진 백제를 찾아서—백제왕실의 구성」『원대신문』 1998.4.13.
- 「사라진 백제를 찾아서—백제사의 뇌관, 또 하나의 백제」『원대신문』 1998.5.4.
- 「사라진 백제를 찾아서—한반도에서의 백제 영토」『원대신문』 1998.5.11.
- 「사라진 백제를 찾아서—백제의 해외경영」『원대신문』 1998.5.18.
- 「사라진 백제를 찾아서—백제 최초의 왕성, 위례성의 위치」『원대신문』 1998.5.25.
- 「사라진 백제를 찾아서—수도의 조성과 산악」『원대신문』 1998.6.1.
- 「사라진 백제를 찾아서—제의처」『원대신문』 1998.6.8.
- 「사라진 백제를 찾아서—백제의 불교」『원대신문』 1998.8.24.
- 「사라진 백제를 찾아서—백제의 유교」『원대신문』 1998.8.31.
- 「사라진 백제를 찾아서—백제의 도교」『원대신문』 1998.9.7.
- 「사라진 백제를 찾아서—백제의 귀족」『원대신문』 1998.9.14.
- 「사라진 백제를 찾아서—백제와 고구려는 왜 싸웠는가」『원대신문』 1998.9.28.
- 「사라진 백제를 찾아서—일본 속의 백제 문화」『원대신문』 1998.10.26.
- 「사라진 백제를 찾아서—중국 속의 백제」『원대신문』 1998.11.2.
- 「사라진 백제를 찾아서—백제의 법속」『원대신문』 1998.11.9.
- 「사라진 백제를 찾아서—계백을 통해 본 백제의 군사사상과 정신」『원대신문』 1998.11.16.
- 「사라진 백제를 찾아서—미스터리의 백제」『원대신문』 1998.11.23.
- 「사라진 백제를 찾아서—한반도에서의 마지막 백제왕국」『원대신문』 1998.11.30.

- 「불교사 100장면—고구려 불교」『불교신문』 불교신문사, 1998.7.7.
- 「불교사 100장면—백제 불교」『불교신문』 불교신문사, 1998.7.21.

- 「[學而思] 무엇을 위한 토론인가」『교수신문』 교수신문사, 2008.12.1.
- 「나의 책 '무녕왕과 무령왕릉'을 말한다」『교수신문』 2020.7.13.

- 「저자가 말하다—부여의 별종 '백제'… 시조는 온조가 아니라 '비류왕'」『교수신문』(7면) 2022.5.23.

- 「역사가 기억해 주는 이름」『한국전통문화학보』 제5호, 한국전통문화학교, 2000.11.28.
- 「왜 온달인가?」『한국전통문화학보』 제10호, 2001.8.6.
- 「고대일본 왕실과 백제의 관계가 현재 우리에게 주는 의미」『한국전통문화학보』 제14호, 2002.3.4.
- 「추천도서—정민 저, 「한시미학산책」/ 민두기 저, 「한 송이 들꽃과 만날때」」『한국전통 문화학보』 제27호, 2004.3.22.
- 「금동관이 출토된 고흥 안동 고분의 피장자는 누구인가」『한국전통문화학보』 37호, 2006.4.12.
- 「왕흥사지 사리기 명문 분석과 그 의의」『한국전통문화학보』 제47호, 2007.11.17.
- 「주간칼럼-백마강은 흐른다, 봄밤의 단상과 '부여' 노래」『한국전통문화학보』 49호, 2008. 4.14.
- 「주간칼럼-백마강은 흐른다, 계백은 패장인가」『한국전통문화학보』 제50호, 2008.5.21.
- 「단신기사/ 簿記 목간 출토」『한국전통문화학보』 제50호, 2008.5.21.
- 「주간칼럼-백마강은 흐른다, 外來 王」『한국전통문화학보』 제51호, 2008.6.25.
- 「주간칼럼-백마강은 흐른다, 허구와 사실의 사이에서, 조조와 의자왕」『한국전통문화학보』 제52호, 2008.10.8.
- 「주간칼럼-백마강은 흐른다, 백제금동대향로는 중국제인가?」『한국전통문화학보』 제53호, 2008.11.19.
- 「주간칼럼-백마강은 흐른다, 학문적 긴장에 관한 雜想」『한국전통문화학보』 제54호, 2008.12.24.
- 「주간칼럼-좋아하는 일을 하며 산다는 것」『한국전통문화학보』 제55호, 2009.4.13.
- 「주간칼럼-백제 무녕왕과의 인연」『한국전통문화학보』 제56, 2009.5.15.

- 「주간칼럼-대한제국은 왜 멸망했는가」『한국전통문화학보』 제57호, 2009.6.18.
- 「사설/ 신임 총장에게 바란다」『한국전통문화학보』 제58호, 2009.10.8.
- 「주간칼럼-가식 없는 삶」『한국전통문화학보』 제58호, 2009.10.8.
- 「주간칼럼-목포의 추억」『한국전통문화학보』 제59호, 2009.11.6.
- 「주간칼럼-대학, 그 불유쾌한 想像(?)」『한국전통문화학보』 제60호, 2009.12.4.
- 「반푼[半分]의 역사」『한국전통문화학교』 제66호, 2010.12.3.

- 「웅장했던 동아시아 '해상강국'…1400년전 백제가 깨어난다」『중앙일보(C1면)』 2010.9.15.

- 「역사 속에서 영웅의 변천」『대학원신문』 제22호,이화여자대학교 총학생회, 2000.12.12.
- 「時論—日王 발언과 한·일 관계」『한국경제』 한국경제신문사, 2001.12.25.

- 「공주 수촌리 고분 발굴 성과에 대한 단상」『대한문화재신문』 제2호, 2003.12.15.
- 「중국의 고구려사 왜곡 대책, 무엇이 문제인가?」『대한문화재신문』 제7호, 2004.3.1.
- 「부여군 장암면 상황리의 古塚, 백제 동성왕릉일 가능성 있다」『대한문화재신문』 제15호, 2004.7.1.
- 「誤字가 낳은 신기루에 대한 추적, 환상의 국가 '桓國'」『대한문화재신문』 제16호, 2004.7.15.
- 「얼이 깃든 나라와 사람 이름 제대로 불러야」『대한문화재신문』 제18호, 2004.8.15.
- 「逆동북공정론과 전략적 사고」『대한문화재신문』 제19호, 2004.9.1.
- 「권력과 富, 신표의 상징이었던 거울 이야기」『대한문화재신문』 제21호, 2004.10.1.

- 「백제 칠지도 명문과 그 성격」『한국문화재신문』 제96호, 2003.12.15.
  (필자 양해 하에 동 신문사에서 한국전통문화학교에서의 발표문을 게재한 것임)
- 「일본 속의 백제 문화 정립을 위한 방안」『제1회 백제문화 학술포럼』 대전일보사, 2008.12.22.
- 「해양강국 백제의 거점 기벌포에 대한 역사적 조명」 제10회 기벌포예술제 학술토론회 ; 「서천과 백제」『뉴스서천』 제544호, 2010.12.13.
- 「谷那鐵山과 百濟」『谷城新聞』 제123호, 2011.11.11.

- 「在野史書 解題-桓檀古記」『민족지성』 민족지성사, 1986-11월호.
- 「책세계 논단-역사를 誤導하는 上古史의 僞書들」『세계와 나』 세계일보사, 1990-11월호, 416~421.
- 「七支刀は百濟王の贈り物」『月刊文化財發掘出土情報』 ジャハン通信社, 1990-12월호.
- 「唐橋 蘇定方被殺說의 歷史的 意義」『唐橋史蹟硏究學術發表會』 점촌문경문화원, 1990.
- 「고구려 문화권 속의 제천 문화」『향토문화 발전을 위한 심포지움』 한국문화원연합회 충청북도지부, 1992.10.9.
- 「昌王名刻む舍利器が語るもの」『統一日報』1995.11.8 ; 『月刊文化財發掘出土情報』 ジャハン通信社, 1996-1월호.

- 「漢城百濟의 都城制와 그 構造」『한성백제국제학술세미나』 송파구청, 1997.
- 「마한·백제 문화의 상관성」『역사와 문화』 광주민속박물관대학, 1999.

- 「진훤의 출신지와 초기 세력 기반」『후백제 견훤정권과 전주』 전북전통문화연구소, 1999.

- 「옛터를 찾아서-여주 고달사지」『월간 금강』 1985-11월호, 21~27.
- 「옛터를 찾아서-광주 춘궁리 사지」『월간 금강』 1986-1월호.

- 「역사의 재조명-왕산사와 전구형왕릉고」『우리문화』 한국문화원연합회, 1988-11월호.
- 「당교와 소정방피살설의 재조명」『우리문화』 1988-12월호.
- 「평양의 구제궁과 동명왕릉의 재조명」『우리문화』 1989-1월호.
- 「고구려 실지회복의 비원서린 영춘의 온달성」『우리문화』 1989-2월호.
- 「광개토왕의 남정과 국원성(상)」『우리문화』 1989-5월호.
- 「광개토왕의 남정과 국원성(하)」『우리문화』 1989-6월호.
- 「부여계승의식의 사적전개」『우리문화』 1989-8월호.
- 「백제의 기원과 국가형성에 관한 재검토」『우리문화』 1989-9월호.
- 「필사본 〈화랑세기〉 발견의 의의」『우리문화』 1989-12월호.
- 「백제의 해상무역전개」『우리문화』 1990-1월호.
- 「비담의 '난'의 사적 성격」『우리문화』 1990-5월호.
- 「백제 사성의 위치에 관한 재검토」『우리문화』 1990-7월호.
- 「신라 북진경략의 거점 예천의 상을곡성」『우리문화』 1990-8월호.
- 「백제 무녕왕에 관한 몇가지 단상」『우리문화』 1990-9월호.
- 「의창 다호리고분유물의 문화사적 의의」『우리문화』 1990-11월호.
- 「백제 관미성의 위치에 대한 재검토」『우리문화』 1991-1월호.
- 「백제국의 성장과 소금통로의 확보」『우리문화』 1991-2월호.
- 「백제 흑치상지묘지명의 검토」『우리문화』 1991-8월호.
- 「백제 칠지도명문의 재해석(상)」『우리문화』 1991-10월호.
- 「백제 칠지도명문의 재해석(하)」『우리문화』 1991-11월호.
- 「미리 가보는 우리문화유적 답사지-서산·태안지역」『우리문화』 1993-4월호.

- 「화제의 책-박응구 편저,비문을 쓰지 말고 그대로 세우라」『우리문화』 1993-2월호.
- 「銅鍑文化의 이동과 금관가야의 탄생」『우리문화』 1995-2월호.
- 「임진강의 봄, 호로고루에서」『우리문화』 1995-3월호.
- 「흑치상지와 그의 시대 (1)」『우리문화』 1995-6월호.

- 「삼국기 신라 최대의 내란」『전통과 시론』 1990-3월호.
- 「백제 부흥의 기수 '흑치상지'의 실상」『역사산책』 범우사, 1992-4월호, 30~34.
- 「골품제와 김춘추의 혼인담」『월간 경남문화』 1993-2·3월호.

- 「새로 밝혀지는 백제 문화의 공간적 범위」『월간 신시』 시사춘추사, 1993-1월호.
- 「가부장권의 산물, 투기죄와 장발미녀」『월간 신시』 시사춘추사, 1993-2월호.
- 「유목민족의 형사취수제」『월간 신시』 시사춘추사, 1993-7월호.

- 「백제의 해양문화유적, 수성당을 찾아서」『해양과 문화』 창간호, 한국해양문화연구재단, 1999.

- 「한국사의 재인식-백제 문화의 공간적 범위」『인재제일』 삼성물산주식회사, 1991-9·10월호.
- 「일본열도에 꽃핀 백제문화를 찾아서」『문화와 나』 삼성문화재단, 1997-3·4월호.

- 「길따라 가는 역사산책-충북 보은의 삼년산성」『월간 중고차정보』 사단법인 한국 자동차매매협회, 1993-1월호.
- 「국립공원 월악산 가는 길」『월간 중고차정보』 1993-2월호.
- 「경기도 안성땅을 찾아」『월간 중고차정보』 1995-1월호.
- 「영동지방의 수호신 범일국사의 체취를 찾아」『월간중고차정보』 1995-2월호.
- 「승경좋은 아차산에서 돌아 본 고구려유적」『월간중고차정보』 1995-3월호
- 「온달장군의 기백이 뛰는 충북 단양의 온달성」『월간중고차정보』 1995-4월호.
- 「다산초당에서 백련사까지」『월간중고차정보』 1995-5월호.

- 「전라북도 익산의 미륵사지」『월간중고차정보』 1995-7월호.
- 「서울의 백제 유적을 따라 떠나는 하이킹」『월간중고차정보』 1995-8월호.
- 「하남시 춘궁동 일원을 찾아서」『월간 중고차정보』 1995-9월호
- 「충북 제천땅의 배론성지」『월간 중고차정보』 1995-10월호
- 「우산국 기행」『월간 중고차정보』 1995-12월호

- 「백제의 신비를 푼다-새로 밝혀진 흑치상지의 생애」『금호문화』 금호문화재단, 1993-3월호.
- 「해상왕국 백제, 인도를 왕래하다」『금호문화』 1993-4월호.
- 「백제는 정복국가인가」『금호문화』 1993-5월호.
- 「백제와 고구려는 왜 싸웠는가」『금호문화』 1993-6월호.
- 「백제 무녕왕과 왕릉의 수수께끼」『금호문화』 1993-9월호.
- 「'칠지도'가 말하는 백제의 천하관」『금호문화』 1993-10월호.
- 「조선 후기 한 천문학자의 울울한 삶-재주있는 자를 사랑하지 않은 세상」『금호문화』 1994-11월호.

- 「거북선 원형 구한말까지 보존됐다」『시사저널』 시사저널사, 1994.4.14.
- 「일본에 간 백제 불교 최초 사원도 선물했다」『시사저널』 969호, 시사저널사, 2008.5.20.

- 「희양산에 관한 몇 가지 단상」『동국산악』 7, 동국산악회, 1995.

- 「헌정왕후 황보씨의 꿈」『품질분임조』 한국표준협회, 1995-1월호.
- 「강조 정변의 재평가」『품질분임조』 1995-2월호.
- 「비운의 천재 천문학자 김영」『품질분임조』 1995-4월호.
- 「고려시대 최고의 풍수가 김위제」『품질분임조』 1995-5월호.
- 「골품제와 김춘추의 혼담」『품질분임조』 1995-6월호.
- 「진성여왕과 위홍의 사랑」『품질분임조』 1995-7월호.

- 「대처제와 상수리제」『품질분임조』 1995-8월호.
- 「삼국사기 지리지와 안장왕의 로맨스」『품질분임조』 1995-11월호.

- 「소정방은 당교에서 피살되었다」『불교춘추』 불교춘추사, 1995-2.
- 「궁예를 어떻게 평가해야 하는가」『불교춘추』 1995-2(李逸三).
- 「아차산 보루 출토 유물의 새로운 해석」『불교춘추』 1998-11.
- 「역을 다스릴 수 있다면 율도 가능하다」『2000년』 1995-10월호.

- 「三國史의 展開」『한국의 전통문화-'96 土曜公開講座集』 국립중앙박물관, 1996.
- 「후백제 임금 진훤(견훤) 이야기」『창일 어린이』 창간호, 창일초등학교, 1997.2.19.
- 「충절의 고장,충남 예산의 임존성 일대를 찾아」『국민은행소식』 국민은행, 1997-3월호

- 「해동이적에 인용된 '동국사'의 잔편, 그 사학사적 검토」『구리문화』 5, 구리문화원, 1997.
- 「백제의 몰락과정, 그 부흥운동의 현장」『백제의 역사와 문화』 전북문화저널, 1997.
- 「일본으로 건너간 백제문화」『보문』 39호, 대한불교 보문종보, 1997-7월호.

- 「백제 부흥운동의 시작과 끝—우리 나라 의병운동의 뿌리, 임존성」『내포문화정보』 2, 내포문화연구원, 1997.
- 「백제 문화가 꽃을 피운 아스카 땅, 그곳에 남은 수수께끼의 돌들을 찾아」『연세매지』 20호 준비호, 연세매지 교지편집위원회, 1997.
- 「회상의 계백장군, 그를 통한 백제정신의 발견」『충남교육』 122호, 충청남도교육연구원, 1997.
- 「한국역사전도 해설—백제」『월간조선』 조선일보사, 1998-1월호.

- 「슬기로운 백제의 건국혼」『송파문화』 송파문화원, 1997-3-4.
- 「아시아 속의 백제」『송파문화』 1998-4-1.

- 「백제와 고구려의 알력」『송파문화』 1998-4-2.
- 「내부 체제정비와 지방지배 확립시기」『송파문화』 1998-4-3.
- 「농업에 치중했던 건국초 백제의 슬기」『송파문화』 1998-4-4.
- 「영역 획정으로 집권국가 기반 마련」『송파문화』 1999-5-1.
- 「백제계 주민들 일본열도 진출」『송파문화』 1999-5-2.
- 「동아시아에서의 백제의 위치」『송파문화』 1999-5-3.
- 「한성 후기의 백제 정치사-집권체제 완비한 영토 확장 시기」『송파문화』 1999-5-4.
- 「대왕 칭호로 격상된 백제」『송파문화』 2000-6-1.
- 「한성백제의 전쟁과 정치」『한성백제! 그리고 백제의 사랑에 눈뜨다』 송파문화원, 2010.8.13.

- 「비대면·온라인 축제로 거듭날 제20회 한성백제문화제」『송파소식』 567, 송파구청, 2020.8.25.
- 「대통합과 교류의 장을 연 제21회 한성백제문화제 대백제전」『송파소식』 580, 송파구청, 2021.9.27.

- 「'백제의 힘'을 느낀다」『아임』 대교출판사, 1998-8월호.

- 「후백제 세운 진훤의 유적지」『새교육』 한국교육신문사, 1998-11월호.
- 「역사를 배우고 느끼는 아차산」『새교육』 1998-12월호.
- 「고대적 열정이 뛰고 있는 단양 일대」『새교육』 1999-1월호.
- 「빛벌가야의 '빛' 발하는 창녕」『새교육』 1999-2월호.
- 「시심 충돌질하는 경승지 부안」『새교육』 1999-3월호.
- 「일월의 무대 하남시 춘궁동 일대」『새교육』 1999-4월호.
- 「충북 보은의 삼년산성」『새교육』 1999-5월호.
- 「원주 땅의 절터」『새교육』 1999-6월호.
- 「영산강 문화의 젖줄, 나주」『새교육』 1999-7월호.
- 「방단 적석과 적석탑」『새교육』 1999-8월호.

- 「소정방 사당터가 있는 충남 예산」『새교육』 1999-9월호.
- 「겸재 정선의 화첩기행(1)—강서구 일대」『새교육』 1999-10월호.
- 「겸재 정선의 화첩기행(2)—한강변 나루터」『새교육』 1999-11월호.
- 「겸재 정선의 화첩기행(3)—관동팔경」『새교육』 1999-12월호.
- 「남한강변의 여주 파사성」『새교육』 2000-1월호.
- 「궁예의 꿈을 찾아」『새교육』 2000-2월호.
- 「새교육 칼럼—중국의 고구려사 왜곡이 주는 교훈」『새교육』 한국교육신문사, 2004-3월호.

- 「역사에서 배운다—꿈과 이상의 상징, 견훤」『태평양』 태평양화학주식회사, 1998-11월호.
- 「백제를 부활시킨 '진훤대왕'의 생애」『견훤대왕』 전주시립극단, 1998.12.
- 「양직공도와 중국의 고대 한국 유이민」『중국 낙양 문물 명품전』(1만원 액) 국립 부여박물관, 1988.10.
- 「양직공도와 중국의 고대 한국 유이민」『중국 낙양 문물 명품전』(3만원 액) 국립 부여박물관, 1988.11.
- 「문경이 낳은 혁명가, 진훤 임금」『영강문화』 46, 영강문화후원회, 1998.
- 「계백, 그가 남긴 것, 私를 모르는 충의의 표상」『월간 윈』 중앙일보사, 1999-2월호.
- 「문경이 낳은 민족사의 영웅, 진훤에 대한 몇 가지 오해」『문경문화』 44, 문경문화원, 1999-1월호.

- 「독자와 함께 기차를 타고/ 독자와 함께 떠난 '정동진 대관령 눈꽃 축제' 눈 내리는 마을의 새하얀 풍경 속으로」『레일로드』 2003년 1월호,(주)철도방송, 2002.12.30, 100~104. * 취재 대상 역.

- 「새로 쓰는 한국고대사: 단군신화-실제인가 조작인가」『뉴스피플』 401호, 대한매일(서울신 문사), 2000.1.
- 「'선인왕검'13세기 때 '시조'정립」『뉴스피플』 402호, 2000.1.

- 「'기자조선'은 과연 있었나」『뉴스피플』 403호.
- 「고조선 중심축은 어떻게 이동했나」『뉴스피플』 404호.
- 「위만조선은 어떤 국가였나」『뉴스피플』 405호.
- 「한은 왜 위만조선을 침공했나」『뉴스피플』 406호.
- 「서슬퍼런 긴장 감돌던 고조선 사회」『뉴스피플』 407.
- 「한사군, 그 역사적 의미는?」『뉴스피플』 408호.
- 「북한 고조선연구 어디까지?」『뉴스피플』 409호.
- 「부여 위상, 드높고 크다」『뉴스피플』 410호.
- 「꿈 많은 왕국 부여 중심지는?」『뉴스피플』 411호.
- 「부여는 모두 4개였다」『뉴스피플』 412호.
- 「신비의 부여왕, 권력은 약했다」『뉴스피플』 413호.
- 「'백의 민족' 부여인 삶과 죽음은」『뉴스피플』 414호.
- 「부여 옛땅 중국 "부여를 지워라"」『뉴스피플』 415호.
- 「고구려 건국은 BC.3세기 이전」『뉴스피플』 416호.
- 「결혼과 동시에 수의 만들었다」『뉴스피플』 417호.
- 「고구려 왕릉 다시 批正해야한다」『뉴스피플』 418호.
- 「광개토왕릉비는 정치 선전물」『뉴스피플』 419호.
- 「고구려의 주요 공격 타깃은 백제」『뉴스피플』 420호.
- 「고구려는 어디까지 남하했을까」『뉴스피플』 421호.
- 「중원경은 고구려의 핵심 요지」『뉴스피플』 422호.
- 「천손국 백제 세계경영 활발」『뉴스피플』 423호.
- 「모란향기 선덕여왕 '과대포장'」『뉴스피플』 424호.
- 「아단성은 두 군데 있었다」『뉴스피플』 425호.
- 「백제 무녕왕과 무녕왕릉의 수수께끼」『뉴스피플』 426호.
- 「백제는 만주에도 있었다」『뉴스피플』 427호.
- 「백제 마지막 왕성 주류성은 어디」『뉴스피플』 428호.
- 「가야지역에 고구려 거점 있었다」『뉴스피플』 429호.
- 「백제 멸망 수수께끼 많다」『뉴스피플』 430호.

- 「소정방은 정말 신라에서 독살됐나」『뉴스피플』 431호.
- 「아차산성은 신라의 북한산성?」『뉴스피플』 432호.
- 「신라 김씨 왕가는 흉노계 후손?」『뉴스피플』 433호.
- 「신라 화랑도 제정은 진흥왕 초기」『뉴스피플』 434호.
- 「신라인들 성생활 '자유분방'」『뉴스피플』 435호.
- 「삼국통일 신라의 힘 원천은?」『뉴스피플』 436호.
- 「신라 첩보공작 눈부셨다」『뉴스피플』 437호.
- 「신라는 바다의 강자였다」『뉴스피플』 438호.
- 「신라 비담의 난은 국제적 전란」『뉴스피플』 439호.
- 「삼국시대 사냥터엔 큰일 많았다」『뉴스피플』 440호.
- 「고대국가 시조신앙 정치적 비중 컸다」『뉴스피플』 441호.
- 「격동의 삼국시대, 살해된 왕 많다」『뉴스피플』 442호.
- 「고대인들의 서약 바위처럼 굳건히」『뉴스피플』 443호.
- 「고대국가는 민족문화의 고향」『뉴스피플』 444호.
- 「고대인들 죽음은 내세의 시작」『뉴스피플』 445호.
- 「종횡무진 한민족, 활동무대 광대했다」『뉴스피플』 446호.
- 「가야건국세력은 북방계 기마민족」『뉴스피플』 447호.
- 「대조영이 발해를 국호삼은 뜻은」『뉴스피플』 448호.
- 「고대체제 붕괴는 '3웅'의 공로」『뉴스피플』 449호, 2000.12.

- 「고도 순례/ 위례성에 관한 단상」『월간 문화재』 한국문화재보호재단, 2008-1월호.
- 「고도 순례/ 고구려의 첫 도읍지 졸본 땅」『월간 문화재』 2008-2월호.
- 「고도 순례/ 고구려의 두 번째 수도 국내성」『월간 문화재』 2008-3월호.
- 「고도 순례/ 동북아시아의 노대국 부여 왕국의 수도 길림시」『월간 문화재』 2008-4월호.
- 「고도 순례/ 봄날에 찾고 싶은 백제 왕도 부여」『월간 문화재』 2008-5월호.
- 「고도 순례/ 대가야의 왕도 경북 고령을 찾아」『월간 문화재』 2008-6월호.
- 「고도 순례/ 해상왕국 금관가야의 수도 김해를 찾아」『월간 문화재』 2008-7월호.

- 「고도 순례/ 백제의 두 번째 수도 공주와 무녕왕릉」『월간 문화재』 2008-8월호.
- 「고도 순례/ 백제의 네번째 수도 익산 왕궁평성」『월간 문화재』 2008-9월호.
- 「고도 순례/ 해동성국 발해의 왕성을 찾아」『월간 문화재』 2008-10월호.
- 「고도 순례/ 후백제의 수도 전주」『월간 문화재』 2008-11월호.
- 「고도 순례/ 천년 왕도 경주」『월간 문화재』 2008-12월호.

- 「교과서가 미워하는 백제 역사」『한겨레21』 828호, 한겨레신문사, 2010.9.17.
- 「한류의 원조 백제」『누리』 고양문화재단, 2011-11월·12월호, vol.54.
- 「내 책을 말한다/ 살아 있는 백제사」『출판저널』 334호, 대한출판문화협회, 2003-9월호 「고대 왕권국가를 상징하는 벽골제」『물, 자연 그리고 사람』 한국수자원공사, 2004-11월호.
- 「고구려를 빛낸 10개의 명장면」『뉴스메이커』 600호, 경향신문사, 2004.11.25.
- 「백제 금동대향로의 세계」『우리 길벗』 신사회공동선연합회, 2005-7월호.

- 「백제인들도 몰랐던 온조설화」『고도 부여와의 만남 백제향』 2010-여름호, 부여군문화재 보존센터, 2010.8.30.
- 「세계유산등재 1주년 기념, 세계유산 백제역사유적지구 활용과 군민의 역할」『고도 부여와의 만남 백제향』 26, 백제고도문화재단, 2016.7.
- 「의자왕」『고도 부여와의 만남 백제향』 30, 백제고도문화재단, 2017.7, 4~7.

- 「백제의 해양활동사」『동북아역사문제』 통권90호, 동북아역사재단, 2014.9.25, 2~11.
- 「백제 유적 세계유산 등재가 지닌 의미」『문화재사랑』 136호, 2016-3월호.
- 「궁예와 진훤 바로보기」『대동문화』 99, 대동문화재단, 2017-3·4월호, 90~93.
- 「장수가야를 넘어 도달한 반파국」『전북문화살롱』 22, 전북문화살롱, 2020.5.
- 「부여에서 백제를 느낀다」『扶餘學』 창간호, 부여군, 2011, 39~74.
- 「호국문화대학/ 고구려 광개토왕대의 전쟁 철학」『전쟁기념관』 75, 전쟁기념관, 2012.4.1.

중국 동북 지역 답사기

우리 열정의 한 승리가
구현되는 순간

본 답사는 전적으로 정재남 대사로 인해 가능하였다. 먼저 인연부터 소개해 본다. 막연한 기억 의존이 아니라 기존의 활자를 통한 근거 중심으로 구성했다. 1983년에 정 대사가 입대 전에 만든 문집 『이정성론夷正城論 I 집』 발문에서 "내가 정재남 군을 처음 만난 것은 지금부터 2년 전의 따사로운 어느 봄날이었다. 신입회원을 맞는 사우회의 서클룸에서였다. 처음 대면한 순간 나는 군이 한국고대사에 대한 강한 열정에 사로잡혀 있다는 것을 직감하게 되었다. … 과거와 현재와 미래를 공유하는 영원한 고대인으로서, 야영도시 퉁꼬우의 체취가 물씬 풍기는 광개토왕릉비문 앞에서의 신서信誓를 되씹으며, 사랑하는 후배 정재남 군의 무궁한 …"라고 적었다. 1983년 9월 8일로 적혀 있다. 1981년 봄에 사우회 서클룸에서 만났음을 알 수 있다. 그때 정 대사는 81학번 신입생이었다.

「창동통신」 41호(1993. 7. 29)에 따르면 "… 이러한 분위기 속에서 지금부터 11년 전 가을 필자는 서울대 박물관에서 특별 전시한 광개토왕릉비 탁본을 직접 보게 되는 안복眼福을 누리게 되었다. 그 때 필자는 후배와 같이 탁본을 응시하는 순간 서로 눈길이 부딪히면서 그대로 무릎을 꿇고 삼배三拜를 하였다. 주위의 시선도 아랑곳 하지 않고 탁본 앞에서 궤배跪拜의 형식을 취한 절 세번을 한 후 약속을 하였다. 먼저 광개토왕릉비를 답사하는 사람에게 절을 백번 하기로 한 약속이었다. 이러한 약속은 필자가 꼭 1년 후 그가 입대 전에 남긴『이정성론』이라는 문집의 발문에서 "과거와 현재와 미래를 공유하는 영원한 고대인으로서, 야영도시 퉁꼬우의 체취가 물씬 풍기는 광개토왕릉비문 앞에서의 신서信誓를 되씹으며"라고 적어 놓아 명문화시키기까지 하였다.

그로부터 세월이 흘러갔지만 누구도 중국 땅을 밟지 못하였다. 아니 그곳은 밟을 수 없는 곳이기도 하였다. 외국에는 필자가 먼저 갔었다. 필자는 탐라국 뿐 아니라 일본까지 갔었지만, 정작 외교관인 후배는 내근만 하였을 따름이었다. 그러다가 작년 8월 말에 중국과 수교하면서 후배는 파견되어 그곳에서 근무하고 있다. 또 필자와 같이 광개토왕릉비를 답사하기를 열망하였지만 여건이 허락하지 않아 '공동우승'은 무망한 일이 되었다. 결국 "혼자 답사 다녀와서 소식이나 전해 주렴"하는 식의 글월을 띄워 사실상 백기를 들고 말았다.

금년 봄 후배는 집안 일대를 2박 3일에 걸쳐 답사하였고, 그러한 성과를 전화로 낭랑하게 전해 주었다. 게다가 그곳에서 구입한 비문 탁편들도 집으로 날라 왔다. 필자는 꼼짝없이 백번의 절을 해야 될 상황이었다. 그러나 그것은 백번 아니라 천번이라도 결코 부끄러운 일은 아닐 것이다. 그보다 필자는 11년 전에 광개토왕비 탁본을 보면서 신묘년 조에 대한 메모를 수첩에 하였고, 마음 속으로 반드시 일본 학자들의 해석을 뒤집는 새로운 시도를 하여야겠다고 맹세하였었다. 필자는 올 초에 신묘년 조에 관한 득의에 찬 새로운 해석을 하여 그러한 맹세를 지켰다고 자부하게 되었다.

(창동통신 46호입니다. 1993. 9.3. '통신'이 노루 꼬리만큼 남았군요. 개학이 되어 조금 분주하기도 하였지만 반가운 사람을 만나기도 하여 마냥 좋기도 하였습니다. 북경대사관에 있는 후배가 1년만에 생각지도 않게 잠시 나왔다가 갔는데, 집안현 등의 고구려 유적을 답사하여 촬영한 사진과 슬라이드 필름을 모두 안겨주었습니다. 그리고 급히 나오는 바람에 준비를 못했다고 하면서도 고대사 관련 중국책 한 보따리, 철관음 鐵觀音이라는 중국차, 기념 메달과 배지, 집사람에게 보낸 지갑류, 필자에게 필요한 '약품' 등을 선물로 받았습니다. 그러나 이것보다도 정작 중요한 것은 큼지막한 한 장의 사진이었는데, 후배가 광개토왕릉비 옆에서 능비에 직접 손을 대고 찍은 모습이었습니다. 능비가 있는 비각 안에서는 촬영을 할 수 없지만 제가 곧이 믿지 않을까봐 방법을 동원하여 완벽하게 촬영하였다고 하더군요. 이렇게 해서 11년만에 승부가 났습니다.

후배는 지난 봄에는 생각지도 않았던 '25사史' 한질을 구입하여 보내주기도 하였는데, 추락해 있는 저에게 끝까지 의리를 다하기 위하여 그러한 것 같습니다. 曦山)

이상의 글에 대한 정리가 필요하다. 우선 '지금부터 11년 전 가을 필자는 서울대 박물관에서 특별 전시한 광개토왕릉비 탁본' 구절에 보이는 '지금부터'는, 이 글을 작성한 1993년 7월을 기준으로 할 때 11년 전이다. 그러므로 1982년 가을 서울대 박물관에서의 특별전, 광개토왕릉비문 탁본 전시 때였다. 이때 정 대사는 법학과 2학년생이었다. 나는 대학원생(2학기)이었다. 1994년 여름 중국 답사는 이 연장선상에서 이루어진 것이다.

정 대사가 제대한 후인 1986년 12월 하순 경북과 충북 일대 2박 3일 간의 답사가 있었다. 이때 30년 후에 이 코스를 밟아 다시금 답사를 하기로 약속했다. 그로부터 꼭 30년이 되었다. 30년 전에 주우한 대한민국 총영사관의 정재남 총영사와 약속한대로 12월 23~24일 양일 간에 동일한 지역을 답사했다. 비상시국이라 총영사도 어렵게 출장을 얻어 나왔다. 나는 1주일 내내 참혹하게 분주한 상황이었다. 23일 새벽 4시쯤에야 한국연구재단에 제출하는 연구지원 동향분석 자료를 제출한 후 6시에 기상하여 본 답사에 나설 수 있었다. 당일 오전에는 눈발을 맞으며 단양 영춘의 온달성에 올랐고, 1박했던 경주여인숙도 찾았다. "서울에서 온 사람들 전화 받아요!"라고 했던 여인숙 여주인은 90세가 되었다. 그 때 60세였던 것이다. 30년 전의 답사 기록은 '그해 겨울의 일기'에 모두 수록되어 있다. 보은의 삼년산성 답사를 마친 후 상경했는데, 30년 전의 바로 그 날짜요 동일한 행선지였다. 내가 삼년산성 성벽 틈새에 꽂아 둔 시구의 "우리 민족사 바로 잡아 대추골에 보은하는 날 있으려니"라는 구절처럼 열심히 연구하였다. 자신과의 약속을 지키기 위해 맹렬하게 살아 왔었다.

30년 전의 답사 후 후배는 외무고시에 합격해 외교관이 되었고, 그때 시간강사였던 나는 숱한 우여곡절을 겪었지만 명성을 지닌 교수로 자리잡았다. 딱 한 세대, 30년이라는 세월 동안 약속한 답사를 한시도 잊은 적이 없었다. 7년 남았구나, 4년 남았구나 했는데, 금새 닥친 것이었다. 세월이 이렇게도 무상하고 빠른지 실감이 났다. 그 동안 나는 안일을 추구한 적 없이 한국 고대사를 바로 잡아야 되겠다는 일념으로 매진해 왔다. 광종대 과거제 시행을 시대구분의 지표로 삼는 등 숱한 학설을 쏟아냈고, 정치한 고증으로 거벽을 넘어뜨렸다. 내가 이룩한 성과는 결단코 헛되지 않을 것이며, 훗날 나는 크게 평가받을 것이라는 확신을 지니고 있다. 앞으로 10년 후 동일한 코스로 다시금 답사하기로 약속했다!(2016.12.25)

* 나는 1994년 여름에 우리 겨레 역사의 원향原鄕인 중국 동북지역을 답사하였다.고 대하였던 뜻 깊은 답사였는데, 쾌적한 환경 속에서 다대한 성과를 올리고 귀국할 수 있었다. 이러한 나의 답사는 지금은 샌프란시스코 총영사관에 근무하는 정재남鄭載男 사무관의 전적인 지원과 희생적인 배려에 의해서 가능하였다. 두고두고 고마울 뿐이다.

* 본 답사기는 그 성과에 대한 중간 보고요, 후일의 참고 자료라는 차원에서 작성된 것인데, 답사 기간 중의 낭만적 체험은 수록하지 않았다.

* 본 답사에서 6월 26일부터 7월 2일 오후 1시 이전까지의 시각은 5분 이른 것으로 밝혀졌으나, 당시 움직였던 시각으로 표기하였다.

* 한자는 한글 음대로 표기했다.

인쇄일 1994년 12월 15일

〈중국 원정 기간 : 6월 23일~7월 8일〉

준비물:

A. 칠선주. 고창땅콩. 진로소주 3팩.
슬라이드 필름 22통. 일반필름 5통.
수첩 1권. 노트 1권.
중국전도 1장. 부여·고구려·발해 유적지도.
여권.

B. 사인펜 3자루. 볼펜 3자루.
카메라 2개. 카메라 전지약 6개.
껌 5통. 치약. 치솔.

편지지 20장. 봉투 20장. 엽서(백 화백 것)
주소록 작성.

C. 우의. 묵주. 모자 2개.
주머니 많은 조끼.
재남에게 줄 선물.
재남이 책 4권.

6월 23일-25시간을 보낸 하루

새벽 5시 10분에 집을 나왔다. 배낭을 울러메었고 또 바퀴가 달린 큰 가방을 들었다. 모두 이번 여행을 위하여 이웃에서 빌린 것이다. 창동역까지 집사람이 따라와 주었다. 5시 32분에 사당행 전철 첫차에 탑승하였다. 전철이 천천히 운행한다는 느낌이 들었다. 다음날 북경에서 조선일보를 받아보니 23일부터 기차와 전철이 전면 파업하였기 때문임을 알았다. 그러고 보니 '음모와 모략의 도시'를 탈출한 셈이 되어 차라리 시원하다는 느낌마저 들었다. 6시 20분에 합정역에서 하차하여 중형택시에 탑승하였다. 20분만에 김포공항 신청사에 도착하였는데, 6300원의 요금이 나왔다. 제일 먼저 출국 수속을 마치고나니 7시였다. 집으로 전화도 하고 가지고 온 빵과 음료수로 간단하게 요기를 하였다.

출국 수속을 밟고 이층으로 막 올라가는데 단국대학교 한민족학연구소의 장호수 형이 부른다. 씨는 내가 공항에 나타난 이유를 모르고 있었다. 오늘 손보기 선생님이 이끄는 몽골학술발굴조사단이 출국하는 것인데 우연찮게 같은 비행기에 탑승하게 된 것이다. 환송나온 주용립 교수와 한창균 교수도 보게 되었다. 또 동국대학의 홍영백 교수도 만나게 되었는데, 역시 북경으로 가는 민병천 총장을 환송나온 것이다. 서석재 씨와 그 일행들이 오가는 것도 보았다.

공항이용료 8000원을 지불하고 티켓을 끊었다. 7시 55분에 출국심사를 모두 통과하고 타고 갈 아시아나 여객기를 보면서 집으로 전화하였다. 신문을 거의 모두 챙기어 들추어 보면서 시간을 보내다가 탑승하였다. 예정된 항공기 이륙 시간인 9시 직전에 2명의 남녀 승무원이 내 좌석으로 와서 나의 탑승여부를 확인하고 돌아갔다. 궁금한 일이었다. 내 좌석은 23K 창가 쪽이었다. 9시 25분에 비행기가 이륙하였다. 기내식으로 조반을 들고 10시 반경에는 면세품 구입신청을 받기에 재남이 처에게 선물할 향수 세트를 신청하였다. 30달러였다. 장호수 형이 찾아 왔기에 잠시 후 그 좌석으로 찾아가 여행 목적과 일정 등을 들려 주었다. 이어 같은 일행인 류기선 씨 좌석으로 갔더니 생각지도 않은 장소에 내가 나타난 지라 놀라는 기색이었다.

비행기의 항로는 김포에서 천진으로 직행하는 것이 아니라 남중국으로 내려갔다가 다시금 북상하는 것이다. 제주도 영공을 통과한 후 서남쪽으로 꺾어져 상해로 날라와 북상하여 남경 상공을 통과한다. 서울시각 12시 20분, 북경시각 11시 20분에 천진공항에 도착했다. 출국 수속은 뜻밖에 간단하였다. 짐 검사도 없이 X레이 투시기만 통과하면 되었다. 그런데 바퀴 달린 가방을 찾느라고 화물돌림대 옆에 계속 남아 있었다. 바깥에는 재남이가 기다리고 있을 터인데 말이다. 가방이 눈에 띄지 않아 적이 신경이 쓰였다. 나중에는 찾아 가지 않은 두개의 가방만이 남아 있었다. 무심코 보니 가방의 꼬리표에 끼워둔 이름자가 보였다. 바로 내 가방이었다. 남의 가방을 빌려 왔다가 곤욕을 치른 것이다. 또 얼마나 눈썰미가 없는 지 실감이 날 정도였다.

공항청사를 나오니 재남이가 건강한 모습으로 반갑게 맞는다. 악수를 하였다. 북경시각 12시 20분에 재남이의 승용차에 탑승하여 북경으로 향하였다. 고속도로를 이용하였는데 대평원이었다. 북경에 들어섰다. 거리에는 노란색 승용차가 눈에 많이 띄었고 자전거의 행렬이 대단하였다. 북경에만 800만대의 자전거가 있다고 한다. 치마 입고 자전거 타는 여인들이 무척 많았는데 눈요기감을 제공해 주었다. 어릴 때 만화책이나 영화에서 보았던 사이드카의 질주도 인상적이었다.

건국문 입체교차로의 남측에 성벽용의 벽돌로 쌓은 회색의 고대高臺를 보았다. 재남이가 고관상대古觀象臺라고 가르켜주는데, 연암燕巖 박지원朴趾源이 멀리서 보면 큰 물레바퀴와 같다고 한 지평경의地平經儀라든지 혼천의渾天儀와 같은 천문관측 기구가 눈에 잡힌다. 명나라 때인 1442년에 건립되었는데 당시에는 관성대觀星臺라고 불렀다고 한다. 1시 47분에 한국의 진로주식회사와 합작했다는 보림원寶杯苑이라는 큰 식당에 도착하였다. 우거지해장국으로 점심을 들었다. 이어 북경역까지 걸어가 외국인 전용 창구에서 해성행海城行 기차표를 미리 끊었다. 3개의 창구를 모두 거치면서 수속을 밟아야만 한 장의 기차표를 쥘 수 있는 것이다. 작년에 중국인들의 만만디를 실감시켜주는 일화를 들었던 곳이라 빙긋이 웃음이 나기도 하였다. 한국과는 비교가 되지 않지만 그러나 올해는 컴퓨터도 설치해 놓고 속도도 빨라진 셈이다.

오성홍기五星紅旗가 게양된 신중국新中國의 상징이자 중국관련 뉴스에 흔히 비쳤던 관계로 눈에 익은 천안문天安門 광장에 서 보았다. 천안문을 기준으로 할 때 일직선상으로 인민영웅기념비·모주석기념당·정양문이 배치되어 있었다. 천안문 광장의 우편에는 인민대회당이 위용을 자랑하고 있고, 좌편에는 중국혁명박물관과 중국역사박물관이 한 건물로서 자리잡고 있다.

자금성紫禁城을 관람하였다. 자금성은 고궁박물원故宮博物院이라고 일컬어지고 있는데 명明·청대清代 황제의 궁성이다. 또 '마지막 황제 부의傅義'라는 영화의 무대이기도 하여 낯익은 곳이었다. 우리말로 자금성 곳곳에 대한 설명이 나오는 녹음기를 앞 가슴에 걸치고 그 정문이자 세계 최대의 문이라고 말해지는 오문午門에 들어 섰다. 오문은 세 개의 통로가 있는데, 중앙이 황제 전용의 것이라고 한다. 두번째 문인 태화문太和門을 넘어서니 좌측에 무영전武英殿이 나타난다. 무영전은 청대清代에 흠정본欽定本을 편집하고 간행하던 곳이라 귀에 익은 장소였다. 이곳에서 출간한 서적은 정확하고 자체字體가 아름다울뿐 아니라 용지와 먹도 양질이어서 높게 평가 받고 있다. 물론 건물과 전적들은 1901년에 화재로 소실되어, 건물은 복원된 것이다. 잔존한 전적들은 대만으로 옮겨 가 있다.

태화전과 중화전 그리고 보화전과 건청문 등을 지나 자금성의 북문인 신무문神武門에 이르니 녹음기를 빌릴 때 맡긴 여권이 도착해 있었다. 중국인들이 이럴 때는 기민할 수도 있다는 느낌을 받았다. 그러나 우리는 신무문으로 하여 나가지 않고 오던 길로 되돌아 나왔다. 72만㎡ 규모의 웅장하고 아름다운 궁성인 자금성을 둘러 보고 나니 중국 정부에서 외국인들에게 자금성과 만리장성부터 구경시킨 후 회담을 한다는 이유를 알 것만 같았다.

재남이 집으로 향하였다. 편지를 보낼 때마다 썼던 관계로 눈에 익은 아시안게임촌의 숙소였던 회원공우匯園公寓이라는 흰 건물의 커다란 간판이 눈에 잡힌다. 구면인 재남이의 처와 그리고 희재와 영재라는 귀여운 두 여식애들과 대면하였다. 원래 아시안게임 때 선수촌 숙소로 지었던 건물이라 넓기는 하지만 주택으로는 부적절한 배치 구조였다.

6월 24일-만리장성에 오르다

오전 7시 반부터 NHK TV를 통하여 한국과 볼리비아와의 월드컵 축구를 관람하였다. 자국 팀이 출전하지 않았음에도 불구하고 중국 TV에서도 생중계하고 있었다. 해설자는 같은 아시아팀인 한국팀을 응원하는 기색이 역력하였다. 한국팀의 경기 내용을 통하여 중국 축구의 가능성을 타진하려는 의도가 깔려 있었다. 중계가 끝난 후 조반을 들었다. 10시경에 재남이가 운전하는 승용차로 북경시를 벗어났다. 중간에 거리 한복판에 세워진 명나라 말기의 농민반란가 이자성李自成의 동상을 보고는 셔터를 눌렀다. 북경시내에서 북쪽으로 약 75㎞ 떨어져 있는 팔달령八達嶺의 만리장성에 올랐다.달나라에서 유일하게 보이는 지상 건조물이라고 중국인들이 자랑하는 그 만리장성인 것이다. 매우 무더워 비지땀을 흘리며 올라갔다. 장성은 산과 산을 연결하면서 끊임없이 이어져 있었다. 안쪽의 성벽에는 한치의 빈틈도 없이 다녀간 이들의 이름이 빽빽히 새겨져 있다. 장성 바깥에는 초소격의 보루堡壘가 전진 배치되어 있다. 내가 현재 집필중인 서울의 아차산장성의 보루와 연관지어 시사를 얻을 수 있을 것 같아 유심히 살폈다.

만리장성을 내려 와 북경으로 돌아가는 중에 원나라 때인 1345년에 완공된 거용관居庸關이라는 관문關門 앞에서 내렸다. 아치형의 관문 내부의 벽에는 고래와 용을 비롯하여 사천왕상과 같은 불교적인 그림이 현란하게 조각되어 있었다.그리고 산스크리트·티벳·위구르·파스파·서하西夏·한어漢語와 같은 6개 국의 문자로서 다라니경주陀羅尼經呪와 조탑공덕기造塔功德記가 새겨져 있어 이른바 새외민족의 문자연구에 귀중한 자료가 될 듯 싶었다.

북경 시내에 들어와 '배부른 오후'라는 한국계 식당에서 생선구이 백반으로 점심을 들고 나왔다. 2시 50분이었다. 북한대사관 앞을 통과하였는데, 대사관의 규모면에서는 중국에서 제일 크다고 한다. 어제 지나가 본 한국대사관과는 다소 떨어져 있었다. 9세기 경의 중국 등주성登州城 남쪽에는 신라관新羅館과 발해관渤海館이 나란히 마주 보고 있었다는 기록이 연상되어 양국 대사관의 소재지에 관심을 보였던 것이다. 즉 발해와 신라의 공관이 마주 보고 있었음은 남북국南北國이 시종 반목만 한 것이 아니라 상호 융화하였음을 의미해주는 근거로서 흔히 이야기한다.

골동품과 고서점가이기도 한 유서 깊은 유리창琉璃廠에서 하차하였다. 연암燕巖의 글에 의하면 연수사延壽寺라는 옛 절터에 각종의 유리기와와 벽돌을 만드는 공장이 자리잡고 있었는데, 그 바깥은 모두 점포였으며 재화와 보물이 넘치고 서점이 즐비하였음을 밝히고 있다. 현재의 유리창은 선무문宣武區 화평문和平門 밖의 남신화가南新華街에서 남쪽으로 가는 곳에 동서東西 양가兩街로 나뉘어져 있다. 동가東街의 한 책방에 들렀다. 책이 많기도 하거니와 값이 너무 저렴하여 눈이 번쩍 뜨이는 것 같았다. 모두 10권 24책을 구입하였는데 한국 돈으로 3만 원이 채 안되었다. 다음과 같은 책들이다. 『新舊唐書人名索引』 3권, 『唐代墓誌彙編』 상·하, 『新五代史』 3권, 『文苑英華』 6권, 『通典』 5권, 『安平東漢壁畵墓』, 『柳公權書金剛經』, 『漢代碑刻隸書選翠』, 『吉林出土古代官印』, 『封泥考略』이다. 더욱 많은 책을 구입하고 싶었지만 들고 귀국할 때를 생각하니 무리라는 판단이 들어 자제를 하였다.

재남이 집에 돌아오니 5시 반이었다. 저녁 때 주駐중국한국대사관에 근무하는 동료 사무관 2명이 찾아 와서 식사를 같이 하였다. 그 중 한

명인 이태로씨는 지금은 미국에 근무하고 있는데 잠시 들른 것이다. 밤 9시 넘어 인근의 가라오께에 갔는데 노래방이 설치된 독립된 방에서 다음날 새벽 2시까지 놀다가 돌아 왔다. 유명한 칭따오青島맥주의 맛이 독특하였다. 이 때 재남이의 직장 동료 한 명이 더 와서 모두 5명이 네 명의 아가씨들과 춤도 추면서 놀았다.

6월 25일-빛나는 해후

아침부터 비가 내리다가 오후가 되니 개이었다. 오전 10시 경 북경에 유학차 체류 중인 주영하 씨와 통화하였다. 주영하 씨는 서강대 사학과와 한양대 대학원 문화인류학과를 졸업하였는데, 나와는 같은 학회 멤버이기도 하다. 재남이와 함께 왕부정王府井의 신화서점을 방문하여 『太平廣記』 4권과 『中國東北方民族文化』라는 책을 구입하였다. 외문서점外文書店에도 들렀다. 장난감 전문판매점에서 준경이에게 줄 움직이는 고양이를 구입하였다. 원래는 서울의 길거리에서 값만 물어 보고 말았던 걸어다니는 북경곰 완구를 구입하려고 하였으나 마음에 들지 않아 고양이 완구를 골랐다. 한국 돈으로 2900원이었다. 북경백화점에도 일층만 잠시 들렀다가 나왔다. 신화서점에 다시 들러 앞서의 책을 구입한 것이다.

세계 최대 규모의 맥도널드 점店에서 점심으로 햄버거를 들었다(2년 전 20년 계약으로 건설되었지만 11월 20일 해체 되었다. 북경시는 이곳에 대형 상업센터를 건설할 계획이라고 한다). 1시 25분에 그곳에서 주영하 씨를 만났다. 주영하 씨를 데리고 북경대학 남문 바깥의 신화서점과 해정서대가海淀西大街에 소재한 서점 등을 방문하여 『中國考古學』, 『中國考古學事典』, 『梁高僧傳』 등의 책을 구입하였다. 주영하 씨가 연락을 취한 안신원 군과 최준 군을 데리고 와서 2시 20분 경 이 서점가에서 만났다. 안신원 군과 최준 군은 내가 가르친 한양대학교 문화인류학과 졸업생이다. 안 군은 중국어 연수차, 최 군 앞서의 주영하 씨는 나보다 불과 조금 일찍 중국에 들어와 중앙민족학원 박사과정에 입학하기 위해 체류하던 터였다. 재남이 승용차로 피자파이 집에 가서 음료수 마시고 같이 사진도 촬영하였다. 이 때 안신원 군은 "선생님이 오셨다는 말을 듣고 기다렸다"면서 "예전에 답시다니면서 시 읊고 하던 것 처럼 천안문 광장 앞에서 역시 시를 짓지 않았는가요"라고 묻기도 하였다. 또 "한국과 일본 양학계兩學界의 고대사 통합 챔피언이 되겠다고 하신 선생님의 말씀을 아직도 똑똑히 기억하고 있습니다"라고 하였다. 순간 "아! 역사가 나를 잊지 않고 지켜 보고 있구나. 열심히 공부하여야 겠다"라는 상념이 바람처럼 스쳤다. 주영하 씨에게 오늘 구입한 책을 모두 맡기고 돌아왔다. 주영하 씨가 7월 초에 서울에 간다고 하므로 그가 가지고 간 책을 귀국 후에 찾기로 한 것이다. 돌아오는 차중에서도 해정구海淀區의 학원로學院路에 연접하여 남북으로 뻗혀 있는 원나라 때 대도大都의 토성벽土城壁을 보았다.

재남이 집에서 저녁 식사를 하고 만주 지역 답사에 대한 준비를 하였다. 배낭에다가 필요한 의류와 물품 들을 옮겼다. 그 때의 메모에는 "앞으로 5시간 반이 지나면 요동으로 가는 기차汽車를 타고 마음도 달리게 된다. 기쁨과 설레임 그리고 전쟁터에 가는 듯한 비장감이 교차한다"라고 씌어 있다. 11시 29분에 집을 나와 빵차라고하는 소형 승용차를 탔는데, 앞의 운전석과 뒤의 승객석 사이에는 쇠창살이 가로 놓여 있었다. 운전석 옆에는 운전자의 부인이 동석하는 경우가 많은데, 모두 불신의 산물이다. 11시 45분에 북경역에 도착하였다. 심야라 지하도가 폐쇄되어 있어 그대로 도로를 횡단할 수밖에 없었다.

6월 26일-안시성에 오르다

0시 15분에 열차 입실을 완료하였다. 침대칸이었다. 실내에서의 검표도 완료하였다. 차표를 들여다 보니 목적지인 해성海城까지는 670 공리公里이고 외국인 차비로 302원이었다. 0시 40분 기차는 북경역을 떠나 북상하였다. 날이 밝아 오는 새벽에 일어나 창밖을 보니 끝이 없는 요서 평야가 펼쳐지고 있다. 7시 경에 산이 나타났고, 7시 반에는 금서역錦西驛에 정차하였다. 조반으로 준비해 온 한국의 사발면과 같은 중국의 강사부康師傅(紅燒肉麵)라는 라면을 먹었다. 두 개의 스프 가운데 한국인의 구미에 맞지 않은 샹차이 스프는 넣지 않았다. 세수하고 7시 50분 경에 창밖을 보니 망망대해와 같은 요녕평야가 펼쳐진다. 지평선만 아득하게 보일 따름이다. 올해 52세인 같은 칸의 왕진후王振候씨와 재남이가 이야기를 많이 나누었는데, 유식한 사람이었다. 예컨대 죽엽청주에 관한 이야기를 하면 그 술에 관한 언급이 당시唐詩에 보인다며 해당 구절을 적어보일 정도였다(뒤에 종형이 홍콩에서 귀국하여 가지고 온 죽엽청주병 에 당시唐詩가 쓰여져 있었다). 조선 전기의 시詩에도 "사람은 잔 속의 죽엽주竹葉酒에 취하고 배는 양화도楊花渡 건널목을 향해 가로질렀네 人從竹葉盃中醉 舟向楊花渡口橫之口(용재총화)"라고 하여 죽엽주가 보인다. 그러고 보면 우리 민족이 죽엽주를 마신지도 연원이 적지 않음을 알 수 있다. 알고 보니 왕씨는 철로국 국장이었다. 재남이의 말에 의하면 중국에서 국장은 무척 높은 지위라고 한다.

8시 45분에 금현역錦縣驛을 지났고 5분 후에는 대릉하大凌河를 통과하였다. 광개토왕대의 대릉하 작전이 상기되어 유심이 살폈는데, 강폭은 생각보다 매우 좁았다. 402년 5월에 고구려 군대는 요하를 건너 지금의 광녕廣寧에 소재한 후연後燕의 몇 개 안되는 자사진刺史鎭 가운데 하나인 숙군성宿軍城을 공격하여 함락시켰다. 평주자사平州刺史 모용귀慕容歸는 성을 버리고 달아났던 것이다. 그럼에 따라 고구려는 요하계선遼河界線을 국경으로 확정지을 수 있었다. 9시 16분에는 구봉자역溝幇子驛을 통과하였다. 창밖으로 펼쳐지는 대평원을 바라 보니 고구려의 요동 진출은 비옥한 농경지의 확보라는 측면에서 볼 수 있을 것 같았다. 척박한 산간 지대에서 국가를 일군 고구려가 집요하게 서방인 요동으로의 진출을 기도하였음은 너무도 당연한 일이라고 생각되었다. 중국의 김육불 선생이 "옛날 고구려가 강대해진 것은 요동遼東을 점거하면서부터 비롯되었다"라고 한 말은 충분히 일리가 있어 보였다.

그와 더불어 연암燕巖이 요양의 백탑白塔을 막 접하는 순간 앞이 확 트인 요동벌이 펼쳐지자 손을 이마에 얹고 "아,참 좋은 울음터(好哭場)로다. 가히 한번 울만하구나?"라고 한 유명한 말을 간과할 수 없다. 이때 곁에 있던 정 진사가 "이렇게 천지간의 큰 안계眼界를 만나 별안간 울고 싶다니 웬말이오?"라고 묻자, 연암은 "천고로 영웅은 잘 울었고 미인도 눈물이 많지만 모두 소리없는 눈물일뿐, 참된 칠정七情에서 우러나온 지극하고도 참된 소리란 참고 눌러서 저 천지 사이에 서리가 엉기어 감히 나타내지 못한다오"라는 말로 답한다. 그러자 정 진사는 "이제 이 울음터가 저토록 넓으니, 나도 의당 당신과 함께 한번 슬피 울어야할 것이나, 우는 까닭을 칠정 중에서 고른다면 어느 것에 해당될까요?"라고 또 묻는다. 연암은 갓난아이의 울음을 예로 들면서 가슴 속의 생각을 다음과 같이 피력한다.

"갓난아이가 어머니의 태중에 있을 때 캄캄하고 막히고 걸려서 갑갑하게 지내다가 갑자가 넓고 훤한 곳에 터져 나와 손을 펴고 발을 펴매 그 마음이 시원할지니, 어찌 한 마디 참된 소리를 내어 제멋대로 외치지 않으리요. 그러므로 우리는 의당 저 갓난아이의 꾸밈없는 소리를 본받아서 저 비로봉毗盧峰 산마루에 올라가 동해를 바라 보면서 한바탕 울 만하고, 장연長淵 바닷가 금모래 밭을 거닐면서 한바탕 울 만하며, 이제 요동벌판에 와서 여기서부터 산해관山海關까지 1천2백 리 사방에 도무지 한 점의 산도 없이 하늘 끝과 땅 변두리가 맞닿은 곳이 아교풀로 붙인 듯, 실로 꿰맨듯 고금에 오가는 비구름이 다만 창창할 뿐이니, 이 역시 한바탕 울 만한 곳이 아니겠소!!"

울울창창의 산림 지대를 벗어난 고구려인들 또한 망망한 요동벌에 이르렀을 때, 숨이 탁 트이는 후련한 가슴을 안고 포효咆哮하지 않았을까? 연암의 호곡장론好哭場論에는 이 같은 정서도 담겨 있었으리라. 고구려인들이 요동벌로 나선 것은 갓난아이가 어머니 뱃속에서 나온 거와 같은 '역사적 의미'에서의 출생을 뜻하지 않을까 한다. 요동벌에 진출하여 7백년만에 고조선의 강역을 회복한 그 시점이야말로 어떤 의미에서 도도한 우리 역사에서 고구려의 출생일 수도 있다는 생각이 든다.

9시 54분에 반금시盤錦市에 정차하였고, 10시에 요하遼河를 통과하였다. 요하 역시 생각처럼 강폭이 넓지는 않았다. 그러나 이 강이 화華와 이夷의 계선界線이라고 생각하니 눈길이 떨어지지 않는다. 10시 8분에 발해역에 정차하게 되었는데, 발해만 근방인 것을 짐작할 수 있다. 10시 반에 비옥한 물농사 지역을 통과하게 되었다. 왕씨의 말에 의하면 이곳은 쌀이 유명하다고 한다. 차창 밖으로 중국의 무덤이 보인다. 한국과는 달리 봉분이 둥그렇지는 않고 이등변 삼각형처럼 늘씬한 형태이다. 봉분 위에는 돌이 한 개씩 얹혀져 있었던 게 특이하여 왕씨에게 연유를 물어 보기도 하였다. 11시에 개가역盖家驛에 정차하였으며 11시 9분에는 당왕산역唐王山驛을 통과하였다. 해성의 철광산도 보았는데, 이곳의 철은 고구려 국력의 바탕이 되었었다. 11시 16분에 해성역海城驛에 도착하였다.

역전에서 요녕대학에 유학와 있고 또 올해 개교한 심양의 발해대학에서 강의하고 있는 복기대卜箕大 씨를 만났다. 재남이를 통하여 평소 내 이야기를 들었던 복씨가 나를 한번 보고 싶다고 하여 온 것이다. 해성시는 한가한 풍경의 도시였다. 짐 실은 말들이 거리를 꽉 채우며 누비는데 '마부馬夫'라는 옛날 영화의 장면을 연상하게 한다. 앞 좌석에는 운전자가 뒷 좌석에는 세 명 정도 앉게 한 흡사 마차나 인력거 모양의 모터 자동차도 이국적인 정서를 담고 달린다.

근처의 시장 안에 있는 조선족 식당에서 중국에서 피주啤酒라고 하는 맥주를 곁들여 점심을 들었다. 이 후 우리는 매끼마다 맥주를 들었는데 지방마다 상표를 달리하여 특색있게 나왔다. 가령 환인에서는 용산천피주龍山泉啤酒를, 집안에서는 고구려피주高句麗啤酒를 그리고 길림에서는 화단피주華丹啤酒를 마셨다. 식사 후 12시 22분에 택시를 잡았는데 운전자가 길을 몰라 헤메는 바람에 1시 6분에야 영성자산성英城子山城 앞에 도착하였다. 재남이와 복기대 씨는 작년에 영성자산성을 다녀 온 바 있는데, 해성시에서 20분 소요되는 거리이다.

산성의 서문터 앞에 있는 표석 앞에서 기념촬영을 하였다. 서쪽 성벽을 살펴 보니 판축으로 쌓은 토성이었다. 성벽의 단면이 명확하게 노출되어 있었는데 토벽에는 고구려 토기편이 끼워져 있었다. 집안에서 만난 서경대학의 서길수 교수에 의하면 이 성벽은 근대에 와서 축조한 것이라고 한다. 서벽을 지나 안으로 들어가니 우측으로 다시금 성벽이 나타났다. 성벽의 단면에는 인골人骨이나 수골獸骨로 보이는 뼈 두마디가 토벽에 노출되어 있었다. 서벽을 따라 가다가 꺽어져 남벽을 따라 올라갔다. 성의 전체 규모가 서서히 잡히는데 웅대한 모습이었다. 4㎞에 이르는 성벽인데, 이것을 가지고 규모가 작다고 하는 것은 성곽을 모르는 자의 말이다. 한반도에서 이 정도 규모의 삼국시대 성곽은 몇개 없다 .웅장해 보이는 삼년산성이 1683m이고 온달성은 682m가 아니던가?

성곽의 동남편에는 성벽에 잇대어 흙산이 나타나고 있다. 인위적으로 쌓은 것이 분명하였다. 이것을 당 태종의 군대가 안시성을 공격할 때 축조한 흙산으로 간주하기도 한다. 당나라 군대는 안시성의 동남 모퉁이에 흙산을 쌓고 성을 압박하자 성 안에서도 역시 성의 높이를 더하여 막았다. 당나라 군대는 밤낮으로 쉬지 않고 무릇 육십 여일 동안 연인원 50만 명을 동원하여 흙산의 꼭대기가 성벽과 불과 수장數丈 떨어진 거리에서 성안을 아래로 굽어 볼 때까지 쌓았다. 흙산은 나뭇가지로 흙덩이를 쌓아 올려 만들었는데, 그 중간에 다섯 갈래의 길을 내어 나무를 걸치고 그 위를 흙으로 덮었다. 이는 성 안으로 진입하기 위한 길이 되는 것이다. 흙산이 무너져 성을 덮치자 성벽이 무너졌다. 고구려 군사들은 무너진 성벽 틈으로 공방전을 벌이다가 흙산을 점거하여 참호를 파서 길을 끊은 다음 불을 놓고 방패를 둘러쳐서 방어를 굳건히 하였다. 당나라 군대는 막판에 사흘간 사력을 다한 총 공격을 하였으나 끝내 함락시키지 못하고 회군하게 된다. 이 때 안시성주는 성 위에 올라와 잘 가시라고 송별送別의 예禮를 하는 호걸다운 풍모를 보였다고 한다. 경황없는 상황이었지만 당 태종 또한 황제로서의 위엄을 잃지 않기 위하였음인지 안시성주가 성을 잘 지킨 것을 가상히 여겨 비단 1백 필을 내려주고 임금에 대한 충성을 격려하고 떠나갔다. "성을 함락하는 날 남자는 모두 죽여버리겠다"고 호언하였던 당나라 군대였지만 참담한 패배로 원정은 끝나고 말았다.

복기대 씨는 영성자산성을 안시성으로 비정하는 견해에 반대하고 있었다. 안시성의 소재지를 명시하고 있는 지리 관계 기록과 더불어 흙산에 암석 같은 것이 보인다는 데 근거하고 있다. 나는 성벽을 따라 가며 기개 높은 안시성주를 떠올리면서 일순 감회에 젖고 있었다. 김창흡金昌翕

(1653~1722)의 다음과 같은 시구가 있다.

> 천추에 크신 담략 양만춘
>
> 용 수염에 범 눈동자 한 살에 떨어졌네
>
> 千秋大膽楊萬春
>
> 箭射虯髥落眸子

안시성주 양만춘이 화살을 쏘아 당 태종의 눈을 맞힌 것을 말하고 있다. 그런데 턱밑에서 복기대 씨가 "영성자산성을 안시성으로 본다면 큰 실수입니다"라는 말을 거푸하면서 내 생각을 계속 다그쳐 묻는다. 그러는 통에 회상의 나래는 펴지도 못한채 푸득거리기만 한다. 물론 복기대 씨는 대안을 제시하지 못하고 있다.

성곽의 동편에 있는 점장대點將臺에 섰다. 성 안팎이 모두 시야에 잡히는 요충지였다. 기념촬영을 하였다. 재남이가 내 모습을 촬영하면서 그 엄숙한 표정이 재미있었던지 "성벽이 모두 무너져 내릴 것만 같습니다"라고 말하면서 싱글싱글 웃는다. 점장대에서 붉은색의 사격자문斜格子文 기와편을 비롯한 고구려 기와편을 여러 장 수습하였다. 학생들과 정민鄭珉 교수에게도 이 기와장을 만지게 해 주어야 겠다고 생각하였기 때문이다. 얼마나 기뻐할까?라는 생각도 하면서 말이다.

그러면 과연 영성자산성은 안시성인가? 나는 몇년 전 한국정신문화연구원에서 간행한 『한국민족문화대백과사전』의 '안시성' 항목을 집필한 적이 있으므로 응당 이 문제에 대하여 책임이 없다고 하지 않을 수 없다. 나는 이 글에서 안시성을 영성자산성으로 비정하는 견해를 취하였다. 영성자산성은 당나라의 대군을 격퇴할 수 있는 규모의 성이거니와 교통의 요지에 자리잡고 있음은 의심할 여지가 없다. 나는 답사할 수도 없는 상황이었던지라 선학들의 견해를 취하여 상기한 글에서 영성자산성의 '지형이 험하다'고 적었다. 그러나 실제 와서 보니 전혀 그러하지는 않았다. 영성자산성은 그다지 높지 않은 산지대에 능선을 따라 토루를 축조한 것일 뿐 성으로서 특기할 만한 점은 눈에 띄지 않았다. 그럴 수록 당나라의 대군을 격퇴한 안시성주의 전략가로서의 진가는 높아지기만 할 따름이다. 또 이래서 답사가 중요하다는 느낌을 받게 되었다. 왕왕 탁상에서 글을 쓰다가 이러한 실수를 하기 마련이다. 나는 오녀산성을 답사한 후 한국 사학계의 어떤 원로 교수도 실수한 사실을 발견하게 되었다. 다음과 같은 구절이 되겠는데, 정확하게 틀린 서술이었다.

"지금 여기서 논의하고 있는 고구려에 있어서는 우리가 직접 현지조사를 할 수가 없는 형편이다. 그러나 가령 고구려의 첫 도읍지였던 환인 지방에 있는 오녀산성 같은 것은 주목되어 마땅하리라고 생각한다[註 ; 단 三上次男의 해설에는 오녀산성이 표고 820m의 높은 산으로 기록되어 있다. 그러나 이것은, 비록 오식이 아니라 하더라도, 결코 산 밑의 평지로부터 그렇게 높다는 뜻일 수는 없다. 동서同書 도판 (3)에 의하면 산 밑에 민가들이 자리잡고 있는데, 이 민가들의 높이에 비추어 헤아린다면, 오녀산은 평지로부터 100m 이하인 것이 분명하다. 혹은 50m 이하로 볼 수도 있다. * 각주를 올렸음. 필자]. 그렇게 높지 않은 구릉 위에 쌓은 이 토성은 아직도 웅장한 자태로 남아 있다. 아마도 현존하는 토축은 후일에 고쳐 쌓은 것이겠지만, 보다 오랜 본래의 토축은 필시 고구려 성읍국가의 건국 당시의 것이라고 추측된다."

들어 왔던 서문 쪽으로 나오다가 성안에서 커다란 멧돌을 보았다. 3시 23분에 타고 온 승용차에 탑승하여 나온 후 한길에서 영성자산성의 원경을 촬영하였다. 4시 5분에 안산행鞍山行 버스를 타고 5시 20분에 도착하였다. 5시 55분에 버스를 타고 제철 도시인 안산을 출발하여 6시 40분에 요양에 도착하였다. 요양역 광장에서 보니 금나라 때 세워진 71m 높이의 거대한 백탑白塔이 건물 사이로 삐죽 모습을 내밀고 있다. 얼핏 피사의 사탑을 연상시키는데 팔각 13층의 벽돌탑이다. 조선시대의 연행사들이 막막한 요동평야를 지날 때 노정路程의 바로메타 구실을 하였던 탑이었다. 연암燕巖이 삼복 더위에 가마를 타고 산모롱이에 접어 들자 정진사의 말몰이꾼인 태복泰卜이가 앞으로 달려 나와 땅에 엎드린 채 큰 소리로 "백탑이 보임을 아뢰니다"라고 하였던 그 탑이다. 당시 조선에서는 탑골의 원각사지圓覺寺址 10층 석탑을 백탑이라고 일컬었는데, 동일한 이름의 탑이 요양평원에 우뚝 서 있었다.

7시 5분에 중국 인민폐 100원에 계약한 택시에 승차하여 요양의 동쪽 75㎞ 떨어진 본계本溪를 향해서 출발하였다. 달리는 차창 밖으로 공장의 불기둥이 하늘을 찌르는 모습이 보인다. 8시 55분에 첩첩의 산을 넘고 넘어 분지에 자리잡고 있는 거대한 공업 도시 본계에 이르렀다. 본계시의 인구는 90만인데 강철공사 직원만 15만 명에 이른다고 한다. 회색의 우중충한 도시 풍경과, 본계 시내에 들어서기 직전에 다리 난간의 처음과 끝에서 데이트하는 두 쌍의 연인들 그리고 고혹적인 야경이 인상적이었다.

복기대 씨가 가르친 김국철金國哲 학생이 역으로 마중 나와 그 집으로 갔다. 김국철 학생의 부친인 김동원金東元 씨는 본계강철공사本溪鋼鐵公司의 고위직에 있었다. 거실에서 저녁과 술 그리고 과일 등을 정말 푸짐하게 대접 받았다. 캔에 든 여지荔枝라는 음료를 처음으로 마셔 보았는데, 맛이 좋아서 여행 중에 자주 들었다. 김국철 학생의 모친은 진성 이씨로서 퇴계 선생의 후손인데 일전에도 안동에 다녀왔다고 한다. 다감한 분이었다. 이국적인 분위기를 느끼기도 하였는데, 거실에 버젓이 걸린 누드 사진이 경이롭게 느껴졌다. 이후에도 누드 사진이나 그림이 거실에 걸린 경우를 몇번 보았는데, 연길에서는 그 연유를 물어 보기까지 하였다. 11시까지 담소를 나누다가 나와 태하대주점太河大酒店이라는 호텔에서 묵었다.

6월 27일-졸본부여에 들어 가다

아침에 김국철 학생과 인민해방군에 복무 중인 그 사촌형 김국권金國權 씨가 와서 짐을 들어 주면서 본계역 앞에 위치한 버스 정류장까지 환송나왔다. 환인행 버스 앞에서 기념촬영을 하였다. 7시 55분에 환인행 버스가 출발하였다. 8시 55분에는 깊은 동굴로서 유명한 관광지인 본계 수동水洞 옆을 통과하였고 태자하太子河를 보았다. 이어 긴 터널을 통과하였고 얼마 후 다시금 팔반령八盤嶺의 참으로 긴 터널을 지나고 나니 9시 37분이었다. 10시에 덴수푸 지역을 통과하고 구구교溝口橋 앞에서 하차하였다. 재남이가 작년에 이곳을 지나다가 차중에서 보았다는 '동명東明' 관련 간판을 찾았다. 재남이가 얼른 메모하였던 수첩을 보여준다. 입간판의 중앙에 붉은 태양이 솟아오르고 그 상단에 '동명'이라는 글자가 씌어 있다. 또 고구려와 관련있는 상점 간판들도 눈에 띄었다고 한다. 다리 이름도 동명교東明橋였다. 그러니 재남이가 고구려의 동명신앙과 관련있는 장소가 아닐까하여 관심을 가질 수밖에 없었다. 우리가 대학 다닐 때 서클의 가을 축제 이름이 '동명제'였고, 그 이름을 재남이가 짓지 않았던가!

본계 시내 버스 종점이 있는 고려술집 앞에서 하차하여 주변 지세를 살폈다. 분지로 둘러 싸인 이곳은 결코 범상한 지역은 아닐 듯도 하였다. 고려술집에서 점심을 들면서 '동명' 관련 내용을 자세히 알게 되었다. 기대와는 달리 유서가 있지는 않았다. 과거 공산당이었던 사람이 만든 종교라고 한다. 12시 10분에 고려술집을 나와 남전자南甸子 초입으로 되돌아 갔다. 그곳에서 재남이가 작년에 본 것과는 동일하지 않지만 같은 내용의 간판을 확인하였다.

1시 30분에 환인행 버스에 탑승하였다. 3시 10분 경에는 차창으로 비가 때리고 있다. 창밖으로 다락식 창고인 부경桴京이 눈에 많이 띄었다. 『삼국지』 동이전 고구려 조에 의하면 "큰 창고는 없고 집집마다 작은 창고가 있는데, 부경이라고 이름한다"라는 구절이 있다. 그런데 놀랍게도 '집집마다' 부경이 있지 않은가? 고구려 땅에 왔다는 실감이 났다. 5시 무렵에는 천둥과 번개가 치고 비가 막 쏟아진다. 사방이 어둑어둑해졌다. 버스 안으로 비가 새 들어 오는 바람에 우의를 꺼내 입었다. 재남이는 우산을 펼쳤다. 빗방울을 모자챙에 튕기면서 5시 40분에 고구려의 첫 도읍지였던 졸본 땅에 발자욱을 찍었다. 재남이가 작년에 묵었다는 5분 거리인 금산려관식당상점이라는 숙소에 들어 갔다. 주인은 바뀌어 있었다. 저녁 식사는 새주인인 김사장과 함께 금강산식당에서 하였다.

6월 28일-山上의 고구려 도읍지에 오르다

9시 20분에 승용차를 타고 해발 804m에 자리잡은 오녀산성으로 향하였다. 오녀산성은 주몽왕이 도읍한 고구려의 첫 수도인 흘승골성紇升骨城으로 비정하고 있다. 「광개토왕릉비문」에 의하면 추격하는 병사를 따돌리고 엄리대수奄利大水를 건넌 주몽왕은 "비류곡沸流谷 홀본忽本 서쪽 산상山上에 성城을 쌓고 도읍을 세웠다"고 한다. 도망자들이 세운 고구려 정권의 근거지가 '산상'에 소재한 것이 된다. 이것은 이 나라의 앞날에 고비고비 도전과 시련이 예비되었고 또 그것을 각오하였음을 뜻하는 게 아닐까?

오녀산성은 우라산성于羅(喇)山城, 올랍산성兀拉山城 혹은 울령산성鬱靈山城으로도 불리고 있다. 그런데 오녀산성의 이름과 관련하여 고구려 유리왕 22년에 도읍한 위나암성尉那巖城을 떠올리지 않을 수 없다. 왜냐하면 위나암성의 소재지는 명확하지가 않은데, 오녀산성일 가능성도 짙어지기 때문이다. 첫째 위나암성의 '위나'는 '우라于羅' 혹은 '올납兀拉'으로도 표기되고 있는 오녀산성과 동일한 이름이라는 점이다. 둘째 위나암성의 '위나'는 만주어에서 강江을 뜻하는 올라兀剌(우라)에 해당된다고 한다. 『용비어천가』 39장에서는 오녀산성이 올라산성兀剌山城이라고 적혀 있는데, '올라兀剌'의 음音을 '우라'로 적고 있다. 오녀산성은 실제로 '위나'의 의미에 부합되게 끔 혼강渾江의 '강변江邊'에 소재하였다. 셋째 위나암성의 '암巖'을 주목할 때 '강변의 암벽성巖壁城'이라는 의미가 된다. 이는 사방 암벽巖壁에 자리잡고 있는 오녀산성의 형태와 부합되고 있다. 넷째 위나암성으로의 천도 동기는 달아난 희생용犧牲用 돼지를 잡으로 갔다가 도읍지를 발견한 것이다. 그러므로 주몽왕이 정착한 환인 지역에서 먼거리가 될 수 없으므로 첩첩의 산과 내를 넘고 건너야만 이르는 지금의 집안이 되기는 어렵다. 요컨대 돼지의 도주 반경 내에서 위나암성을 찾아야만 한다. 그렇다고 할 때 환인현의 반경을 벗어나지 않았다고 보아야만 하겠다. 그 반경 내에는 오녀산성을 제외하고는 달리 지목할만한 성이 없다.

이러한 나의 추정이 타당하다면 주몽왕이 정착하여 도읍한 홀승골성은 오녀산성이 아니라 다른 곳에서 찾아야만 한다. 그렇지 않다면 『삼국사기』에 적혀 있는 주몽왕의 건국 기사에서 "궁실宮室을 지을 겨를이 없어 단지 비류수沸流水 가에 집을 짓고 거주하였다"라고 하는 상태에 머물러 있었을지도 모른다. 그러다가 유리왕 22년에야 비로소 산상에 성을 축조하여 도읍하였다는 추리도 가능하다.

각설하고 1369년(공민왕 18) 정월에 동북면원수인 이성계가 이끈 1만 5천 명의 보병과 기병 부대가 동녕부東寧府 원정차 압록강을 건너 진격하였다. 이성계의 고려 군대가 오녀산성을 포위·공격하자 웅거하고 있던 적의 추장은 줄에 매달려 성을 넘어 도망하고 말았다. 그럼에 따라 일시적이기는 하지만 고려 군대는 오녀산성뿐 아니라 동녕부 일대의 만주 지역을 장악하게 되었다. 이성계의 이때 무용담은 『용비어천가』 39장에 서사시적인 문투로 장엄하게 전한다. 또 이 성의 입지적인 조건을 같은 책에 다음과 같이 적혀 있다. "평안도 이산군理山郡 앙토리央土里 구자口子에서 북쪽으로 압록, 파저婆猪의 두 강을 건너면 올라산성兀剌山城에 이른다. 넓은 들판의 가운데 있는데, 사면으로 높은 절벽이 있어 오직 서쪽으로만 오를 수 있다. 이산군에서 270리 떨어져 있다."

오녀산성에 관한 기록은 임진왜란 중인 1595년(선조 28)에 신충일申忠一이 건주 여진建州女眞에 사신으로 가는 도중의 견문을 적은 「건주기정도기建州紀程圖記」에 남겨지고 있다. 다음과 같은 내용이다.

"니구리尼求里 부락에 높고 가파른 산이 하나 있는데, 높게 치솟아 하늘 중간에 걸려 있다. 멀리서 산 정상을 바라보니 돌로 쌓은 성이 구불구불 서쪽으로 뻗쳐 있는 것이 희미하게 보였다. 사람들에게 물어 보았더니 야로강也老江 위에 자연적으로 생긴 울령산성鬱靈山城이라고 한다. 사면이 석벽石壁을 깍아놓은 것처럼 가파랐다. 다만 남쪽에 석문石門이 하나 있어 통행할 수 있었으나 역시 일부당관一夫當關의 험준한 지세였다. … 성안에는 거의 배를 띄울 수 있을 정도로 물이 있었다. 또한 굴이 있는데, 굴안에는 칼과 창·갑옷·투구 등이 많이 산적해 있다."

승용차에서 잠깐 내려 우뚝 솟아 있는 오녀산성을 먼 발치에서 바라보고 셧터를 눌렀다. 꼭 50년 전 6월에 이곳을 답사한 일본인 고고학자 미카미 스키오三上次男는 "철鐵의 성城처럼 창공蒼空에 솟아있는 모습은 신神들의 어좌御座를 생각하게 한다. 다시 없는 견고한 요새要塞, 신앙信仰의 성지聖地로 적합하다"라고 하였다. 여기서 '신앙의 성지로 적합하다'고 한 지적은 확실히 의미있게 와 닿는다.

고구려에서 가장 격이 높은 제사처는 동명묘東明廟로서 그 첫 도읍지인 환인에 소재하였다. 동명묘는 고구려가 국내성으로 그리고 평양성으로 천도한 후에도 이전移轉하지 않은 신성처神聖處였다. 또 고구려 왕들은 동명묘에서 즉위 의례를 가졌다. 바로 그 동명묘가 오녀산성에 소재하였을 가능성을 짚어주고 있다.

10시 10분에 산 중턱에 도착하였다. 승용차를 이용하였고 또 길이 잘 닦여 있으니 망정이지 그렇지 않았더라면 엄청나게 힘들었을 산행이었다. 작년에 이곳을 답사한 바 있는 재남이와 복기대 씨도 올라가는 데 고생하였다며 고개를 절레절레 흔든다.

오녀산성은 사방이 강파른 수직 절벽으로 이루어져 있다. 한 사람이 만인을 상대할 수 있는 이스라엘 마사다와 같은 천험의 요새지였다. 그랬기에 이성계의 고려 군대가 공격하였을 때 적의 추장이 줄에 매달려 성을 넘어 도망한 정황이 이해가 갔다. 또 천험의 요새를 함락시킨 이성계는 명장 중의 명장이라는 생각이 절로 들었다. 10시 20분부터 40분까지 산성 내의 송신탑으로 이어지는 물자 수송용 철로를 따라 올라갔다. 서벽으로 들어선 것인데 그 때문에 예상 밖으로 쉽게 등성登城에 성공하였다.

오녀산성은 장방형의 성인데, 둘레는 동서 150m이고 남북은 300m이었다. 서쪽과 남쪽 그리고 북쪽은 100m 높이의 절벽으로 천연의 성벽을 이루고 있다. 반면에 동쪽만은 대부분 인공의 석축 성벽이 나타나고 있다. 본래는 남쪽의 점장대에서 동쪽으로 210m 가량 성벽이 축조되어 있었는데, 현재는 5m만 보존되어 있을 뿐 나머지는 흔적만 남아 있다. 동쪽 성벽은 산세에 따라 대부분 가공석으로 축조되었고 높이는 6~8m이다. 외벽은 높은데 반해 내벽은 3~4m로서 낮으며 병력을 신속하게 이동하고 배치할 수 있는 통로가 나타나고 있다. 성돌은 밑 부분 2층은 2×0.5m 크기의 큰 돌로 쌓았고 윗 부분은 42㎝×50㎝ 크기의 작은 돌로 쌓았다. 성문은 2개소가 있는데, 남쪽 성벽과 동쪽 성벽 구간에서 확인되고 있다.

성 안에는 천지天池라고 불리는 장방형의 수원지가 있다. 둘레는 30여m로서 밑에는 넓은 바위가 있고 위에는 벽돌로 쌓았다. 마른 적이 없는 성안의 수원水源인데 물이 풍부한 관계로 농사가 지어지고 있었다. 둔전屯田이 가능한 만큼 외부로부터의 보급 없이도 장기간의 농성이 가능한 곳이라고 하겠다. 천지 주변에는 평평한 대지가 꽤 넓게 펼쳐지고 있다. 또 지름 2m의 맷돌을 보았는데 두께는 약 30㎝이고 한 가운데는 10㎝가 채 안되는 사각형 구멍이 있었다. 복기대 씨의 말에 의하면 맷돌의 아랫 부분은 문화혁명 때 성 밑으로 굴러 떨어졌다고 한다. 자연적 벼랑을 이용하여 만든 점장대에 올랐는데, 주몽왕이 군사훈련을 시키고 전투를 지휘한 곳이라고 전해진다. 지금도 성안에서는 솥이라든지 토기의 발·화살촉·갑옷 철편·보습편·토기편 등과 같은 유물이 수습된다고 한다.

오녀산성에서는 환인 지역을 유장하게 휘감아 흐르는 초기 고구려의 젖줄인 혼강渾江(佟佳江)이 한눈에 잡힌다. 지금은 댐이 들어서 있기도

하다. 산야가 첩첩으로 쫙 깔려 있는 게 호쾌한 기분을 일으킨다. 동북쪽으로는 고구려시기에 비류수沸流水라고 불리었던 부이강富爾江이 흘러 가고 있다. 또 동쪽으로는 통화通化의 패왕조산성覇王朝山城과 서쪽으로는 고검자(지?)산성高儉子山城과 마안자산성馬鞍子山城이, 남쪽으로는 화평산성和平山城과 그리고 북쪽으로는 신빈현新濱縣의 흑구산성黑溝山城이 시야에 어른거린다. 오녀산성은 이러한 성들의 중심에 배치되어 있다. 즉 이들 성들과는 멀리는 100여 리 가까우면 3~40리 떨어진 교통의 요충지인 것이다.

동쪽 제1 석문石門 근처에는 범바위로 불리는 바위가 있다. 청룡과 흑룡이 주몽의 승천 임무를 완수하기 위하여 하늘의 명을 받고 내려와서 그를 태우고 올라갔다고 한다. 그런데 청룡은 이곳의 경치에 반해 다시 내려 오다가 갑자기 나타난 맹호에게 해를 입었다. 그러자 주몽의 아들인 유리가 활을 쏘아 맹호를 죽였는데, 석호石虎의 목덜미에 남아 있는 화살 자국이 그것이라고 한다. 오녀산성의 북편으로 벼랑 사이를 내려가면 주몽이 황룡을 타고 승천했다는 승룡대乘龍臺가 있다. 승룡대는 길이 10여 m의 바위인데 생김새가 흡사 용을 닮았다.

동쪽의 절벽 틈새로 난 통로를 이용하여 내려갔다. 무성하게 자라 진로를 방해하는 초목을 헤치고 급경사면을 따라 내려 가면서 서사시적인 감흥에 휩싸였다. 일순 이것이 바로 '이도학李道學 사학史學' 성립 전야前夜의 모습이 아닌가 생각하게 하였다. 간난의 행군과 손에 땀을 쥐게 하는 위기일발의 순간을 넘기고 창업하여 제국帝國의 초석을 깔았던 고구려 주몽왕과 내 자신을 견주어 보았다. 흘러 내려가고 있는 석축 성벽이 눈에 띄었다. 더욱 잘 남아 있는 웅장한 성벽을 확인하였다. 옹성벽甕城壁도 나타났다. 남서 쪽으로 방향을 틀어 내려 왔다. 성벽 밑에서 촬영하고 1시 5분에 우리의 예정된 하산 지점에 맞추어 대기하고 있던 승용차에 탑승하였다. 산성 밑의 마을에서 부경을 몇 채 촬영하였다. 아치형의 아름다운 혼강교의 건너 편 언덕에 올라 오녀산성의 원경을 바라 보았다. 어떤 곳이 천험의 요새지인 가를 다시금 실감하게 되는 순간이었다.

2시에 금강산식당에 이르러 점심을 들었다. 2시 55분에는 같은 승용차에 탑승하여 상고성자묘군上古城子墓群에 도착하였다. 환인에서 가장 규모가 큰 적석총군은 고력묘자촌高力墓子村이었는데, 아쉽게도 수몰되었던 것이다. 대신 상고성묘자군이 우리를 기다리고 있었던 것이다. 옥수수밭 가운데 적석총이 산재하였다. M1호분·M2호분 하는 식으로 번호를 붙여 표석을 세워놓았다. 경작하면서 적석총이 엄청나게 훼손되었으리라는 것은 밭뚝에 죽 깔려 있는 강돌들이 말하고 있다. 이곳의 적석총들은 한국 학계에서 말하는 무기단식 적석총에 해당된다. 모두 강돌로 축조되었지만 M2호분은 비교적 큰 석재로 기단석을 사용한 이른바 방단方壇 적석총이다. 적석총의 발전 과정을 외형만 놓고 본다면 무기단식에서 기단식으로 그리고 계단식이 된다. 그러므로 이곳의 적석총은 초기 형태가 되는 것이다. 4시 5분에 이곳 답사를 마쳤다.

4시 10분에 하고성지下古城址에 도착하였다. 표석에는 "이 성지城址는 고구려의 조기早期 평원성平原城 계통이다. 성벽은 흙을 다져서 축조하였다. 평면은 장방형으로 둘레가 근 1천m가 된다. 이 성은 고구려 역사연구의 중요한 유적이다"라고 적혀 있었다. 방형 토성의 사례가 한 가지 추가된 것이다. 서쪽으로는 하천이 흘러 가고 있었다. 성은 하천 가에 자리잡고 있었지만 성벽은 전혀 확인되지 않았다. 하천 변에서 마음씨 좋아 보이는 만주족 여인과 이야기를 나누다가 하나의 사실을 얻게 되었다. 이 여인의 집 부지에 본래 고구려 성벽이 통과하였는데, 성벽 위에다가 집을 모르고 지어 200원의 벌금을 물었다고 한다. 이 토성 자리에서는 멀리 오녀산성이 보이는데, 상고성자 묘군墓群의 피장자들과 연관있는 곳이 분명하였다. 또 삼국의 초기 왕성의 입지 조건이 하천 변에 자리잡은 토성인 사실과도 부합되었으므로 주목을 끌었다.

하천 변에서 복기대 씨가 주렁주렁 달린 빨간 앵두를 따서 쥐어주었고 오이도 서걱서걱 베어 먹었다. 앵두 나무 앞에서 만주족 여인과 함께 사진을 촬영하려고 하였더니 못내 수줍어 한다. 그러나 우리가 발걸음을 옮길 때 "시간 나면 한 번 놀러 오세요"라는 말을 잊지 않았다. 복기대 씨가 얼른 그 말을 통역해 주면서 놀린다. 이곳에서도 부경을 촬영하였다. 5시에 하고성지를 출발하여 숙소에 오니 5시 15분이었다. 만주족 여인을 만났으니 첨언한다면 '92년에 만주족 자치주가 설치된 환인현의 인구 12만 가운데 4만이 만주족으로 되어 있다. 그러나 만주족은 실은 1만명에 불과하다고 한다.

이번 답사에서 작년에 재남이와 복기대 씨가 답사한 바 있고 나에게 사진까지 보내준 장군묘에 관한 메모를 하였다. 매우 중요한 유적이라 생각되어 다음과 같이 옮겨서 기록으로 남긴다.

환인에서 혼강을 따라 남쪽으로 20여리쯤 내려가면 마창구촌이라는 곳의 앞산에 고구려 고분이 10여 기가 있다. 그 가운데서 제일 큰 고분을 장군묘라고 한다. 이 장군묘의 내력을 아직 아는 사람이 없으며 어느 장군의 무덤인지도 모르고 있다. 장군묘는 3면이 혼강으로 둘러싸여 있는 룡등이라고 부르는 산마루에 자리잡고 있다. 장군묘의 둘레는 150m이고 높이는 8m나 되는데 요녕성에서는 보기 드문 대형의 봉토분이다.

장군묘의 구조를 살펴보면 윗층에는 황토가 3m이고 그 밑에는 목탄이 약 1m가량 되고 또 그 밑에는 1m 가량의 석회가 있는데 밑바닥은 석판이다. 고고학자들의 추정에 의하면 장군묘는 지금으로부터 1500년 전후에 조영된 고구려 왕족의 무덤이 아닌가 한다. 『환인현지』에는 다음과 같이 기록되어 있다. 청나라 때인 함풍咸豊 4년(1854) 봄에 변방의 도적 10여 명이 성 남쪽 20리 밖에 소재한 장군묘의 유물을 훔쳐 내려고 석수와 대장장이를 데리고 와 이틀간이나 팠다고 한다. 무덤을 한 길이나 파헤치고 4자 가량의 목탄을 파 내고 또 5자 가량 깊이의 석회를 파 내고서야 넓적한 큰 돌을 제끼고 묘실로 들어갈 수 있었다. 묘실은 크게 두 개로 되어 있었으며 한 쪽 묘실의 석벽에는 꽃무늬가 그려져 있었고 다른 쪽 묘실의 석벽에는 글이 씌어져 있었다[장군묘의 뒷면을 파 내려가니 석벽이 있었기에 석벽을 뚫고 들어간 본즉 석상石床 2개가 가지런히 놓여 있고 석벽 4면에는 홍색 화분으로 벽화가 그려져 있었다. 그 앞으로는 문이 2개 있고 문 밖에는 당堂과 같은 실室이 있었다. 실에는 등잔이 놓여 있고 벽에는 그림도 그려져 있으며 글씨도 있었다고 한다. * 所傳이 동일하지 않으므로 함께 기록한다 ; 필자]. 장군묘가 도굴된 며칠 뒤에 촌민村民 왕덕옥이 이웃 사람들과 현장에 가 보았는데, 텅빈 묘실과 석회를 보았을 뿐 아무런 유물도 남아 있지 않았다고 한다.

장군묘에 대한 전설은 지금까지 전해 내려오고 있다. 변방 도적들이 장군묘에서 훔쳐 내온 금마구金馬鉤와 장명등長明燈을 가지고 큰 보물을 얻었노라고 크게 기뻐하며 산에서 내려와 배에 올랐다고 한다. 그들이 배를 타고 강심에 이르자 갑자기 심한 돌개바람이 일어나더니 노한 파도가 배를 삼킬듯이 덮쳐 들었다. 도적들이 겁에 질려 어쩔줄을 몰라 덤비는데 하늘에서 난데없이 벼락이 치며 금마구와 장명등은 돌개바람에 휘감겨 하늘로 올랐다고 한다. 변방 도적들도 배와 함께 강물 속에 빠져 들어가 종적을 감추었다. 이후 장군묘에 대한 비밀을 아는 사람은 없다고 한다.

장군묘를 조사한 자료와 전문傳聞를 근거로 한다면 모두 3개의 실

室을 가진 석실 봉토분이다. 실의 천정에는 쌍룡과 연화문 그리고 각종의 동물들이 그려져 있는데, 측실側室에는 '王' 자字가 씌어 있다. 이 고분의 연대는 6세기대로 추정된다.

1962년의 통계에 의하면 환인진桓仁鎭 경내에는 1760여 기의 고구려 고분이 분포하고 있는데 10여 곳에 나누어 소재하고 있다. 오녀산성 남쪽과 고력묘자 고분군이 가장 큰 규모를 자랑하고 있다. 지금은 혼강의 저수지에 잠겼으나 1호묘가 가장 컸는데, 이곳의 고분은 언덕에서 시작하여 그 아래로 점차 널려 있다. 언덕 위의 무덤은 모두 돌을 쌓아 봉한 큰 무덤들로서 아주 순서 있게 배열되어 있었다. 맨 위의 가장 큰 무덤은 자연적으로 쌓은 2개의 묘실로 된 무덤이다. 이 무덤은 남북 13m 동서 10m나 되는 돌층대 위에 자리잡고 있는데 무덤 주위에는 돌담을 쌓고 그 위에 넙적한 큰 돌로 덮어 놓았다. 이 무덤은 오래전에 파괴되고 무덤 안에 있던 항아리 칼 활촉 단추 등과 같은 부장품들이 관이 있던 자리에 보존되어 있을 뿐이다. 이 무덤 아래에 좀 작은 무덤 2기가 가지런히 자리잡고 있었고 또 그 아래에 무덤들이 4줄로 분포하고 있었다. 이러한 무덤에서도 가장 큰 무덤에서 발굴된 유물과 같은 것 외에 또 창과 금동장식품 은가락지 등의 부장품이 들어 있었다. 무덤 아래 부분의 무덤들은 흙으로 덮었거나 흙을 덮지 않은 돌로만 쌓은 적석총들인데 단실·쌍실 혹은 삼실로 된 규모가 작은 장방형의 무덤들이다. 이러한 무덤 속에는 부장품이 없거나 있더라도 극히 적었다.

6월 29일-국내성으로의 진격

새벽에 복기대 씨가 심양으로 돌아 갔다. 함께 집안까지 동행하였으면 좋았겠건만 씨의 일정으로 인해 아쉬운 작별을 고하게 되었다. 6시

37분에 집안행 버스를 타고 출발하였다. 차 중에서 조반으로 왼손에는 어제 하고성자 밑의 밭에서 딴 오이를, 오른손에는 바나나와 토마토를 들고 요기를 하였다. 9시 40분에 버스에서 모두 내려 갈아 탔다. 10시 5분에 길림성 구역에 들게 되었다. 차창 밖의 풍경을 보니 대단한 산지대였다. 보성전문학교 경제학 교수였던 김광진 씨의 '고구려의 생산양식에 대하여'라는 논문의 구절이 상기되는 척박한 지대였다. 순간 고구려의 성城 밑의 행정 단위로서 곡谷과 촌村에 대한 해석이 떠오른다. 곡은 수렵 생활권에 대한 호칭이고, 촌은 농경 구역에 대한 편성 단위가 아닌가 라고 생각해 보았다.

11시 20분에 유림楡林이라는 곳에서 정차하여 운전자가 휴식을 취한다. 잠시 내려 주변을 거닐어 보고 탑승하였다. 12시 5분에 버스가 출발하였는데, 빗방울이 유리창을 때린다. 환인에 갈 때도 비가 왔듯이 고구려의 두번째 수도에 가는 날도 비를 몰고 간다. 1시 7분에 집안에 도착하였다. 찌푸린 날씨고 간간이 비가 내리지만 통행에는 별다른 지장이 없었다. 취원빈관翠园賓館이라는 집안 제일의 호텔에서 여장을 풀고는 이내 답사 장비를 품고 나왔다.

모터 달린 자전거 인력거를 대절하여 먼저 광개토왕릉비에 갔다. 우람한 비석을 바라보고 먼저 올라 갔다. 자동 카메라로 촬영하려고 하는데 작동이 되지 않는다. 이리저리 만지다가 결국 내부를 열어 보게 되었고 그 안의 36장 필름 가운데 영상이 담긴 24장의 사진을 모두 버리게 되었다. 곧 재남이가 와서 보고는 말하기를 오늘 아침에 차중에서 내가 자다가 눈을 뜨더니 갑자기 자동 카메라의 전지를 꺼냈다고 한다. 또 그 전날 밤에 자다가 벌떡 일어나 짐을 챙겨 재남이 방으로 가면서 주머니 많은 조끼 옷에 넣어 두었던 자동 카메라를 떨어 뜨렸던 기억이 났다. 하!

결정적인 순간에 낭패를 맛 보게 된 것이다. 해서 장군총이나 태왕릉 그리고 오회분 오호묘의 내부에 들어 갔지만 플래시가 없어 촬영을 못하였었다. 게다가 뒤에 전지를 넣어 비록 플래시는 작동되지 않았지만 촬영은 되는 것 같아 필름을 넣어 사용하였지만 서울에 와서 현상해 보니 이것으로 찍은 게 분명한 5통 모두 버리게 되었다. 그러나 나는 기계식 반자동 카메라로 중복 촬영을 하였고 또 이것에 주로 의존하였으므로 별다른 타격을 입지는 않았다. 다만 아쉬웠던 것은 환인으로 달리는 빗방울 떨어지는 버스 안에서 비스듬한 자세로 담배를 삐딱하게 물고 찍혔던 모습이 지워지게 된 사실이다.

비석을 살펴 보니 비면의 굴곡이 뚜렷하였다. 비면을 편편하게 다듬지 않은 상태에서 글자를 새긴 것이었다. 가령 제일면에 보면 비면이 안쪽으로 조금 휘어 들어가 있어 얼핏 보면 훼손된 것으로 생각할 수 있다. 그러나 글자가 또렷하게 새겨져 있었다. 이렇듯이 광개토왕릉비는 완전하게 다듬고 정제된 석재에 글자를 새기지 않았다는 점, 고구려 최초의 능비라는 점 그리고 신앙의 대상인 선돌의 형태를 닮았다는 점을 생각할 때, 능비석은 본래 의미있는 돌이었을 가능성이 높았다. 비록 능비석은 대좌를 가지고 있지만 본래 이 자리에 서 있던 선돌을 다듬어 글자를 새긴 것이 아니었을까? 그랬기에 광개토왕릉은 여러 면에서 능비석과 일치되지 못하는 것이 아닐까하는 상념이 스쳤다. 능비 앞에서 미추홀의 명주酩酒인 칠선주七仙酒를 따라 올렸다. 대왕이 생전에 약취한 신래한예로 하여금 자신의 능묘를 지키도록 할 정도로 한반도 중남부 지역의 새로운 복속민에 대하여 거는 바가 컸었다. 그랬기에 서울에서 준비해온 인천의 칠선주를 올린 것인데, 능비에는 인천을 가리키는 미추성이 두 군데 나타나고 있다. 영락 6년(396)에 고구려가 백제로부터 점령한 58성城 가운데, 그리고 수묘인 연호守墓人烟戶에 관한 규정에 보면 묘지기의 출신지로서 보이고 있다.

궤배를 올렸다. 재남이도 술을 올리고 궤배를 하였다. 비석 앞에 술을 붓고 또 한잔은 음복주로 내가 마셨는데, 기분이 좋았다. 그리고 나서 12년 전의 나와 재남이와의 약속을 이행하려고 하였으나 쑥스러워하며 한사코 거절하였다. 안내인 여성이 사진 촬영을 못하게 하였지만 재남이가 잘 구술리고 하여 몇장을 담았다. 그리고 입구의 기념품 매장에서 기념 배지 몇 개와, '천추만세영고千秋萬歲永固'라는 명문전의 탁본을 50원에 구입하였다. 재남이가 『고구려의 전설』과 『고구려사 논문집』을 자기 것과 더불어 내 것까지 구입해 주었다.

고구려를 상징하는 적석총이라는 묘제의 가장 완성된 형태인 장군총으로 달렸다. 능비에서 직선 거리로 1.4㎞ 떨어진 곳인데, 한참을 왔다. 장군총을 광개토왕릉으로 비정하는 견해가 있다. 그러나 참도參道를 그려 놓고 양자를 연결시켜 보더라도 능비에서 너무 멀리 떨어져 있다는 느낌을 받았다. 이러한 측면에서 본다면 광개토왕릉은 능비에서 불과 300m 밖에 소재한 태왕릉일 가능성이 높았다[* 필자 : 본 소견은 곧 바뀌었다]. 장군총도 안내인이 촬영을 못하게 한다. 입장한 행렬과 함께 안내 여성을 따라 7층으로 된 계단의 5층 단에 위치한 감실을 통하여 현실 내부에 들어가 보았다. 피장자는 분묘 내부의 윗편에 누워 있는 것이다. 현실에는 두 개의 관대가 놓여 있었다. 두향은 분묘의 방향과 동일하게 북동쪽이었다. 좌측의 관대가 우측보다 조금 높았다. 여기에도 어김없이 존비尊卑의 차이가 그어지고 있음을 알 수 있다. 좌측이 왕의 관대이고 우측은 왕비의 그것으로 간주할 수 있겠다. 관대에 누워 보았다. 키가 큰 재남이가 누웠는데도 훌렁하게 공간이 남는 것을 보아 체격이 좋은 군왕으로 짐작되었다. 그러나 1938년에 간행된 『통구通溝』라는 책에 의하면 장군총의 현실 내부 사진이 수록되어 있는데, 두 개의 관대가 모두 동강이 나있는 모습이었다. 지금의 관대는 복원품이 분명하다.

장군총의 제일 윗층으로 올라가니 층단이 남아 있는 2변의 끝 쪽에 기둥 구멍이 열을 지어 있었다. 단재가 "왕릉王陵의 상층上層에 올라가 석주石柱의 섰던 자취와 복와覆瓦의 남은 파편破片"이라고 언급한 적이 있다. 기둥 구멍으로 인하여 장군총 정상에 건물이 있었음을 짐작하게 하는데, 향당享堂으로 일컫는 견해가 있다. 무덤 정상에 건물을 짓는 경우는 고구려와 이웃하였거니와, 말갈의 전신인 물길勿吉에도 "무덤 위에 집을 지었다 塚上作屋"(『魏書』 물길전)고 하여 보인다. 그런데 기둥 구멍의 길이가 건물의 기둥으로는 너무 작을 뿐 아니라 책柵 형태의 철제품이 발견되고 있다. 그렇기 때문에 장군총 정상에는 책상柵狀의 시설이 있었으리라고 추정한다. 이 견해가 설득력 있다고 할 때 책상의 시설은 어떠한 것이었을까? 추측하건대 왕릉 간의 교란을 없애기 위한 수묘 비각碑閣이 아니었을까 생각된다. 그렇지 않고서는 달리 비정할 만한 대상이 잡히지 않는다.

장군총에는 여러 개의 배총이 있었다. 현재 남아 있는 그 뒷편 동쪽 배총을 둘러 보고 그것을 기준으로 하여 장군총을 담아 촬영하였다. 멀찌감치 떨어진 장군총 앞쪽에서 내가 촬영을 할 수 있게끔 재남이가 안내 여성과 열심히 대화를 나누어 시선을 빼앗고 있는 모습이 보였다. 촬영을 마치고 유유히 나오는데, 귀여운 그 여성이 나를 발견하고는 이제는 반가워 하는 기색이다. 해서 장군총 앞에서 안내 여성을 살포시 껴안고 기념촬영을 하였다. 본래 그 여성은 재남이에게 '친구는 어디에 있느냐'고 하면서 나를 찾기에 유머러스한 이야기로 시간을 끌어주었더니 혹하더라는 거였다.

태왕릉으로 향하였다. 태왕릉은 장군총보다도 훨씬 거대한 분묘였다. 능묘 바깥에는 두 사람의 키를 잇대어 놓은 것 보다도 거대한 호석들이 능벽에 드문드문 기대어 있다. 태왕릉 앞에서 생각지도 않게 재남이와는 작년에 만나 구면인 호리호리한 체격의 경비과장 당唐씨를 만났다. 작년에 있었던 당씨의 행각에 관해 들었던 터라 씨를 대면하는 순간 내심 웃음이 피어 올랐다. 당씨는 이제 드문 드문 한국말을 할 줄 알아 처음에는 깜짝 놀랐다. 한국인들이 자주 찾아 오니 사업상 한국어의 필요를 절감하여 열심히 배운 게 분명하였다.

작년까지만 하더라도 접근이 금지되었다고 하는데, 당씨가 태왕릉 현실 문을 열어주어 그 안에 들어 갔다. 두 개의 관대가 놓여 있는데 왼쪽의 관대가 조금 높았다. 두향頭向은 정동향正東向이었다. 관대는 장군총의 그것보다는 훨씬 작았다. 광개토왕의 그것이라면 대왕은 웅위한 기질과는 달리 체격은 크지 않았던 것으로 짐작된다. 태왕릉 현실 입구에서 나와 재남이는 번갈아 절을 하며 칠선주를 올렸다. 태왕릉 전경과 더불어 호석 옆에서 기념촬영을 하였다.

4시 58분에 오회분五灰墳 오호묘五號墓에 이르렀다. 퇴근 시간이라서 입장할 수 없었지만 역시 작년에 재남이와 만나 구면인 직원의 안내로 가능하였다. 그 직원은 재남이의 이름 석자를 똑똑히 기억하고 있어 놀라기도 하였다. 봉토 석실분인 현실 안에는 관대가 3개 있었다. 두향은 북서침이었다. 전체 크기는 모두 같았지만 중앙의 관대만 한 개의 돌로 관대를 짰던데 반해 그 좌측의 것은 윗 부분에 작은 관대석을 덧붙였다. 반면 그 우측의 관대에는 아랫 부분에 관대석을 덧붙였다. 여기에도 남녀간 존비의 차이가 엄존하고 있음을 느낄 수 있었다. 중앙이 남자 주인공이고 좌측은 그 첫째 부인의 것이고 우측은 둘째 부인의 관대로 짐작된다.

네 벽과 천정에는 벽화가 화려하게 그려져 있었고 또 비교적 선명하였다. 현실에는 모두 39마리의 용이 그려져 있다고 하는데, 호랑이·화염문·연꽃·지초芝草·바퀴 돌리는 제륜신製輪神·주작과 현무 등이 눈에 들어 온다. 또 천정에는 청룡과 백호가 그려져 있었다. 벽화에서 용이 물고 있는 여의주가 있는데,그 것은 그림이 아니라 실제 구슬을 박은 것이 4개가 있었다고 한다. 그러나 구슬을 모두 빼가고 지금은 여의주를 박았던 홈만 볼성 사납게 남아 있을 뿐이다. 다만 현실 입구 안쪽 벽 위에 그려진 농경신으로 추정되는 소머리 인간의 한쪽 눈에는 푸른색 구슬이 박혀 있는 게 똑똑히 보였다. 또 그 밑의 현실 문 윗편 좌우에는 홈이 각각 한 개씩 파여 있는데, 어떤 장치를 한 시설이 분명하였다(우편에는 홈이 2개 이지만 그 왼쪽 것은 당초 잘못 판 것으로 보인다). 그리고 현실문 벽 양쪽에는 수문장 그림이 각각 그려져 있다. 그 왼편의 수문장은 끝이 삼각형인 긴 창과 같은 무기를 들고 있는데,영풍 신라고분의 벽화에 보이는 이른바 어형기魚形旗라고 일컫는 것과 유사하다는 느낌을 받았다. 또 오회분 4호묘의 수문장도 동일한 형태의 무기를 지니고 있다.

이번 답사에서 관대의 두향에 관심을 가지고 살폈다. 지금까지 확인된 바 북동향으로는 장군총과 모두루총·환문총을 들 수 있다. 정동향은 태왕릉이었고, 북서향은 오회분 오호묘·무용총·각저총·사신총·형총이었다. 두향 문제는 앞으로 관심을 가지고 심도 있게 고찰할 필요가 있을 것 같다.

오늘 답사의 마지막 행선지로 국내성의 성벽을 살폈다. 근처에 아파트가 들어 서 있는데, 보존이 부실하고 관리 상태마저 좋지 못하였다. 저녁 식사를 하기 위하여 조선족이 운영하는 고구려식당을 찾았다. 조반은 과일로 했고, 점심은 아애 들지 못한 하루였다. 집안에서 생산되는 고구려표 맥주를 들었다. 이 후 집안에 체류하는 동안 매끼 고구려표 맥주를 비웠다. 두부·쇠고기로 된 요리, 두부로 만든 요리인 진장로우스, 압록강에서 잡은 붕어를 끓인 지위탕 등을 들었다. 우리의 멀고도 큰 조국인 고구려의 수도에서 '고구려 맥주'를 마시고 압록강에서 잡은 큰 붕어로 식사를 한다는 게 여간 감홍나는 일이 아니었다. 꿈길을 걷는 듯한 감홍은 그러나 카운터 앞에서 여지없이 깨졌다. 음식값은 겨우 42원 밖에 안 되는데, 자리세 50여 원 그리고 음식을 나르는 봉사료 얼마하여 100원이 넘게 나왔다. 재남이가 대승적인 차원에서 돈을 지불하고 나왔지만 마음이 언짢았다.

밤에 같은 숙소에 묵고 있는 사실이 확인된 서경대학의 서길수 교수방을 찾아 갔다. 서 교수는 커다란 방을 쓰고 있었는데, 곁에는 커다란 삼각대를 비롯한 촬영 장비와 더불어 길림대학에 유학 온 그 제자와 현지 안내인이 선 채로 배석하고 있었다. 세 사람이 답사에 동행하고 있는 모양인데, 씨는 장수왕의 후손이 도착하면 만나러 내려가야 된다고 한다. 그 사이에 우리들과 '고구려'와 관련된 이런저런 이야기를 나누었는데, 서 교수는 입가에 미소를 흘리면서 '고구려 경제사'가 전공이라고 여유만만하게 말한다. 두 명의 배석자는 시종 존경어린 표정으로 서 교수를 바라보고 있다.

6월 30일-환도산성에 오르다

새벽에 일어나 작은 딸이요 늦동이인 준경이에게 보내는 편지를 썼다.

"보고 싶은 우리 준경俊京이 에게.

아빠는 오늘 새벽에 일어나서 우리 준경이가 어떻게 지내고 있는지

매우 궁금하였단다. 아마 언제나 그러했던 것처럼 입가에는 웃음이 생글생글 감돌지 않았을까? 또 우리 준경이 잠꾸러기는 아직껏 새근새근 곤하게 자면서 꿈나라 여행을 계속하고 있지 않을까? 상상해 본단다. 아빠는 어제 오후 고구려의 두번째 수도요, 또 4백년 간의 도읍지였던 국내성國內城에 들어 섰단다. 첩첩의 산중山中을 넘어 야영도시라고 흔히 말하는 기백이 뛰는 도시에서 하룻밤을 묵었단다. 우리나라 최대의 정복 임금인 광개토왕의 업적을 칭송하는 광개토왕릉비와, 그이의 무덤으로 짐작되는 태왕릉 그리고 장군총, 오회분 오호묘 등 많은 유적을 둘러 보고 말이야.

아마 우리 준경이는 잘 이해가 안가는 말들이겠지만, 아빠가 간주하는 '꼬마 사학도'인 준경이가 가까운 몇년 후에는 알게 되리라고 믿는단다.

우리 준경아!

무럭무럭 자라서 아빠랑 같이 우리나라 역사상 제일 큰 나라였던 고구려의 유적들을 답사하자꾸나. 또 소식주마 준경아!

1994. 6.30. 아침. 國內城 丸都山城之下에서"

아침 7시 40분에 대절한 지프를 타고 집안박물관에 도착하였다. 중국의 박물관들은 한국과는 달리 일찍 개관한다. 방 두칸으로 되어 있는 소규모 박물관이었다. 지금은 매립된 동대자東擡子 유적의 모형이 유리관에 넣어져 전시되어 있었다. 전시품은 거의 대부분이 고구려 유물이었다. 삼실총에서 출토된 부뚜막·황유도완黃油陶碗·황유사이병黃油四耳甁·황유이배黃油耳杯와 더불어 그밖에 철솥과 사이도호四耳陶壺·철제 농기구·백옥이배白玉耳杯·중국 화폐·쇠가위 등도 전시되어 있었다. 성격이 궁금한 동대자 유적에서 출토된 유물로 도창陶倉·붉은 벽돌·보습鏵子·세 갈고리 철기三鉤鐵器·옥벽玉璧이 진열되어 있었다. 『통구通溝』라는 책에 의하면 이 밖에도 동대자에서 치미편鴟尾片·연화문·귀면 와편 등이 출토되었음을 알 수 있다. 이러한 유물을 놓고서 유구의 성격에 접근하는 것도 한 방법이리라. 물론 동대자 유구의 성격에 관한 언급이 없었던 것은 아니다. 가령 종묘로 추정하기도 하였지만 사실 명확하지 만은 않았다.

그리고 마선구 고분군에서라든지 태왕릉에서 중국제 화폐가 다양하게 출토되었다는 사실은 고구려가 중국 화폐를 유통 수단으로 사용하였을 가능성을 배제하기 어려웠다. 고구려에 화폐가 통용되었음은 『삼국지』 등의 문헌에서 확인된다. 그런데 고구려는 중국의 변경을 습격하여 주민들을 포획하여 교환 조건으로 베를 받았었다. 이러한 맥락에서 볼 때 고구려는 굳이 베에만 한정된다기보다는 중국과의 교역에서 교환의 척도가 되는 화폐라는 금전金錢으로도 배상을 받았으리라고 상상할 수 있다. 게다가 고구려는 약탈전을 통하여서도 화폐를 확보할 수 있었던 만큼 독자적인 화폐의 주조를 절감하지 못하였는지도 모른다. 그러한 만큼 지금의 달러처럼 교환가치가 큰 중국의 화폐를 선용하여 자국 내에서의 주된 유통 수단으로 사용하였을 가능성도 짚어졌다. 그렇다고 할 때 640년에 당 태종이 영류왕의 세자에게 폐백幣帛을 후하게 주고 있는데, 폐幣는 고구려에서도 유통되는 중국의 화폐를 뜻하는 지도 모른다. 그렇지 않고서야 기념품의 의미야 있겠지만 당 태종이 사용할 수도 없는 화폐를 주었다는 것은 무의미한 일이라고 생각되기 때문이다.

중국인들의 고구려사에 대한 인식을 알려주는 것은 집안박물관에 걸려 있는 다음과 같은 액자의 글귀였다.

결론結束語 ; 고구려는 우리나라 동북의 소수 민족의 하나이다. 혼강과 압록강유역에서 일어나 찬란한 문화를 창조하였다. 기원 전 1세기에 고구려는 한나라 현도군 통치 구역 내에 건립된 국가였다. 오랜 기간 동안 정치·경제·문화 방면에 있어서 중원과 함께 하나의 밀접한 관계를 유지하였다. 고구려 민족은 동북東北 각 민족과 함께 조국의 변강邊疆을 공동 개발하였다. 그 역사는 중화민족 발전사 중 불가분의 한 부분을 넘겨주고 있다.

또 기념품 판매대에는 고구려 28명의 왕에 대한 초상화를 순서대로 모두 걸어 놓았다. 그런데 우수꽝스럽게 그려진 이들의 얼굴은 국적 불명이라면 차라리 다행이었다. 한국인의 마스크가 아니라 누가 보더라도 중국인의 그것이었다. 제발 액자를 떼어 달라고 사정하고 싶을 정도로 마음이 언짢았다. 망설이다가 답사 마치고 돌아와 다시금 박물관에 들러 판매대에서 광개토왕릉비 탁본을 한 폭 구입하였다. 재남이가 작년에 부쳐준 것과 동일한 4면 최하단의 탁본이다. 정민 교수가 부탁하였기에 구입하였고, 그 밖에 천추총의 명문전 탁본도 2장 더 구입하였다. 고구려 토기인 장동호長胴壺 모조품과 화상석각 탁본도 판매하고 있었다.

8시 40분에 박물관 관람을 마치고 환도산성으로 향하였다. 환도산성은 사진으로 익히 보았던 터이기에 생소하지만은 않았지만 규모가 상당하였다. 자연지세를 최대한 이용하여 축조한 성곽이 되겠는데, 강파른 북벽에는 정연한 석축 성벽이 확인될 뿐 나머지 삼면은 지세를 이용한 토축 성벽이었다. 성 안은 밭으로 경작되고 있었다. 남문 쪽으로 해서 우편으로 먼저 올라 갔는데, 옹성이 확인되고 있다. 또 성곽 남쪽으로 장대한 고분들이 햇빛을 쨍쨍 쬐이며 깔려 있는 게 한 눈에 잡힌다. 실로 장관이었다. 고구려의 '힘'을 생생하게 피부로 느끼는 순간이었다. 이곳을 답사하였던 민족주의 사학자 단재 선생이 "당지當地에 집안현輯安縣의 일람一覽

이 김부식金富軾의 고구려사高句麗史를 만독萬讀함보다 낫다"는 말이 과장 없이 뭉클하게 와 닿는다.

환도산성 주변의 지세를 살펴 보니 그 남쪽으로는 두 개의 큰 산이 성과 마주 보고 있는데 산과 산 사이에는 하천을 건너 성으로 통하는 도로가 나 있다. 이들 산과 성 사이에 좁게 형성된 평야에는 고분들이 차지하고 있었고 산쪽으로 붙어서 하천이 흐르고 있었다. 그러므로 고구려는 왕성의 수비를 위하여 성곽 맞은 편에 있는 두 산 사이의 통로를 차단하거나 검문하는 시설을 설치하였으리라고 보여진다. 또 하천이 해자의 구실을 할 수 있어 적군의 주 출입구이자 지대가 낮은 남벽으로의 진입에 장애가 될 수 있었다. 게다가 남문에는 옹성을 설비하였거니와 성문 안쪽에는 음마지飮馬池라고 불리는 연못이 자리잡고 있다. 이 연못은 본래 지금보다 훨씬 컸으리라고 짐작되는데, 신라 삼년산성 서문 쪽에 거의 잇대어 있는 아미지蛾眉池를 연상시켰다. 역시 일종의 해자 역할을 하는 성 진입 장애물이라고 하겠다. 일반적으로 도시는 배산임수背山臨水의 원칙에 입각하여 조영되지만, 환도산성과 그 밑의 하천 사이에 난 평야는 좁아서 당초부터 시가지가 조영되기 어렵다고 판단해서인지 유택으로 채워지고 있다. 그러므로 그 시가지는 다른 곳에서 찾아야만 하는데, 국내성 성벽을 끼고 있는 현 집안 중심지 일대가 그러한 반경에 해당되지 않을까 생각된다. 이보다는 규모가 장대한 환도산성 안에 거주했을 수 있다.

남벽 쪽에 솟아 있는 점장대에도 올라 갔다. 돌을 여러 겹으로 그리고 층층이 쌓아 만든 장대지가 되겠다. 이 점장대를 보니 아차산성의 전망 좋은 자리에 축조 된 유구도 점장대임을 쉽게 떠올릴 수 있었다. 고구려는 백제와 신라 문화에 지대한 영향을 미쳤던 만큼 그 근원을 살펴 보니 이해가 한결 쉬어지는 것 같았다. 그 북쪽으로는 초석들이 보이는 평평한 대지가 나타난다. 10시 10분에 환도산성을 내려와 그 밑의 고분군을 답사하였다. 적석총의 숲을 누비고 다녔는데 다음과 같은 단재의 술회가 비감하게 와 닿는다.

1차 4~5인의 친구들과 동행하여 압록강 가의 집안현 곧 제2 환도성을 잠깐 봄이 나의 일생에 기념할만한 장관이라 할 것이나, 그러나 경비가 궁핍해 능묘가 모두 몇개인지 세어 볼 틈도 없이, 능으로 인정할 것이 수백이요 묘가 1만 기 안팎이라는 억단을 하였을 뿐이다. 촌사람이 주은 죽엽 그린 금척과 해당 지역에 거주하는 일본인이 탁본해서 파는 광개토왕릉비문을 가격만 물어 보았고, 파괴된 수백의 왕릉 가운데 천행으로 남아 있는 팔층석탑 사면이 네모난 형태의 광개토왕릉과 그 주변의 제천단을 붓으로 대강 모사하여 사진을 대체하고, 그 왕릉의 폭과 높이를 발로 밟아 몸에 견주어 길이를 재는 것으로 대체했을 뿐이다.

一次 四,五의 友人과 同行하여 鴨綠江上의 輯安縣 곧 第二 丸都城을 瞥覽함이 나의 一生에 紀念할만한 壯觀이라 할 것이나, 그러나 路費 短乏으로 陵墓가 모두 몇인가 세이어 볼 餘暇도 없이, 陵으로 認定할 것이 數百이요 墓가 一萬장 내외라는 臆斷을 하였을 뿐이다. 村人이 줏은 竹葉 그린 金尺과, 該地 駐居하는 日人이 박아 파는 廣開土王碑文을 價格만을 물어 보았으며 殘破한 數百의 王陵 가운데 天幸으로 遺存한 八層石塔 四面方形의 廣開土王陵과 그 주변의 祭天壇을 붓으로 대강 摸本하여 寫眞을 代하며, 그 王陵의 廣과 高를 발로 밟아 身體로 견주어 測尺을 代하였을 뿐이다.

그저께 고구려의 처음 도읍지였던 환인 상고성자 묘군에서 보았던 적석총보다는 발달된 양식의 고분들이었다. 그러나 이것과 견주어 보니 서울 석촌동의 적석총은 더욱 발달된 형식으로 보인다. 10시 43분에 고분 답사를 마치고 승용차에 탑승하여 압록강 변에 자리잡고 있는 천추총에 이르렀다. 거대한 적석총이 되겠는데, 이 곳에서 '천추만세영고千秋萬歲永固'라는 명문전이 출토되어 이름이 부여된 고분이다. 강돌로 쌓은 천추총에 올라 압록강 너머 조국의 북쪽 산하를 바라 보니 지척이라는 말이 실감났다. 11시 20분에 천추총을 출발하여 11시 30분에 숙소에 들어 왔다. 숙소의 길 건너 왼쪽 편에 있는 조선족 식당인 오녀봉 음식점에서 점심을 들었다.

1시 15분에 지프를 타고 상양어두에 있는 국동대혈을 향하여 출발하였다. 압록강변을 따라 달렸는데 건너편 만포진의 풍경이 아주 가까이 눈에 잡힌다. 강변에서 미역 감는 모습과 물고기 잡는 북녘 사람들의 모습이 너무도 가까웠다. 이 부근 압록강의 강폭은 70~80m도 채 되지 않은 것 같다. 천추총에서보다 강폭이 더욱 좁다. 『용재총화』의 저자인 성현成俔은 평안감사로 재직할 때 만포진을 순시하면서 강 건너편의 광개토왕릉비를 바라보고 '천척고비千尺古碑'라고 읊었다. 그로부터 반천년 후의 후손은 광개토왕릉비는 만저 보면서도 만포진은 건너지 못한다. 오리 떼들만 무심하게 압자수鴨子水 위를 떠다니는 한가한 풍경이다.

1시 45분에 국동대혈 앞에 이르렀다. 『삼국지』에 의하면 "서울國의 동쪽에 큰 굴이 있는데 그것을 수혈隧穴이라고 부른다. 10월에 온 나라에서 크게 모여 수신隧神을 맞이하여 서울의 동쪽 (강) 위에 모시고 가 제사를 지내는데, 나무로 만든 수신隧神을 신좌神座에 모신다"고 하여 국동대혈에 관한 기록이 보인다. 그렇다면 국동대혈은 압록강변에서 가까운 곳에 소재하여야만 한다. 승용차를 정차시켜 놓고 안내하는 아가씨를 따라 산길을 올라 갔다. 땀을 흘리며 순박한 아가씨의 뒤를 따라 내가 앞서고 재남이가 입구에서 구입한 향과 소지를 들고 뒷따랐다. 대혈 가까이에 이르렀을 때 수풀 사이로 하늘색 바지를 입은 사내가 급히 몸을 감추는 모습을 보았다. 말은 하지 않았지만 내심 긴장되었다. 대혈은 서울 양천구에 있는 孔巖과 외관이 흡사하였다. 대혈 앞은 백여 명 정도의 인원이 운집하여 제의를 집전할 수 있는 편편한 대지이다. 앞이 툭 트여 압록강과 만포진이 시원하게 시야에 들어 오고 우리가 올라 온 길이 보인다. 나는 그 아가씨에게 통천동通天洞으로 안내해 달라고 하였다. 그녀의 말에 의하면 대개의 사람들은 대혈 외에는 없는 줄 알고 여기서 돌아간다고 한다. 대혈을 나와 산 위로 계속 더 올라 갔다. 하늘에 걸친 무지개와 같은 모양의 동굴이 나타났다. 앞뒤가 트인 동굴인데, 그 내부 상단에는 수혈신이라고 이름 붙인 상이 벽에 붙어 있었다. 그러나 엄밀히 말해 앞뒤가 트인 통천동은 동굴이라고 말하기 어렵다. 더욱이 동굴신인 수신은 하늘과 연관되는 장소에 봉안될 성질의 것이 아니지 않은가!

3시 20분에 대혈 입구로 돌아왔다. 압록강변에서 기념촬영을 하고 서서히 달렸다. 북한의 만포시와 마주보고 있는 압록강변 근처에는 비슷한 크기의 무덤 두 기가 밭가운데 쓸쓸히 자리잡고 있다. 모두루의 유택을 찾아 한길에서 밭을 가로질러 가 보니 왼편 무덤 앞에는 돌로 된 작은 표석이 있었다. '모두루묘牟頭婁墓'라고 적혀 있는데 뜻밖이었다. 중국에서는 이태껏 모두루묘를 염모묘冉牟墓라고 일컬었기 때문이다. 염모는 모두루의 선조가 된다. 모두루묘의 무덤길 입구에는 여나문 사람이 붙어서 시멘트를 바르기도 하는 등 부산하게 작업하고 있다. 무덤을 공개하기 위하여 공사를 하는 게 분명하였다. 내가 근처에 다가서니 십장인 듯한 사람이 삽자루를 꽂은채 금방 달려 올 듯한 기세로 촬영하지 말라고 손을 내리젓는다. 중국에서 흔히 경험하는 현상이다. 박물관 진열품을 촬영하는 것도 아닌데 지나치다는 느낌이 들었다. 모두루묘의 옆에 자리잡은 무덤

위에 올라서 보니 천정이 한뼘 가량 뚫려 있다. 내부를 들여다 보니 귀죽임천장으로 축조된 석실봉토분石室封土墳이었다. 길에서 내려 압록강변에 쓸슬히 자리잡고 있는 모두루의 유택을 찾았다.

지금부터 60년 전에 발굴된 모두루묘도 석실봉토분이었다. 그런데 놀라운 사실은 모두루묘의 전실前室 윗벽에 주인공의 생애가 두루마리 모양으로 먹으로 쓰여져 있었다는 점이다. 종횡縱橫으로 선을 긋고 그 안에 800여 글자가 예서체隸書體로 호방하게 쓰여 있는데 묘지墓誌라고 하겠다. 현재 육안으로 확인할 수 있는 글자는 200자 정도에 불과하지만 고구려 국가와 모두루 가문의 내력, 광개토왕대에 모두루가 받은 직책, 광개토왕의 죽음에 관한 모두루의 감회 등을 담고 있다. 그리하여 이 무덤은 광개토왕대에 대사자大使者 관등의 모두루라는 중견 귀족의 유택으로 밝혀지게 되었다. 대사자는 고구려 14 관등 가운데 6번째에 해당한다.

「모두루묘지」는 부여사의 구명에 중요한 단서를 제공해주고 있다. 고구려와 시조왕을 찬미하는 문구에 "하박河泊(河伯)의 손자이시며 해와 달의 아드님이신 추모성왕鄒牟聖王(朱蒙王)께서 원래 북부여에서 나오셨으니 천하 사방이 이 나라와 고을이 가장 성스러움을 알겠거니"라고 하면서 극존칭을 사용하고 있다. 고구려 왕실이 북부여에서 기원하였으므로 가장 성스러운 국가라는 논법이라고 하겠다. 모두루 가문은 본래 중앙 정계에 두각을 나타내지 못하고 있는 하급 귀족 신분이었던 것으로 보인다. 유일한 자부심은 그들의 조상이 북부여에서부터 주몽왕을 따라 고난의 행진을 하였고 건국에 참여하였다는 데 있었다. 그러한 모두루 가문을 일약 끌어 올린 사람이 염모冉牟였다. 염모는 고구려가 모용선비의 공격을 받아 위기에 처했을 때 공훈을 세워 대형大兄이라는 관등을 받게 됨에 따라 왕실과 긴밀한 관계를 맺게 된 것으로 보인다. 간혹 염모의 묘로 간주하는 견해가 제기될 정도로 「모두루묘지」에는 그에 관한 이야기가 많은 비중을 점하고 있다. 이는 모두루 가문에서 염모의 위상이 중시조에 해당됨을 뜻한다고 보겠다.

고구려는 4세기 중엽 이후 송화강유역에 진출하여 왕실의 고향인 북부여를 직접 장악하게 되었다. 우리 역사상 최대의 정복군주인 광개토왕은 모두루를 북부여에 파견하였다. 모두루 가문이 이곳과 연고가 있었기 때문일 것이다. 모두루는 북부여수사北夫餘守事라는 직책을 띠고 북부여의 중심지인 농안農安과 그 일대를 관장하는 역할을 맡게 되었다. 모두루는 북부여 왕실을 통제하는 감찰역이면서, 북부여와 고구려를 연결시켜주는 일종의 메신저와 같은 위치에 있었다.

모두루의 유택을 방문한 것으로 하루의 답사를 마무리 짓고, 집안박물관에 들러 능비 탁본 구입하고 숙소로 돌아 오니 4시 반이었다.

7월 1일-모두루의 길을 따라

새벽에 숙소를 나와 버스 정류장으로 가다가 8인승 지프에 탑승하게 되었다. 운전자와 체격 좋은 그 부인이 앞 좌석에 탑승하고 가운데 좌석에는 손님인 듯한 사람이 앉아 있었다. 통화까지 가는데 30원이라며 호객하였던 것이다. 생각보다 값이 너무 저렴하여 수상하기도 하였다. 노예선 타는 것 아닌가 싶기도 하여 일전을 각오하고 탔다. 중간에 버스를 기다리던 젊은 여인을 앞자리에 태우면서 운전자의 부인은 맨 뒷좌석에 홀로 앉아 갔다. 그곳에는 우리들의 짐과 돌이 놓여 있다. 그 돌을 보는 순간 그 부인은 우리를 의심하며서 잔뜩 긴장하였을 지도 모른다.

나는 모두루가 설레이는 벅찬 가슴을 안고 조상들의 고향이자 고구려의 힘이 미치게 된 북부여를 찾아 올라갔을 때의 심회처럼 귀향歸鄉

하는 마음으로 달렸다. 4시 19분에 출발하여 6시 35분에 중간에서 잠시 휴식을 취한 후 7시 50분에 통화通化 버스역에 도착하였다. 8시 7분에 길림행 버스를 타고 달렸다. 10시 31분에 유하柳河에 정차한 뒤 출발하였는데 만주평야의 시작이었다. 비가 흩 뿌리기도 하고 또 개이기도 하였다. 11시 13분에 교통의 요충지인 매하구梅河口에 정차하였다. 날이 맑게 개였는데, 버스 안에 잡상인들이 많이 오르 내리는 풍경을 재미있게 지켜보았다. 12시에 매하구를 출발하여 4시 12분 영길永吉에서 쉬었다가 출발하였다. 이어 고속도로를 이용하여 4시 반에 길림시에 진입하였다. 4시 45분 길림 중심지에서 내렸다. 이날 아침과 점심은 차 중에서 바나나와 호떡 그리고 콜라로 때웠다.

택시를 타고 박물관으로 갔는데 퇴근 길의 러시아워가 대단하였다. 도회다운 맛이 났다. 예상했던대로 길림시박물관은 문을 닫았다. 차를 돌려 용담공원龍潭公園 앞에서 내렸다. 서북쪽 통로를 이용하여 완만하게 경사진 길을 따라 올라가니 용담산성龍潭山城 표석과 흙으로 축조된 성벽이 나타난다. 고구려가 이곳에 진출하여 축조한 성이라고 하는데 둘레가 2.4km에 이르고 있다. 산성 안으로 100m 쯤 올라가다가 좌측으로 계단을 따라 내려가니 용담龍潭이라고 일컫는 장방형의 커다란 연못이 나타났다. 동서 길이 약 53m에 폭이 대략 26m가 되는데, 이러한 연못의 규모는 용담산성 안에 많은 병력의 주둔을 가능하게 해 준다. 여기서 서쪽으로 이동하니 송화강이 보이면서 근대에 포대砲臺로 이용하기도 하였던 토성벽이 나타난다. 다시금 서남쪽 통로를 따라 250m 쯤 올라가니까 정교하게 돌로 축조한 연못 자리가 눈에 들어 왔다. 연못에는 물이 전혀 없었던 관계로 '마른 못'이라는 뜻의 한뢰旱牢라고 하는데, 안내판에는 군수품 저장고로 적혀 있다.

계단을 따라 지대가 높은 서남쪽으로 50m 쯤 올라 가니 앞이 확트인 전망 좋은 곳이 나타났다. 그렇게 그리워 하던 송화강이 유유히 흘러가고 있고 멀리 부여의 왕성인 동단산성 남성자가 또 그 남쪽에는 묘역인 모아산이 시야에 잡힌다. 해발 384m에 축조된 거대한 용담산성은 왜소한 느낌을 주는 부여 왕성을 굽어 보면서 압도하고 있었다. 송화강유역에 진출한 고구려와 부여의 국력과 더불어 이제는 역전이 된 정치적 상하 관계를 이보다 더 잘보다 더 잘 말해줄 수 있을까! 순간 모두루가 어쩌면 용담산성에서 나날을 보내었을지도 모른다는 생각이 들었다. 그렇다면 모두루는 어떠한 생각들을 저 송화강에 흘려 보내었을까? 장백산 줄기 마냥 기세 좋게 뻗어 가는 조국 고구려의 힘에 스스로도 놀라고 있지나 않았는지? 그러한 모두루도 이곳에서 광개토왕의 부음訃音을 듣고 "해와 달이 빛을 잃은 듯하다"라고 할 정도로 비통해 하였다. 모두루가 광개토왕의 지극한 사랑을 입었음을 뜻하는 것이다.

이런저런 생각을 떠우면서 용담산성에서 굽어 보는 '부여'의 모습은 눈이 부실 정도로 황홀하게 한다. 순간 나는 치솟는 감흥을 이기지 못하고 두 손을 번쩍 들어 "부여 만세"·"어라하 만수"를 외쳤다. 낙조落照의 송화강은 가히 환상적이었다. 내 마음 한 구석에는 어느덧 눈물이 그렁 그렁 맺히고 있었다. 이 순간을 얼마나 기다렸던가! "역사는 꿈꾸는 자의 것"이라며 되뇌었던 소망이 확 풀리는 순간이다. 시계를 보니 정각 7시였다.

북위 45도에 근접한 북국의 도시 길림의 밤거리를 누볐다. 내 생애에 가장 북쪽 땅에 서 있는 것이다. '황금의 나라 부여'에 와 있다는 게 믿기지 않은 현실이었다. 그리고 참으로 여행운이 따랐다. 버스 정거장에서 무심히 이야기를 나누던 선친과 동갑인 인자하게 생긴 관씨關氏 노인이 내 짐을 들어주며 앞장 서 호텔과 식당을 안내해 주었다. 용담산빈관龍

潭山賓館에서 여장을 풀었다. 초청해 온 일본과 러시아의 기술자들을 위한 숙소로 지었다고 하는 연륜과 격조가 있는 건물이었다. 그럼에도 불구하고 우리는 저렴한 가격에 묵게 된 것이다. 이렇게 하여 부여 나라에서의 한 여름 밤은 깊어만 갔다. 깊은 꿈에 잠기면서…

7월 2일-다시 소생한 황금의 나날

나는 여행 내내 새벽 4시면 잠에서 깨었다. 그리고 매일 밤 꿈을 꾸었다. 조국에 있는 나와 인연을 맺은 사람들의 모습이 떠오르고는 하였다. 그런데 아침에 재남이가 말한다. "형이 굉장히 피곤해하시는 것 같던데요. 몇가지 조짐이 보이던데요"라고 말하면서 내가 잠꼬대를 하더라고 한다. 들어 보니 "부여 만세·어라하 만수"하며 웅얼웅얼하더라는 거였다. 그 말이 믿기지가 않아 "정말이냐"고 재차 묻기까지 하였다. 그러고 보면 "역사는 꿈꾸는 자의 것이다"라는 명제를 나는 영원히 안고 살아야할 운명인가 보다.

승용차를 대절하여 동단산 남성자로 향하였다. 7시 10분에 동단산 밑의 마을에서 하차하여 걸어 올라 갔다. 해발 50m 정도의 야산에 토성이 여러 겹으로 축조 되어 있고, 송화강이 밑으로 흘러 가고 있다. 초기 왕성의 입지적 조건에 걸맞는 지형에 성곽이 축조되어 있는 것이다. 동단산에서 보니 송화강이 관류하는 길림시의 모습은 멀리 산으로 둘러싸인 커다란 분지였다. 동단산의 남쪽 기슭에는 청춘들이 송화강을 굽어 보고 앉아 두런두런 이야기를 나눈다. 사랑은 자유이지만 부여 시기에는 투기한 여자를 죽여 시신을 버려 둔 '서울 남쪽 산'이 바로 너희들 앞에 보이는 모아산인 것을 알고나 있는가!라고 외치고 싶었다. 동단산에서 토기편 두 점을 주어 소중히 품에 안고 내려 왔다.

남성자 성곽을 알리는 표석 앞에서 기념촬영을 하고 북쪽의 승용차가 있는 곳을 향하여 걸었다. 동단산 밑에서 염소들이 풀을 뜯고 있는 사이를 지나갔다. 순간 동단산을 부여의 발상지인 녹산鹿山으로 비정하기도 하는데, 퉁구스어에서 사슴을 푸유Puyu라고 한다. 그렇다면 '사슴산'의 사슴에서 부여라는 국호가 생겨났음을 알 수 있다. 비록 그러한 사슴은 아닐지언정 뿔 달린 짐승인 염소떼가 사슴산 밑에서 풀을 뜯는 다는 것이 너무도 인상적이었기에 셧터를 눌렀다.

8시 30분에 길림시박물관에 도착하였다. 아래 층에 있는 운석박물관을 먼저 들렀다. 세계에서 가장 큰 운석을 진열하고 있는 박물관이라고 한다. 이곳에는 운석 외에 중국 고문헌에 등장하는 운석에 관한 기사까지 크게 확대하여 걸어놓았다. 이어 2층으로 올라 갔는데, 집안박물관보다는 규모가 컸고 짜임새 있게 전시되어 있었다. 길림시 일원의 선사 문화부터 청대와 현대에 이르기까지의 유물이 진열되어 있다. 서단산문화상에 관한 복원 모형도 보인다. 관심을 끌었던 유물 가운데는 영길현永吉縣 성성초星星哨에서 출토된 비파형 동검이었다. 청동 단검을 모방한 돌로 만든 모矛, 영길현 쌍하진雙河鎭 흑석촌黑石村에서 출토된 권력의 상징물 권장수權杖首도 눈길을 모았다. 말갈 관련 유물, 발해 유물도 진열되어 있었지만 나를 환호하게 한 것은 난생 처음으로 접하는 부여 유물이었다.

동단산에서 출토된 유물로는 도두陶豆·도관陶罐·도용陶俑·기와장과 같은 건축자재·유금동포식鎏金銅泡飾이 있었다. 모아산에서의 그것으로는 칠기 잔편·말 모양이 부조된 금기金器가 있었다. 그 밖에 길림시 포자치泡子治 전산前山에서 출토된 양 귀 달린 항아리, 서란현舒蘭縣 백기하아하전창白旗嗄牙河磚廠에서 출토된 동부銅釜, 영길현 오납가烏拉街 학고촌學古村에서 출토된 동경銅鏡·동팔찌·대구帶鉤·동삽銅鍤이 전시되어 있다. 그리고 동복銅鍑이 2점 전시되어 있었는데, 영길현과 서란현의 상기한 장소에서 각각 출토된 것이다. 이들 전시 유물 가운데 관심을 가장 끌었던 것은 오수전으로 추정되는 중국의 화폐를 오른 손으로 들고 얼굴에 댄 후덕스러운 여인의 도용이었다. 최초로 확인된 부여인의 얼굴같았지만 중국의 고분에서도 출토된 적이 있는 것 같아 단정하기는 어려웠다. 또 하나는 말 모양을 부조한 금구가 되겠는데, 유수 노하심에서 출토된 비천마飛天馬 금구와 연관지어 생각하게 한다. 그리고 동단산에서 출토된 사격자문斜格子文의 붉은색 기와는 이번에 영성자산성에서 수습하였고 또 재남이가 환도산성에서 주운 것과 동일하였다. 서울에서 고구려 토기가 출토되는 보루에 연접한 아차산성 내부에서도 출토된 적이 있다. 그러므로 여러 가지 생각의 여지를 제공해주고 있다. 또 도두는 노하심에서 출토된 것과 동일하였다. 그러므로 중국 학계 일부에서 주장하는 노하심 고분의 선비 무덤설은 근거를 하나 잃은 반면 부여 무덤설은 한 가지를 추가한 셈이다.

문제는 부여의 묘제였다. 부여 유물 전시장 왼편에는 모아산에서 발굴된 목곽묘의 사진이 걸려 있다. 묘제에 관하여 왕철협王鐵俠 관장으로부터 자문을 구할 수 있었다. 모아산에서 고분이 확인되고 있는데, 모두 곽槨만 있고 관棺은 없다고 한다. 영길현에서도 관만 있는 무덤은 한 기도 발견된 바 없다고 한다. 부여의 묘제에 관한 『삼국지』 부여 조의 기사는 판본에 따라 '관은 있으나 곽은 없다 有棺無槨' 혹은 '관은 없고 곽은 있다 無棺有槨'로 달라진다. 그러나 '관은 없고 곽은 있다 無棺有槨'가 옳다는 결론에 이르게 되었으므로, 부여의 묘제는 토광 목곽묘인 것이다.그리고 고분은 도굴 등으로 인하여 부장품이 극히 적은데 모두 마운드가 없는 평장이라고 한다. 또 앞서의 이유로 인하여 순장의 흔적도 확인하지 못하였다고 하였다. 모아산에는 토광 목곽묘만 발견되었다고 한다. 길림시에는 적석총은 나타나지 않고 다만 서단산과 후석산 그리고 이도낭두산二道狼頭山에서는 석관묘가 확인된다고 하였다.

그밖에 발해 비석이 진열되어 있었다. 교하蛟河 칠도하자七道河子에서 발견된 비석이라고 하는데, 내용은 잘 알 수가 없었다. 국내에 소개 되지 않은 금석문인데 석문을 받아본 후에 검토해 보고자 하였다. 지난 8월 초에 왕철협 관장으로부터 편지가 왔다. 다음과 같은 내용이었다. "… 선생님의 몇 편 대작은 이미 사람을 찾아 번역하고 있는 중입니다. 꼭 참답게 읽어 보겠습니다. 교하蛟河 칠도하자七道河子에서 출토된 발해석비渤海石碑는 발굴자가 연구하고 있는 중입니다. 석비石碑의 파괴 정도가 엄중하기 때문에 대부분 한자가 알아 볼 수 없습니다.…"

왕철협 관장의 후의로 진열품을 유감없이 촬영하였을 뿐 아니라 부여 고고학에 관한 지견을 충분히 얻을 수도 있었다. 게다가 내부용 출판물인 『서단산 문화 토론집』을 1호에서 3호까지 얻는 수확도 기록하였다. 재남이가 나를 걸출한 학자인양 과대하게 왕 관장에게 소개해준 결과였던 것이다. 왕 관장과 박물관 앞에서 기념촬영하고 헤어졌다(지난 11월 18일 연세대학교의 한국문화사 수업 시간에 중국 답사에 대한 환등기 상영을 하였다. 25일 그 수업시간에 답사 그림에 대한 질문을 하라고 하였더니, 물리학과 4학년의 계영수 학생이 "신문에서 길림시박물관에 화재가 났다"고 일러주었다. 그 후 계영수 학생을 통하여 「동아일보」 11월 19일자 그 보도에 대한 복사물과 천리안을 통하여 접수한 관련 기사를 받아보았다. 먼저 「동아일보」에 보도된 내용은

> 길림시吉林市 박물관 큰불-공룡화석 등 희귀문화재 소실 ; 중국中國 길림성吉林省 길림시吉林市박물관과 도서관에 15일 새벽 1시경 화재가 발생,

문화재가 많이 소실됐다고 홍콩의 중국계 신문 문회보文匯報가 16일 길림 발發로 보도했다. 이 화재로 길림시박물관 내 운석박물관에 보관돼 있던 무게 1천7백70㎏의 세계 최대 크기의 운석 등 1백 38개의 운석과 진귀한 운석자료들을 비롯, 공룡화석과 진귀도서 및 전적典籍, 유명 서화書畵 등이 소실됐거나 불에 타 '값으로 헤아리기가 힘든' 피해를 보았다고 이 신문은 말했다. 이 날 화재는 길림시박물관이 수익사업을 위해 건물 일부를 임대해 준 은도야총회銀都夜總會(나이트클럽) 내의 술집에서 시작돼 번졌다고 문회보는 말했다.

라고 하였는데, 다른 보도에서 추가하면 다음과 같다.

… 이날 화재는 길림시박물관이 수익사업을 위해 박물관 건물 일부를 임대해 준 은도야총회銀都夜總會(나이트 클럽) 내의 가라오케 술집에서 시작돼 번졌으며 10여 명의 아가씨들은 숙소에서 막 잠이 들었다가 불빛과 연기와 고함소리에 놀라 내의內衣만을 입고 모두 뛰쳐 나왔다고 문회보文匯報는 말했다. 화재는 때마침 불어 온 북향北向의 강풍에다 소방수원消防水源의 잦은 단절로 겉잡을 수 없이 맹렬하게 번져 '길림시의 문화성전文化聖殿은 눈깜박할 사이에 잿더미로 변했다'고 문회보는 말했다. 길림시박물관은 1968년 12월 26일 건립됐으며 총면적이 1만 6천㎡인데 불이 처음 번진 은도銀都나이트클럽은 대만臺灣과 합작투자한 곳이라고 문회보는 말했다. 중국의 박물관들은 국무원(중앙정부)의 자금지원이 줄어들면서 최근 사업에 투자해 왔다. 중국은 시장경제 도입으로 문화는 물론 사회 각 분야에 대한 국가의 자금지원을 최근 수년간 줄여왔다.

또 JOINS 속보(11월 22일자)에 의하면

(홍콩=유상철 특파원) 지난 15일 새벽 중국 길림성의 길림시박물관에서 발생한 화재로 높이 6.5m, 길이 11m의 희귀한 거대 공룡화석과 명·청대의 서화들이 소실된 것으로 확인됐다. 그러나 소방대원들의 긴급구조 작업 끝에 무게 1천 7백 70kg의 세계 최대의 운석은 다행히 화를 면했다고 홍콩의 성도일보와 대공보 등이 중국 공안부 소식을 인용·보도했다. 이날 불은 새벽 1시 박물관이 임대해준 나이트 클럽 은도야에서 일어나 박물관으로 옮겨 붙었는데 이 화재로 2명이 숨지고 박물관의 절반이 폐허로 변한 것으로 알려졌다.

라고 전하고 있다. 이러한 화재 관련 내용을 요모조모 검토해 보니 길림시박물관에 진열된 부여와 발해유물 또한 피해를 입었을 가능성이 있었다. 용케 훼손되지 않았더라도 박물관이 신축된 후에 이들 유물을 진열대에서 다시 보게 된다는 보장도 없는 것이다. '부여인의 얼굴' 그 무비의 미소는 어떻게 되었을까?

부여유물을 유일하게 전시하고 있던 길림시박물관을 관람한 연구자는 주변에 없었다. 지난 8월 하순에 서울대학교의 노태돈 교수방에서 이번 답사에 관하여 이야기하였는데, 노 교수도 길림시박물관은 들르지 못하였던 관계로 '부여인의 얼굴' 사진을 관심 깊게 응시하였던 것이다. 그러고 보면 내가 그 그윽한 미소를 접하는 안복眼福을 누린 것도 운명이었던가! 그 '미소'는 여태까지 나 이도학이를 기다려왔다는 말인가? 그리고 후의를 베풀어준 왕철협 관장이 어려운 상황에 놓여 있을 것을 생각하니 부여 유물의 안부를 묻는다는 게 가혹하다는 느낌마저 들었다. 12월

13일에 공무차 최근에 중국 동북 지역을 답사하고 돌아 온 문화재연구소의 김성태 씨와 통화하였는데, 씨는 현지의 중국인 방기동 교수를 앞세우고 길림시박물관을 방문하였음에도 불구하고 유물 촬영은 전혀 하지 못하였다고 한다. 그럼에 따라 내가 가지고 있는 부여 관련 필름 자료는 너무도 값진 것이다.

발해의 동경성으로 가는 열차표를 끊기 위해 길림시역으로 향하였다. 차표가 없었다. 어제 저녁에 길림에 도착한 직후 차표를 예약하지 못한 우리의 단 한번 실수였다. 버스는 하루 한 차례 운행하는데, 오전 9시에 출발하고 없다. 결국 연길가는 열차표를 끊었다. 밤차를 타야 하는데 시간이 많이 남았다. 송화강에서 잡은 붕어 요리로 점심을 들고는 우체국에 찾아가 편지 3통을 부쳤다. 오늘 아침에 쓴 제자 조은영 학생에게 보내는 글월과, 백범영 화백과 준경이에게 쓴 편지를 부쳤다. 그리고는 송화강 변을 거닐었다. 그렇게 하여 "송화강 변을 거닐 날이 올 것이다"라는 바람이 정확하게 이루어졌다.

신화서점에서 『화폐도보』와 『모택동서간』을 구입하였다. 시간을 보내기 위해 조선족 백화점에 들어 가려고 하였지만 4시가 넘어 영업이 끝난 것이다. 노변에 앉아 시간을 보내다가 패스트 푸드점에서 햄버거 등으로 저녁을 들었다. 열차에 몸을 실었다. 9시 17분에 고풍스러운 증기기관차는 길림을 출발하였다. 열차 안에서 흔히 목격하는 광경은 마시고 난 빈병이나 쓰레기를 거침없이 창밖으로 버리는 것이다. 이러한 행위는 열차 안을 소제하는 역무원에게도 예외가 되지는 않았다. 재남이가 작년에 목격한 바에 의하면 외국인들의 만류에도 불구하고 역무원이 쓰레기를 창밖으로 던지더라고 한다.

7월 3일-남북국 융화의 기점 팔련성에서

밤을 달려 온 열차는 6시 32분에 연길역에 멈췄다. 역 우편 상가에 있는 식당에서 조반을 들었다. 재남이와 안면이 있는 현지 분의 동생으로서 치안 파출소 소장인 김민호金敏鎬 씨가 마중 나왔다. 마침 휴가 중이라서 안내를 맡겠다고 한다. 고사하였지만 뜻이 간곡하였다. 자치주 관광국에 들러 백두산 등정에 관한 수속을 밟았다. 모레 아침에 출발한다고 한다.

11시에 우리를 태운 훈춘행 버스가 출발하였다. 도문을 지나 1시 18분에 훈춘에 도착하였다. 도중에 대구의 유수한 방직회사인 갑을방직 공장이 눈에 띈다. 만주 지역을 여행하면서 야외에 당구대를 놓고 치는 광경을 많이 목격하였는데, 훈춘에서도 예외는 아니었다. 해서 셔터를 눌렀다. 1시 35분에 팔련성 가는 택시를 탔는데, 길이 멀다느니 차가 못간다느니 하는 거짓말통에 마을에서 내렸는데 알고 보니 팔련성 입구였다. 나무 밑에 부녀자들이 모여 있기에 길을 물어 보았는데 조선족 들이다. 마침 조선족 운전자를 불러 내와 그의 지프로 가기로 하였다. 인상이 좋은 조선족 부녀자들과 기념촬영도 하였다. 동족애를 느끼는 짧은 만남이었다. 뭔가를 주고 싶었기에 배낭을 뒤져 유일한 먹거리인 팩으로 된 진로 소주 한갑과 후라보노껌 한 통을 선물로 주고 떠났다.

2시 20분에 훈춘시 국영우량종농장 남부의 경작지에 위치한 팔련성에 도착하였다. 팔련성은 발해 3대 왕인 대흠무가 784년에 천도하여 그가 사망하는 793년까지 국도였다. 대흠무가 팔련성으로 천도한 동기는 어업과 제염업에서 이득을 보아 국력을 높이고 남부의 신라 지역으로 진출하기 위한 데 있었던 것으로 간주하기도 한다. 그러나 이러한 해석은 차후 차분히 검토되어야할 사안이라고 하겠다.

팔련성에서 서쪽으로는 도문강이 북에서 남으로 흐르고 있고, 동남쪽으로는 훈춘강이 흘러 가고 있다. 성안에는 작은 7개의 성이 연속되어 있는데, 여기에 북대성이라고 일컫는 성을 합하면 모두 8개가 되었으므로 팔련성八連城이라고 한다. 지난 1937년에 일본 학자들이 팔련성을 발굴한 결과 발해의 동경東京 용원부龍原府 터로 추정하게 되었다. 이 때 실측한 자료에 의하면 팔련성은 외성과 내성으로 되어 있는데, 둘레는 2,894m로 밝혀졌다.

나는 강의하면서 발해와 신라가 표면적으로는 대립하였지만 기실은 양국 간에 부단한 교류가 있었다는 근거로서 상설 교통로인 신라도新羅道에 관하여 힘주어 말하고는 하였다. 발해의 팔련성에서부터 신라의 천정군泉井郡(함경남도 덕원)까지에 39개의 역驛이 설치된 루트가 신라도였다. 이 루트는 남북국 간의 융화적 분위기의 일단을 함축해 주고 있다. 또 성터에는 방풍림대가 가로세로 형성되어 있는데, 성벽 경사면에 난 풀을 뜯기에 바쁜 소의 모습이 무심하게 느껴진다. 잔존하여 있는 방형의 토성벽 위를 거닐었다. 논으로 변한 성안의 군데 군데에는 기와장이 널려 있다. 모아 놓고 촬영도 하였는데, 나와 재남이는 기와편을 각각 안고 지프에 올랐다.

훈춘 중심가를 지프로 둘러 본 후 3시 반에 우리를 태운 버스는 출발하였다. 두만강 옆으로 난 길을 따라 달렸다. 우리가 흔히 상상하는 것과는 달리 '눈물 젖은 두만강'의 강폭은 좁았다. 도문에 도착하기 직전에 소규모의 군영軍營을 통과하는데 연병장에는 대포 여러 문이 늘어져 있다. 비록 포구砲口는 의식적으로 북쪽을 향하고 있는 듯하지만 아무리 북한과 중국이 혈맹이요 형제국을 내세워도 국경은 국경이라는 느낌이 들었다. 4시 50분에 도문에 도착하였다. 도문과 북한의 남양시를 잇는 다리에도 가 보았다. 그 앞 쪽에는 친선탑이 세워져 있다. 기념품 매장 앞에는 커다란 간판이 높다랗게 세워져 있는데, '정력에 좋은 백두산 불개미'라는 글귀가 보인다. 한국 관광객을 의식한 간판인 게 분명하였다. 기념품점을 둘러 보았는데, 바깥에서는 아낙네들이 북한 우표 사라고 붙잡는다. 또 한국에서 온 한패의 승려들이 버스에서 쏟아져 내린다.

모터 승용차를 타고 재남이가 북경에서 만나 매우 좋은 인상을 품고 있는 여인의 근무지에 이르렀다. 일요일이라 회사의 문은 닫혀 있었지만 수위에게 주소를 확인하고 또 그 앞에서 촬영을 하고는 금새 떠났다. 아쉬움의 그림자가 길게 드리울 때 연정의 분홍빛 커튼을 걷어 올리는 것이 좋다고 하였으니까.

6시 37분에 버스가 출발하였고 7시 57분에 연길역 광장에 내렸다. 김민호 씨 집을 들렀고 씨와 같이 근처 식당에서 저녁 식사를 9시에 완료하였다. 김민호 씨가 자신의 조카사위집으로 우리를 안내하였다. 그 조카사위네는 우리를 위하여 집을 비워준 게 분명하였다. 깨끗한 아파트였다. 텔레비젼을 켜니 극중에 모택동과 강청이 보이는데, 1930년대의 배경 속에서였다. 며칠 동안 같은 극을 보는데, 중국 공산당과 관련있는 날이기에 이 같은 프로를 방영하는 것이 아닌가 생각되었다. 재남이와 김민호 씨의 대화를 들으며 잤다.

7월 4일-유유자적한 하루

일찍 깨었지만 계속 누워 있다가 7시 반에 기상하였다. 아침부터 비가 내린다. 9시 반에 김민호 씨가 찾아 왔다. 함께 택시를 타고 냉면부에 갔지만 아직 문을 열지 않았다. 해서 근처의 신화서점에 들어가 주로 연변에서 간행된 책을 여러 권 구입하였다. 10시 40분에 냉면부에서 최고급 냉면으로 아침 식사를 하였다. 11시 반에 시장으로 안내되어 쇼핑을 하였는데, 북한 물산들이 많이 눈에 띄었다. 점심을 들고 2시 반에 숙소로 들어 갔다. 연변대학의 방학봉 교수에게 전화하였다. 4시 20분에 방 교수가 연변대학 서쪽 문 바깥에 있는 사택 앞에서 기다리고 있었다. 초면의 방 교수는 올해 65세로서 퇴직하였지만 교내에 부설된 발해연구소 소장으로 여전히 왕성하게 활동하고 있다. 최근의 발해 고고학의 성과에 관하여 물어 보았다. 안도현安圖縣에서 발견된 발해의 돌각담 무덤에 관하여 이야기 하였다. 이 무덤은 발해의 고구려 계승을 말해주는 자료라고 한다. 그리고 상경에서 8리 부근의 홍존어창이라는 곳에서 도형刀形 무덤이 발견되었다고 한다. 이 무덤 또한 말갈과는 연관지을 수 없는 것이므로 고구려 계통이 분명하다고 하였다.

방 교수의 집에서 연락 받고 온 박진석 교수도 만났다. 박 교수는 방 교수와 연변대학 동기이지만 5세나 위라고 한다. 키가 작고 깡마른 체격의 소박한 분이었다. 인상이나 체구가 북한의 박시형 선생과 너무나 흡사하였다. 박진석 교수는 최근에 광개토왕릉비에 관한 저서를 출간한 바 있다. 재남이가 최근에 임기중 교수가 찾았다는 석회 바르기 이전의 광개토왕릉비의 탁본에 관하여 언급하면서 임 교수와 교류할 수 있게 끔 주선해 주었다. 두 분 교수로부터 저서를 각각 선물받고 기념촬영을 한 후 헤어졌다.

마침 자리를 떴다가 다시 방 교수집으로 찾아온 김민호 씨의 안내로 식당에를 갔다. 미리 김민호 씨가 준비해 놓은 과일과 음식이 차려져 있고 그의 옆집에 사는 백두산 관광 가이드인 김 양도 나와 있었다. 화기애애한 분위기 속에서 식사를 마치고 김 씨의 조카사위집으로 가서 다시금 정담을 나누었다. 이 때 내게는 필요 없어진 발해관련 자료를 김 양에게 건네 주었다. 김 양이 유심히 읽어 보면서 좋아하는 것 같다.

7월 5일-한밝산 오르던 날

6시 57분에 운전사와 가이드를 포함하여 모두 11명을 태운 14인승 버스가 자치주 관광국 앞을 출발하였다. 가이드는 동북사범대학 러시아어과를 졸업한 통통한 몸매의 최영순 양이었다. 한국인은 모두 4명에 불과하다. 백두산까지는 260㎞인데 포장 도로는 90㎞라고 한다. 천지에는 기상 변화가 심하여 날이 맑더라도 열번 올라가면 일곱번 밖에는 천지를 볼 수 없다고 한다. 현재로서는 날씨가 청명할 것만 같다. 7시 57분에 서고성을 통과하였다. 표석이 보였다. 9시 25분에 장백산휴게소에서 잠시 쉰 후 다시금 달렸다. 11시 19분 이도백하二道白河의 봉화 한식점에서 점심 식사를 하였다. 주로 더덕을 비롯한 산채들이었는데, 음식이 정갈하고 맛 있었다. 12시 14분 버스는 출발하여 그 50분에 장백산 관문 앞에 도착하였다. 1시 22분에 관문을 통과하여 올라 가다가 45분에 하차하여 지프로 갈아탔다. 침엽수림대를 통과하여 계속 올라간다. 고원 지대가 한 눈에 펼쳐지는데 장엄한 모습이다.

2시 6분, 천지天池 밑에 하차하였다. 전 속력을 내어 곧바로 올라갔다. 4분 후에 백두산 정상에 올라 천지의 시퍼런 물결을 보았다. 산기슭에는 설적雪跡이 완연하다. 내가 이 자리에 서 있다는 게 믿기지 않을 정도였다. 올라 온 쪽의 건너 편은 북한 땅인데, 그곳의 장군봉이 제일 높다. 서서히 왼편으로 이동하는 운무의 행렬 등 태고의 신비가 어른 거린다. 그러나 어쩌랴 가이드의 하산 재촉 성화로 인하여 2시 50분에 지프는 천지를 출발한다. 3시 22분에 장백폭포 입구에서 하차하였다. 북쪽으로 올라 가니 68m라고 하는 세 줄기의 물이 기운차게 떨어진다. 기운차게 떨어지는 저 물줄기는 우리 민족의 기상이 아닐까? 순간 일대의 분위기가 선계仙界를 연상시킨다. 아! 모든 것 훌훌 털고 우화등선羽化登仙하고 싶다. 폭포의 물을 받아 시내를 이루는데, 손을 담그기 어려울 정도로 물이 얼음장처럼 차갑다. 또 폭포의 왼편에서는 온천수가 퐁퐁 솟아 내를 이루며 흘러 간다. 달걀을 물 속에 담그면 폭 익어서 나온다. 달갈을 사서 먹어 보니 정말 그렇다. 4시 37분에 폭포를 떠났다.

5시 36분에 이도백하에 있는 건설은행 초대소에 도착하였다. 여장을 푼 후 저녁을 들고 재남이와 그리고 백두산 일행인 이상욱 씨와 함께 장백산 밑의 컴컴한 밤거리를 누비며 이곳 저곳 기웃거렸다. 무도장에도 가 보았다. 무도장 구석에는 말처럼 큰 아가씨 너덧명이 허벅지를 드러낸 짧은 바지를 입은채 대기하고 있었다. 그러나 나는 이들과 멋들어지게 출 만한 솜씨도 없거니와 어줍잖게 흉내내다가는 자칫 나라 망신시킬 것 만 같았다. 결국 특별한 수도 없고 하여 맥주와 안주를 사들고 우리 방에 들어와 술잔만 기울였다. 이상욱 씨가 태어나서 지금까지 걸어 온 길을 밝히는 구담 자서전이 펼쳐진다. 내가 슬며시 눈을 감으니 재남이가 이상욱 씨의 대화 상대로 묶여 곤욕을 치르는 것 같다.

7월 6일-야밤에 비오는 연길을 떠나다

조반을 중국 음식인 죽으로 들고 7시 36분에 초대소를 출발하였다. 중간에 중국인 일행이 숙소에 지갑을 두고 오는 바람에 그들이 올 때까지 기다리자고 한다. 정오 경에나 이들이 돌아 올 것이므로 잠시 쉬다가 그대로 달렸다. 혼이 부쳐 못 넘는 차량도 있다는 청산리 전적지를 지났다. 11시에 화룡현 두도평원 서북부에 자리잡고 있는 발해의 서고성터에 잠시 정차하였다. 서고성터는 백두산가는 길가에 자리잡고 있는데, 방형의 토성벽이 적어도 3방향에서는 뚜렷이 남아 있었다. 일제 때 5차례나 발굴한 결과 중경中京 현덕부顯德府 터로 지목되고 있다.

이어 웅담즙 채취 공장에로 안내받았다. 여나믄 마리의 반달곰이 쇠창살에 갇혀 있는데 몸통에는 쇠로 된 판대기를 두르고 있었다. 주사로 웅담즙을 채취한다고 한다. 웅담즙이 함유되었다는 몸에 좋다는 40도 짜리 술을 시음하게 되었다. 술은 입에 대지도 못한다는 표 사장이 거푸 석 잔을 비운다. 낮 술에 취하였다. 차 중에서 유행가를 흥얼거리니 표 사장이 "명창 나왔다"고 한다.

유명한 가곡 '선구자'에 나오는 일송정과 한줄기 해란강도 지났다. 12시 15분에 용정 시내에 자리잡은 '룡정지명 기원지 우물'을 들러 보았다. 용이 승천하였다는 우물인데 덮여 있던 쇠판을 들어 올려 보았다. 언덕배기에 자리잡은 조선족민속박물관에도 들렀지만 점심 시간이라 휴관이다. 팔작지붕 건물과 방앗간을 복원하여 놓았는데, 박물관의 전체 규모는 작았다. 1시 37분에 연길시 관광국 앞에 도착하였다. 우리 일행은 약간의 돈을 추렴하여 봉사료로 운전사와 가이드에게 건네 주었다. 그런데 순하게 생긴 최 양이 일갈한다. "통 크게 노시라요!!"

백두산 일행은 택시를 타고 시내 음식점에서 냉면으로 요기를 하고 헤어졌다. 짐을 풀어 놓은 김민호 씨의 집으로 갔다가 함께 연변대학 도서관의 서고書庫에도 들어가 보았다. 역사 분야의 책들을 꺼내 살펴 보았다. 그리고 김민호 씨의 집에서 저녁 식사를 하였는데 마침 씨의 장모의 생신이라 친지들이 여럿이 왔다. 우리가 이틀간 묵었던 김민호 씨의 조카사위인 박선생도 왔다. 박선생은 본래 은행원이었는데 직장도 그만두고 서울에 갈 날만을 꼽고 있었다. 심장도 약하다는 호리호리한 체격의 씨는 3년 고생할 각오로 서울행을 추진하고 있다. 부디 이분의 소망이 이루어졌으면 하는데, 넘어야 될 고비가 많은 것 같다.

김민호 씨가 북경행 열차표를 끊어 놓았다. 김민호 씨와 김 양이 짐을 들고 연길역까지 따라 왔다. 여러 날의 만주여행 끝에 짐 보따리만 늘어 났다. 짐 가운데는 김민호 씨가 선물한 술이 한 병 있다. 해구신과 그 밖에 뭣뭣을 넣어 만든 술이라고 하는데 일본에만 수출한다고 한다. 사실 내게는 그러한 술이 필요 없기에 사양하려고 하였으나, 일방적으로 선물한 것을 보아 평소 한국 관광객을 상대하면서 그 취향을 꿰뚫어 보고서 한 것이리라. 거절한다면 "뭘 다 아는데"라는 투로 바라 보면서 위선자 정도로 간주할 지도 모른다. 개찰을 하고 열차를 타려고 하는데 비가 쏟아진다. 우리의 백두산 등정을 위하여 이틀간 내내 참다가 터지는 것 같았다. 침대 칸에 상·중·하 3단의 좌석이 있다. 나는 제일 아랫 단에 재남이는 상단에 좌석을 정하였다.

7월 7일-월남전 참전 용사와의 대화

쾌청한 날씨다. 아침 8시 25분 경에 재남이가 나를 향하여 말한다. 산기슭에 적석총이 50여 기 쯤 산재한 것이 보인다고 했다. 나는 그 때 눈이 어두운 상태라서 제대로 확인할 형편이 못되었다. 북경 가는 기차의 왼편에 소재한 것이 된다. 열차 안에서만 보낸 하루였는데, 매끼 도시락을 구입하여 식사하였다.

내가 탄 칸의 맞은 편에는 연변 자치주의 재정국에 근무하는 오십대의 전씨全氏와 그녀의 고교 일년생인 공부 잘하는 예쁜 딸 그리고 내 나이 또래의 허동길 씨였다. 전씨는 이화여대 여성학과의 박혜란 교수와 작가 송우혜 씨가 일전에 자신의 집에서 묵은 적이 있다고 말한다(한양대학교 전철역 구내의 가판대에서 우연히 「여성신문-제302호」의 타이틀 '박혜란의 중국 체류일기-역사에는 월반이 없는가-이 끔찍한 공해천국'이 눈에 띄어 구입하였다. 12월 2일자인데, "가을 학기가 시작되기 전 나는 연변대학의 교수아파트를 한 채 빌려 이사를 갔다"로 글이 시작되는데 16회째 연재 중이었다. 이것 전호前號까지에 전씨에 관한 언급이 있을 것이다). 특히 48세의 미혼이라는 송우혜 씨에 대한 칭찬이 대단하였다. 자기는 외지 사람을 그렇게 좋게 보지는 않지만 송우혜 씨만은 '숭배'한다고 표현할 정도였다. 검소하고 빈틈없고 정열적이라고 하면서 자다가도 어떤 영감이 댕기는 지 벌떡 일어나 열심히 글을 쓰는 모습이 인상적이었다고 한다. 한 날은 송우혜 씨가 청산리를 다녀 오면서 그곳에서 가지고 온 돌을 만지며 감정이 겨운지 울더라고 한다. 그러한 이야기를 듣고 있자니 가슴이 찡하였다.

무뚝뚝한 얼굴의 허동길 씨와도 이야기를 나누었다. 씨는 지난 '87년에 월남전에 참전하였을 때의 이야기를 들려준다. 허 씨는 인민해방군 40군에 속하였는데, 군기는 미국의 박물관에 진열되어 있다고 한다. 40군이 의용군 명목으로 한국전에 참전하였다가 군기를 빼앗겼기 때문이었다. 그런데 허씨는 열차를 타고 곤명까지 와서 운남의 전장에 투입 될 때 "이제는 죽는 것이 아닌가"라는 등 갖은 상념이 스치더라고 했다. 그러나 막상 전투가 벌어졌을 때는 두려움이고 뭐고가 없더라고 한다(그 보다 2년 전인 '85년 운남에서의 전투는 조선족 출신 김인섭 소장의 무용담을 수록한「중국의 조선족 장군들」『두만강』2, 1993에 한 면면이 보인다). 지난 '79년부터 '90년까지 중국과 월남은 전쟁을 하였고 일시 중국군이 호지명시 근방까지 진격하였지만 국제 여론이 악화되어 회군하였다는 이야기도 들려준다. 그 밖에 자신이 투입되었던 전투에 관해서도 구체적으로 말하였다. 그런데 내가 "대국이 소국과 싸우다가 성과 없이 물러 섰다면 실질적으로는 진 거나 마찬가지가 아니냐"라고 말하였더니 웃기만 한다. 또 허 씨는 중국 속담에 "십년을 기다린다"라는 말이 있다고 들려준다. 이 속담은 6월에 서울에서 만난 조선족의 어떤 노 교수老敎授로부터도 들었던 말인데, 중국인들의 기질을 잘 나타내준다. 내가 소년시절에 조부로부터 들었던 말 가운데 "참는 사람이 이긴다"라는 말이 뇌리를 스친다.

7월 8일-타임머신에서 나오다!

잠을 도시 이루지 못하다가 새벽에 눈을 잠깐 부쳤다. 그런데 전씨 모녀가 진황도에서 내린 이후인데, 씨름 장사 이봉걸같은 거대한 체구의 사나이가 전씨의 침대에 앉아 있다. 몸을 벌렁 눕혔다가 일으키기도 한다. 흘낏 몸을 돌려 나를 응시하길래 누워 있는 상태이기는 하지만 어둠 속에서 눈을 똑바로 뜨고 바라 보았다. 이 자가 한국말을 사용하는 게 들린다. 새벽 4시 쯤인가 "황 동무! 황 동무!"라며 급히 부르는 여인의 소리가 들린다. 한 패의 일행이 우루루 내리는 것 같다. 천진이었을 것이다. 바로 우리 옆 칸에 타고 있던 사람들이라고 한다.

2박 3일의 여행, 그리고 32시간을 달려온 열차는 새벽 5시 25분에 북경역에 도착하였다. 택시를 잡아 타고 재남이 집에 오니 6시였다. 샤워를 하였다. 상쾌하다. 만주 지역의 풍진이 일시에 씻기는 기분이다. 조반을 들고 가방을 챙기고 나왔다. 8시 반경이었는데, 재남이가 차를 몰아 백화점에로 갔다. 내게 필요한 약품 3개와 팔찌 몇 개를 구입하고는 나왔다. 북한대사관의 차량들이 바삐 움직이는 듯한 모습이다. 고속도로를 이용하여 12시가 되기도 전에 천진공항에 이르렀다. 출국 수속을 밟고 재남이와 작별하였다. 1시에 출발하는 아시아나 비행기인데, 이제 한국 시각으로 시계 바늘을 바꿨다. 대합실은 만원인데 삼중 스님과 손기정 옹 등 지명도 높은 이들의 얼굴이 하나둘씩 보인다. 2시 반에 비행기가 이륙한다. 5시 12분에 김포 국제공항에 내렸다. 배낭을 메고 양손에는 짐을 잔뜩 넣은 쇼핑백을 들고 또 바퀴 달린 큰 가방을 발로 밀면서 걸었다. 줄을 잘못 서는 바람에 출국 수속을 밟는데 시간이 많이 소요되었다. 공항버스를 이용하였는데, 김복동 장군이 뒷편에 앉은 모습이 보인다. 시청역까지 온 후 전철로 창동역에 내렸다. 기다리던 가족들이 역으로 마중 나왔다. 준경이 유모차에 큰 가방을 싣고 왔다.(7월 16일)

여적1

답사 중에 재남이가 차고 있던 손목시계가 쓸만하다는 느낌이 들었다. 장군총 등의 고분에 들어 가서 내가 침향枕向을 물어 보면 척하고 팔을 올려 시계에 붙어 있는 나침반을 읽는다. 전자 손목시계인데, 나침반과 라디오 기능까지 붙어 있는 것이다. 홍콩에서 한국돈으로 5천 원 미만에 구입했다고 한다. 해서 나는 홍콩에서 근무하는 종형에게 부탁하였고 이번 가을에 귀국한 종형으로부터 백부伯父 제사 때 받아서 손목에 차고 다니고 있다. 사람들에게 자랑도 하였는데, 라디오 기능이 제법인 것 같다.

여적2

방학이 끝날 무렵이었다. 지인을 만나기 위해 광화문에 와 있었다. 그런데 미팅 시각보다 1시간이나 일렀다. 해서 지금과는 달리 근거리에 소재했던 문화일보 사옥으로 건너갔다. 구면인 김승현 기자가 있어서였다. 항시 싱글벙글하는 얼굴의 김 기자는 방학 때 어떻게 보냈는지 물었다. 길림시의 부여 지역을 답사했고, 부여 유물을 실견한 이야기를 했다. 감이 빠른 그의 요청으로 7회에 걸쳐 「문화일보」에 연재하였다. 첫회는 1면에 '잊어진 나라 부여를 가다'는 제하에, 미소 짓고 있는 부여 여인 도용陶俑을 배치했다. 언론사에서는 최초로 부여를 소개한 글이다. 나로서는 아주 의미 있는 일이었다. 원고료도 두둑히 나온 편이었다. 표제인 '잊어진 나라'는 교열 기자들의 의견에 따랐다고 했다. 흔히들 '잊혀진'으로 알고 있었다.

연재할 때 김 기자와 백범영 화백(용인대 교수)과 함께 인사동에 갔다. 김 기자가 내게 물었다. 홍어를 잘 먹냐고? 나는 "맛 있죠!"라고 즉답했다. 결혼식 피로연에서 먹었던 홍어 무침을 연상했던 것이다. 그러자 김 기자는 나와 백 화백을 인사동의 홍어회 식당으로 안내했다. 홍어회를 별 생각 없이 덥석 입에 문 순간 그 고약하고도 형언할 수 없는 고통이 밀려왔다. 진퇴양난이란 이런 경우를 두고 나온 말일 게다. 뱉을 수도 없었다. 계속 입에 물고 있었는데, 암흑 같은 시간이었다. 김 기자에게 얻어먹은 홍어회였다. 기자에게 얻어 먹는 일은 없다고 하는데, 나는 김 기자로부터 식사 대접을 받았다.

서울대 불어 교육과 출신인 김 기자는 문화부 내의 연극 부서로 옮겼다. 그로부터 18년이 흐른 후였다. 집사람이 말했다. 김승현 기자라고 많이 들어 본 이름이라고 했다. 뭐냐고 묻자, 준경이 외고 동기생의 아버지인데, 얼마 전에 서거했다는 것이다. 아차!하는 생각이 들었다. 나보다 4세 연하인 그는 52세로 2012년 5월에 별세하였다. 작은딸의 동기라서 김 기자 부인도 학교에서 만난 이야기도 했다. 이런 사실을 진작에 알았으면 김승현 기자가 얼마나 기뻐했을까 싶었다. 밝게 웃는 김 기자의 얼굴이 환하게 피어오른다. 김승현 기자의 명복을 빈다.